葛海燕 黄华 主编

大学生创新创业指导与训练

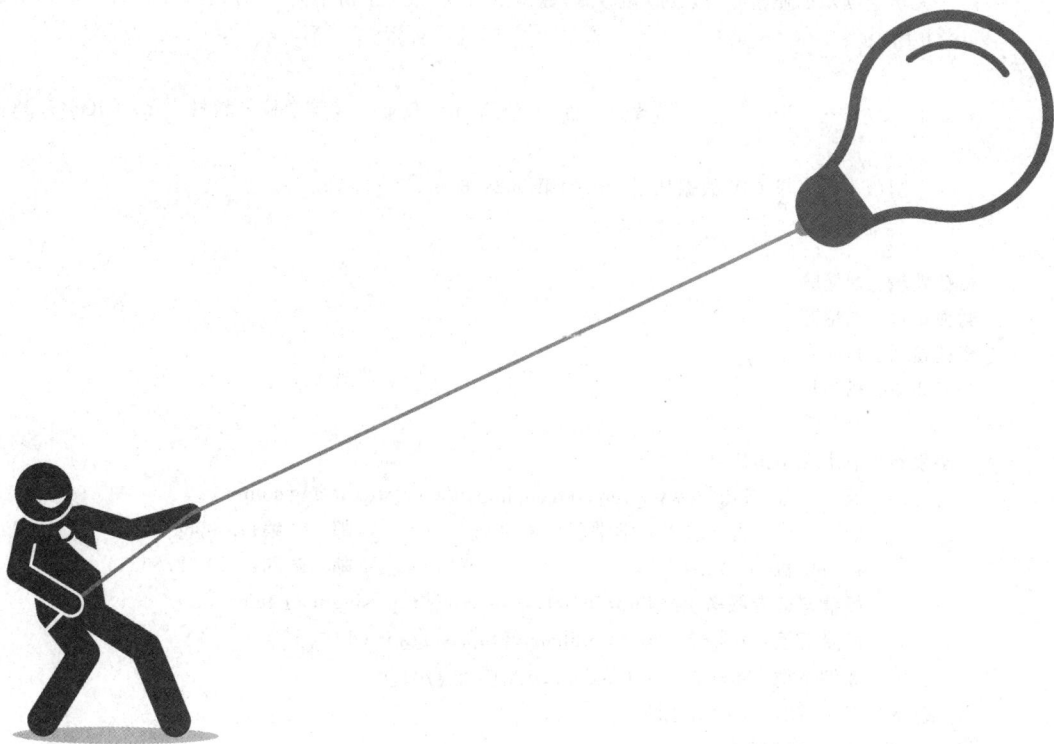

清华大学出版社

北 京

内 容 简 介

本书针对大学生创新创业指导与训练的实际需要,以创建新企业及其管理为主线,依次在创业认知、创业者及企业家精神、创新思维与创新方法、创业项目筛选、编写创业计划书、备战创业大赛、新企业组建和企业成长管理等方面进行了详细阐述,并结合经典案例加以说明,增强读者的理解和认知。本书具有以下特色:注重创业知识的完整性、创业项目的策划性、创业辅导的实战性、创业指导的落地性、创新知识的延伸性。

本书可作为大学生创新创业教育通识课程的教材,也可作为所有创业人士的自学资料。

图书在版编目(CIP)数据

大学生创新创业指导与训练/葛海燕,黄华主编. —北京:清华大学出版社,2021.4(2024.9重印)
ISBN 978-7-302-54621-4

Ⅰ. ①大…　Ⅱ. ①葛… ②黄…　Ⅲ. ①大学生-创业-高等学校-教材　Ⅳ. ①G647.38

中国版本图书馆 CIP 数据核字(2020)第 002496 号

责任编辑:刘翰鹏
封面设计:刘艳芝
责任校对:赵琳爽
责任印制:杨　艳

出版发行:清华大学出版社
　　　　　 网　　址: https://www.tup.com.cn, https://www.wqxuetang.com
　　　　　 地　　址: 北京清华大学学研大厦 A 座　　　　　　**邮　　编:** 100084
　　　　　 社 总 机: 010-83470000　　　　　　　　　　　　**邮　　购:** 010-62786544
　　　　　 投稿与读者服务: 010-62776969,c-service@tup.tsinghua.edu.cn
　　　　　 质量反馈: 010-62772015,zhiliang@tup.tsinghua.edu.cn
　　　　　 课件下载: https://www.tup.com.cn,010-83470410
印　装　者: 三河市君旺印务有限公司
经　　销: 全国新华书店
开　　本: 185mm×260mm　　　　 **印　　张:** 16.5　　　　 **字　　数:** 340 千字
版　　次: 2021 年 4 月第 1 版　　　　　　　　　　 **印　　次:** 2024 年 9 月第 4 次印刷
定　　价: 48.00 元

产品编号:081213-01

前　言

现今的知识经济时代是创新驱动的时代，一个国家的真正财富在于其国民的创新精神和创造力。创新创业教育作为一种面向未来的教育思想，培养学生的自我责任意识、创造力和社会责任感。创新精神和创业能力培育已经成为世界性的高等教育新理念。与此同时，创新创业精神不仅为未来的企业家所具有，也应是当代大学生应具备的基本素质。因此，创新型人才既是高校的人才培养目标，也是大学生自身发展的诉求。

本书以当前新经济时代背景下大学生创新创业教育领域的领先思想观念为指引，针对大学生创新创业指导与训练的实际需要，以创建新企业及其管理为主线，依次在创业认知、创业者及企业家精神、创新思维与创新方法、创业项目筛选、编写创业计划书、备战创业大赛、新企业组建和新企业成长管理等方面进行了详细阐述，并结合经典案例加以说明，增强读者的理解和认知。通过"观念引领、知识传递、实例解析、技能训练"的格局设计，知行并举，加强创业辅导的实战性和创业指导的落地性，提升大学生创新创业教育的针对性和实效性。旨在为大学生创新创业教育提供丰富的参考资源，并为广大创业者或准备创业的大学生们提供行动指南。

本书注重创业知识的完整性、创业项目的策划性、创业辅导的实战性、创业指导的落地性、创新知识的延伸性，可作为高校创新创业教育课程的教材和实训指导书，也可供广大有志于创业的社会人士参考。

本书由北京联合大学创业教育资深教师葛海燕和北京市创业导师黄华共同编写。在本书的编写过程中，参考了大量的国内外专家学者的研究成果，并从中借鉴和吸取了许多有价值的理论和观点。在此我们对所有的文献作者表示衷心的感谢。

由于编者水平有限，书中难免存在不足之处，希望能得到专家和读者的批评指正。

编　者
2020 年 12 月

目　录

第1章

创业认知

【学习目标】

(1) 了解创业的概念、要素、创业活动的特征和类型；

(2) 了解知识经济发展与创业；

(3) 认识创新与创业；

(4) 把握创业资源。

1.1 创业概述

我们正处在一个创新驱动发展，创业焕发生机的新时代。在这样的时代背景下，对于许多大学生来说，创业成为人生职业生涯的一个重要选项。然而，创业是一项高风险的商业活动，大学生创业也同样存在诸多不确定性，存在很高的失败率。因此，在越来越多的大学生走上自主创业的道路时，十分有必要学习和了解创业的基本知识，训练创业能力，以利于创业成功。

1.1.1 创业的概念

我们要研究创业问题首先要明确概念。虽然早在二三百年前，"创业"(entrepreneurship)一词就出现在经济文献中，然而时至今日，各界人士对什么是创业这一问题仍然莫衷一是。

创业由"创"和"业"组成，"创"字取"仓"声，取"立刀"意，拿刀来砍东西，在物体上砍出伤口即为创。于是，"创"就有了创造、首创、开始、开拓、前所未有之意。古代《孟子·梁惠王》有："君子创业垂直，可继也。"诸葛亮《出师表》曰："先帝创业未半，而中道崩殂。""仓"为囤粮之地，加上"立刀"，意思即为拿刀割下成熟的庄稼，而后储藏起来。于是,"创"又有了收获、积累、储藏之意。关于"业"字,其含义也很多,《现代汉语成语辞典》对"业"有如下解释:学业、业务、工作,专业、就业、转业、事业,财产、家业、企业等,可见"业"的内涵极为丰富。

同样,"创业"的内涵也极其丰富,有性质、类别、范围和过程阶段等方面的区别与差异。在中国传统文化中,"创业"一词与"守成"相对应。《辞海》中对于创业的解释是"创立基业"。广义的创业,是指创业者的各项创业实践活动,其功能指向国家、集体和群体的大业。狭义的创业,是指个人或团体依法登记设立企业,以盈利为目的,从事商业活动。从"创业"这个概念在汉语使用中所表达的含义来分析:一是强调创业开端的艰辛和困难;二是突出创业过程的开拓和创新意义;三是侧重于在前人的基础上有新的成就和贡献。

1998年,莫里斯(Morris)在一份文献调研中,回顾了几年来在欧美地区创业核心期刊中的文章和主要教科书中出现的77个创业定义,通过对这些定义内容中关键词出现的频率来揭示创业的内涵。在77个创业定义中,出现频率最高的关键词主要包括:开创新事业,创建新组织,创造资源的新组合,创新,捕捉机会,风险承担,价值创造。

哈佛大学著名创业学教授史蒂文森(Stevenson H)提出的创业定义是:"不拘泥于当前资源条件的限制下对机会的追寻,将不同的资源组合以利用和开发机会并创造价值的过程。"[1]

风险投资家弗雷德·威尔逊把创业视为将创意变成企业的艺术。他认为创业行为的本质在于识别商业机会并将有用的创意付诸实践。创业行为所要求的任务既可由个人也可由团队来完成,并需要创造力、驱动力和承担风险的意愿。

百森商学院对于创业的定义颇具影响力,即:"创业是一种思考、推理和行动的方法,它不仅要关注机会,还要求创业者有完整缜密的实施方法和讲求高度平衡技巧的领导艺术。"

从上述各家关于创业的定义中可以看到,创业是创业者个人与有价值的商业机会结合,突破环境限制,整合利用资源,创造性地行动以创造价值的行为。开办一家企业是创业活动,在已有企业,或者在非营利组织等其他组织中进行的创新经营等活动也是创业活动。作为针对大学生创业活动的教育指导用书,本书中把创业定义为"新企业的创造"(creation of new enterprise)。

1.1.2 创业活动特征

现实中的很多大学生会面临创业还是就业的选择,我们可以说,创业和就业都是个人主体通过努力而取得事业发展、生活保障的活动过程,但两者之间存在诸多差异,认识创业与就业活动的主要区别,有助于主体做出更适合自己的选择。

1. 创业与就业

现实生活中,有许多人怀揣着这样或那样的希望和梦想,放弃或抛去就业岗位而

---

[1] Stevenson H.The Heart of Entrepreneurship[J].Harvard Business Review,1985,3-4,85-94.

投身到充满风险与挑战的创业活动中。到底是什么魔力吸引着人们义无反顾地走向创业之路呢?

1) 创业活动的主要优势

(1) 自由独立、自我实现。在研发新产品、构建新企业等创新活动中充分发挥自己的想象力、创造力,创业过程中用自己的智慧与汗水为实现自己的理想和价值而打拼,同时为社会经济增添一份活力、贡献一份责任。

(2) 处于领导地位,而不是跟随。创业者是创业团队的中心,在创业的初期,跑市场、做规划、看报表、产品设计、质量监控甚至员工的心理辅导,生意的方方面面都需要创业者来考虑和决策。相比于工薪就业,不用看上司和老板的脸色、委曲求全行事,却能够掌握主动,控制工作环境和下达命令。

(3) 有获得无限收益的潜力。相对于工薪就业固定有限的收入,成功的创业活动可以给你带来源源不断的财富,同时为社会提供就业机会和创造价值。

然而,创业的道路又一定是充满曲折、艰险和挫折的,要走上创业之路,还必须要做好充分的准备。

2) 创业活动面临的主要挑战

(1) 必须承担风险。相对于工薪就业的相对安逸和稳定,创业活动充满了不确定性因素和风险:市场的变幻简直就是日不可测,日不可知;收益不稳定,甚至没有保障;难以找到信任的下属,经营结果往往依赖于雇员的行为……而一旦创业失败,不仅有可能血本无归,甚至还有可能倾家荡产。

(2) 需要负起责任和付出更多。在创业的征途中需要创业者时刻学习以独立解决新问题;要搞好客户和社会方方面面的关系才能生存;要付出较长且不定时的工作时间及大量的精力去细心经营;遇到风险和困难没有退路,必须要勇敢面对并积极解决;创业者对重要机遇和远大目标的追求要求他们比在成熟的企业和政府机关里工作承担更多的责任。

(3) 总是面临财务问题。较之工薪就业,创业活动没有稳定收入和额外福利,创业者必须要真实地面对自己的实力和财务状况,时刻保证企业处于良好的资产运营状况以生存和发展。

有学者从"人生价值""困难程度""风险承受"和"机会源地"角度对创业与就业特质进行识别,如表 1-1 所示。

表 1-1 创业与就业特质识别

	事前判断	创业取向	就业去向	比较结果	评估收获
人生价值	学而优则仕	学以致用,自由洒脱,发掘潜力,创造价值,实现自我	工作稳定,收入不错,职称晋职,职务提升,春风得意,左右逢源	创业是实现个人价值的较优途径	实现人生价值要靠自己奋斗

	事前判断	创业取向	就业去向	比较结果	评估收获
困难程度	做任何事情都会遇到困难，决断的困难可能会大于执行的困难	决策的困难程度在于个人能力	执行的困难程度不仅在于个人能力，还与直接领导相关	有的创业的困难程度小于就业的困难程度	提高自己的修养，掌控自己的人生之路
风险承受	要获得超额收益就要承受较大的风险，风险与收益对等	各种风险全部由创业者承担	行业风险由就业的单位承担，个人仅承担职业风险	创业者可以通过各种手段控制创业风险，有时风险也是收益	就业风险包括隐性风险，创业风险一般是显性风险，显性风险更容易避免
机会源地	沿海地区，经济发达地区的机会可能会更大、更多	经济发展较成熟的地方机会不比经济刚起步的地方多	大城市的工作机会更多，待遇更高	目前二、三线城市的创业机会比一线城市多	准备好硬件和软件才可能有成功的机会，没有绝对的机会源地

资料来源：丁栋虹.创业管理[M].2 版.北京：清华大学出版社，2011：7.

请有创业意向的大学生们认真思考自己为什么做出创业选择。正面的因素是什么？实现梦想、追求自由、创造价值、突破自我、社会贡献……负面的因素是什么？压力大、辛苦、风险大、竞争激烈、高失败率、高不确定性……哪些因素打动了自己？哪些又使自己惧怕？自己的创业动机是什么？

2. 创业动因

1952 年诺贝尔和平奖获得者阿尔贝特·施韦泽（Albert Schweitzer，1875—1965）曾经写下这样的《创业者宣言》：

我怎会甘于庸碌，

打破常规的束缚是我神圣的权利，

只要我能做到，

赐予我机会和挑战吧。

安稳与舒适并不使我心驰神往。

不愿做个循规蹈矩的人，

不愿唯唯诺诺麻木不仁。

我渴望遭遇惊涛骇浪，

去实现我的梦想，

历经千难万险，

哪怕折戟沉沙，

也要为争取成功的欢乐而冲浪。

一点小钱，

怎能买动我高贵的意志。

面对生活的挑战,

我将大步向前,

安逸的生活怎值得留恋,

乌托邦似的宁静只能使我昏昏欲睡。

我更向往成功,

向往振奋和激动。

舒适的生活,

怎能让我出卖自由,

怜悯的施舍更买不走人的尊严。

我已学会,独立思考,自由地行动,

面对这个世界,

我要大声宣布,

这,是我的杰作。

创业将给你带来无穷的快乐和可能的丰厚回报,但同时也必将伴随许多的烦恼和一路艰辛,但这样做也许是值得的,因为这意味着自由和自立。

创业是改变人生命运的一个重要决策,而创业行为一般是具有动机的。一般情况下,从事一种行为的动机越强烈,其绩效结果就越好。那么,创业者创业的动机是什么呢?

1980 年,Powell 和 Bimmerle 认为影响创业的因素如下:①对现职不满意;②出现创业机会;③受到别人的鼓舞。

1986 年,Benjamin 和 Philip 在有关创业动机的影响因素研究中,将其分为推(Push)和拉(Pull)两个构面:①推理论:基于负面的因素,工作者被推出现职而走向创业之路,激发出创业行为。这个负面因素可能是对现职工作不满意或企业裁员或结束营业等;②拉理论:基于正面的因素,而吸引个人采取创业行动。这个正面因素可能是发觉到潜在商机或个人拥有专利权等。

格林伯格和赛克斯顿(Greenberger&Sexton)的研究指出,创业者之所以想要创业,可能有下列六种原因:①在市场上发现了机会;②相信自己的经营模式比别人更有效率;③希望将拥有的专长发展成为一项新事业;④已经完成新产品或服务的开发,并且相信这种新产品或服务能在市场上找到利润空间;⑤想要实现个人梦想;⑥相信创业是致富的唯一途径。

1989 年,Dubini 对 163 位创业者进行问卷调查后,运用因素分析法,将 28 项变量归纳为下列七种动机因素:①成就(achievement);②福利(welfare);③地位(status);④金钱(money);⑤逃避(escape);⑥自由(freedom);⑦效法前人(role models)。

1993 年,约瑟夫·熊彼特(Joseph Schumpeter)指出创业者的创业动机有以下三项:①建立属于自己的企业王国;②有强烈的企图心、高昂的斗志,为追求成功不计代价;③享受创业和成功的喜悦或锻炼自己的能力。

1996 年,戈什(Ghosh)针对新加坡及澳洲的创业者进行研究,发现引发创业的主要动机有下述七项:①希望得到个人发展;②喜欢挑战;③希望拥有更多的自由;④发挥个人专业知识与经验;⑤不喜欢为他人工作;⑥受到家庭或朋友影响;⑦家庭传统的承袭。

我国有学者从"需要产生了动机,进而导致行为"的行为心理学理论角度阐述人们的创业激情产生于各种需要的刺激。创业的直接动机就是需要。决定创业动机产生的五种需要:①争取生存的需要;②谋求发展的需要;③获得独立的需要;④赢得尊重的需要;⑤实现人生价值的需要。

综合上述各方观点,从社会学视角可见,不利情况、榜样力量、机遇、资源、不同寻常的经历和情景感知因素是驱动创业活动的主要因素;从心理学视角可见,对成就的需要,对自由独立的追求,对实现人生价值的愿望等成为促成创业活动的心理动机;从经济学角度出发,获得物质层面的预期收益是创业者进行创业决策的又一动因。通过分析创业动因,在微观层面上,创业具有解决个人就业,改善生活质量,实现人生价值等重要意义。从宏观层面来看,创业具有促进经济增长和社会发展,创造就业机会,缩小贫富差距,加速技术创新及其成果转化等重要的社会效应。

明确了自己创业的动因,并且经分析认定自己的创业动因是正确的,那么,将有利于你在创业的过程中树立信心、坚定信念、克服困难,从而取得创业的成功。

3. 创业要素

由创业活动的过程可以提炼出创业的要素,包括创业者、商业机会、技术、资源、组织、产品服务等几个方面,如图 1-1 所示。

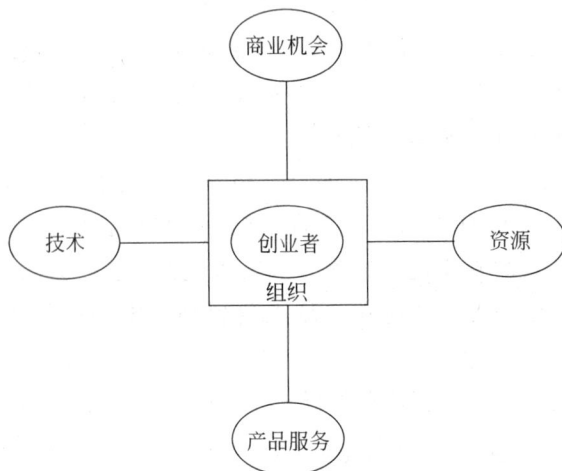

图 1-1　创业要素

（1）创业者。创业者是创业活动的灵魂。创业者创建组织，并在创业过程中起着关键引领、实施创业活动的作用，是创业活动的第一要素。

（2）商业机会。创业者往往从发现和识别商业机会开始创业。包括机会识别、可行性分析、产品分析以及开发有效的商业模式……创业过程就是围绕着商业机会进行识别、开发、创造价值的过程。

（3）技术。技术进步经常与经济、社会变化相结合，共同创造市场机会。技术之所以能成为一定产品或服务的重要基础，关键在于要识别出技术如何被用来满足人们基本的或变化的需求。产品与服务中的技术含量及其所占比例，构成企业的核心竞争力。

（4）资源。企业是资源的集合体。创业资源是指创办和运营企业的各种生产要素与支持条件。资源包括各种人、财、物。不仅指厂房、设备等有形资产，也包括知识产权、品牌等无形资产。

（5）组织。创业者建立组织作为创业活动的载体。创业组织的效能影响着创业目标的实现，主要体现在能力、效率、质量和效益四个方面。而创业型组织的特征往往表现在创业者强有力的领导和组织建设的薄弱。

（6）产品服务。产品服务是创业活动的结果，体现了创业者为社会创造的价值。产品服务创造的价值越大，在市场上越受欢迎，创业活动的效益越大。

创业要素的关系如下。

第一，创业者是创业活动的组织者，是创业组织的建造者，是产品服务的缔造者，是创业活动的灵魂。

第二，商业机会是创业活动的重要驱动力，技术和资源是创业活动的必要保证，组织是创业活动的载体，产品服务是创业活动的结果和价值所在。

第三，创业是具有创新创业精神的创业者、商业机会、组织与技术、资源等要素相互作用，生产产品服务、创造社会价值的动态过程。

如果你已志愿成为一名创业者，是否已找到一个合适的商业机会？这个商业机会是你自己想生产的和销售的产品和服务，还是人们需要而且愿意购买的产品和服务？你要生产的产品和服务会产生什么样的社会价值？你打算建立一个什么形式的企业组织来实施你的创业计划？你所具有的技术和资源条件怎么样？你将如何整合和开发所需资源？

4. 创业活动的特质

一般来讲，创业活动具有以下几个鲜明的特征。

1）创新性

创业是一个从无到有的过程，创业活动的关键和核心特征在于创新。创新按照熊彼特的定义是一种创造性的破坏，是对资源的利用方式的"新组合"，创业也就是创新实现的过程。在创业活动中，创造新生事物是一种创新，而在原有事物上的改进或是以不同的方式去做也是创新。现实生活中，我们身边大多数的创业行为，往往都是在做别人已经在做的事情,海尔不是第一家生产冰箱的企业,正大集团早在希望集团之前就在大陆生产和销售饲料,联想销售计算机之前许多中国人已经使用计算机,巨人推出"脑黄金"的时候人们早就知道保健品是什么。他们把平凡的事情做出了不平凡的业绩,取得成绩的背后是创新。在创业这项创造性活动中,需要创业者在市场开拓、产品生产、技术改进、业务模式和管理制度等方面进行不断探索和创新才能使企业立足和发展。同时,创新与变革紧密关联。创业者不改变自己长期形成的思维模式,难以识别创业机会,也无法做到创新。对于创业者及其所创建的企业来说,创业与发展的过程永远是不断变革的过程。

2) 风险性

创业是在一个不确定的环境中进行的,面对诸多不可控因素,需要创业者承担各种风险。创立新企业一般都从中小企业起步,而各种风险也伴随在整个创业过程中。创业活动需要对市场需求状况、市场容量、市场竞争结构等进行认真的分析,在利用商机整合创业资源时,对创业资源的甄别、投入、控制和管理都是复杂的过程。中小企业的创业者大都是初次创业,缺乏创业经验和创业实践,难免主观判断失误,形成创业风险。加上中小企业的创业和成长环境十分严峻,会受到大企业在市场中残酷挤压和众多中小企业的激烈竞争,这种竞争必然会形成优胜劣汰的风险。此外,中小企业的创业风险还来自创业外部环境的不确定性,创业结果的不稳定性,创业资源投入与创业取得的创业收益的不对称性,这些风险更由于中小企业创业资源的缺乏而加剧。风险是创业活动中的一个性命攸关的问题,创业的风险有的是人所共知的显性风险,有的则是不易觉察、不具有预警性的隐形风险。人们在创业周期中只能实现对风险的管理,而不是消除。所以,如何识别、处置和规避风险必然贯穿创业过程的始终。

3) 社会性

创业活动往往是由创业者个人在一定的社会环境下,为了追求个人的某种目标而展开的,最终的成败往往也主要由个人来承担。即使创业活动最终以失败而告终,但是这并不意味着创业者的努力毫无收获,它给予我们社会创业的经验和启示,以及前仆后继创业的动力。现实中创业活动作为一种商业经营活动有很强的外溢效应,对社会产生积极的影响。关于创业对现代社会的重要意义,2000 年,Shane 和 Venkatan提出其主要表现在三个方面:①很多技术信息都包含于最终的产品和服务中,而创业正提供了一种机制使技术信息向产品和服务进行转化;②创业作为一种机制可以发现和减轻经济中时间和空间上的无效率;③创业作为社会变化的来源之一,已经被广泛承认是经济改革的来源,商业部门增长的发动机和社会部门迅速增长的推动力,并且可以增加就业机会减少失业率。还有人认为创业的重要性可以通过三个方面来体现:创新、新建企业的数量及就业机会的创造。

4) 收益性

新创建的企业如果有一个强大的收益、利润发动机及良好的声誉,那么它就可以可观、可控地增长,从而为企业的所有者带来财富上的回报。收益的来源在于价值创造,即能够向顾客提供有价值的产品和服务,透过产品和服务使消费者的需求得到实质性的满足。所有创业活动都是为了获取回报收益才开展的,同时创业活动的每个行动又会对社会产生影响。创业活动的收益既包括创业活动的个人收益率,也包括社会收益率;收益包括经济性收益,也包括思想、文化等精神方面的非经济性的收益。创业活动的收益水平、创业活动的发生密度和成功率,与整个社会创业资源的富集程度、创业活动类型及创业活动本身的科学与否有很大的关系。

5. 对于创业的认识偏差

我们看到,很多人满怀激情与梦想走上了创业道路,但却以创业失败告终。创业失败有很多原因,其中较关键一条就是创业者思想有误区,有好多创业者在创业之初的意识里已经埋下了失败的种子。

1) 创业等于赚钱

很多创业者在创业之初都会把赚钱盈利作为创业的目标,且认为如果不是为了赚钱为什么创业? 创业一定要追求盈利的,但盈利不代表创业的全部。

创业首先是一种生活方式,你选择了创业,就是选择了像所有创业者一样生活。创业会成为你生活的全部,无论吃饭、睡觉、休闲,你的生活无时无刻不和创业相联系;你的家人无论情愿还是不情愿,都会和你的创业联系在一起。所以,选择创业,首先是选择一种生活方式。

想赚钱不一定能赚到钱,找到对的事情并把事情做对,赚钱是水到渠成的结果。赚钱的方式有很多,有合理和不合理的方式,有道德和不道德的方式,有合法和不合法的方式。创业者要懂得有所为,有所不为。

大家都明白把"业"做好了才能有"钱",如果真正做的时候总盯着钱,哪里有钱哪里串,总感觉能赚钱的行业自己都能干好,但往往真正看出前途的行业已经有人取得了开拓性的进步,你能分到的就很少了。有好多事情就是这样,当明白了就已经晚了。成功都不是偶然,只是你忽略了其背后的必然。有好多人的"创业",不如说是"追钱"。因为你不清楚自己能做什么,不从自己熟悉的专业和行业出发,只是在看哪里有得赚。无创业之心当然会创业失败。

2) 创业需要大本钱

不错,创业需要"本钱",没有"本钱"很难创业。有些人总在想,要创业一定要先筹够"大本钱"。可是"大本钱"在哪里呢? 商业圈子里资金缺乏比比皆是,银行家少的是几十亿元头寸,企业家缺的几百、几千万元项目基金,巷子口的小店也需要借个千儿八百的周转,资金不足并不是创业的绝对障碍,你可以从不需要大量资金的小生意做起,或是把你的创业计划缩小,再不然你还可以把它拆分成几块,从部分做起,淘得"第一桶金"后再慢慢做大。还有,"本钱"并不等于资金,它可以是你的能力、你的个人信用、你的智慧、你的胆识。总之,你总能找到办法,先把生意做起来,关键是要行动。微软公司现在是世界上最大的公司之一,其市值目前已超过了 15000 亿美元,超过了庞大的企业帝国通用电气,成为全球市值最大的公司。但在刚起步时他还只是一个小小的公司,比尔·盖茨还只是一名从哈佛大学退学的大三学生。比尔·盖茨没有因为自己的公司小而放弃,相反,他将无比的热情投入公司中去,广泛搜集招揽有用的人才。经过了重重曲折、失败之后,微软逐步从一个小不点长成了企业界的巨人。

3) 好点子是一切

很多创业者认为,有一个好点子就是一切。甚至有一些人认为自己的好点子要藏起来,不能让别人知道,不让"风投"和"天使"知道。李开复博士就这一问题的看法是:真正能改变一切的点子是很少的,点子非常多,但相对价值不高。相信每一位仔细想想,可能都可以想出10～20个不错的点子,而且是足够好以至于能让风投来投资的点子,所以点子不是最值钱的。在过去创新工厂里看到有三件事情对于创业的成功与否是最重要的:第一个,方向要把握得准,在正确的时间做正确的事情;第二个,团队要非常好,要看人;第三个,团队要有执行力,知道如何把一个点子执行起来。所谓方向要看得好,李开复举出创新工厂看好并投资了智能手机的操作系统、电子商店、广告平台、开发者工具和与 PC 同步的工具。当时是在正确的时间做了正确的投资,现在这五个方向都成为业界的第一,很多的 VC 都希望能够在下一轮参与,而且估值都非常好。李开复又举出今天京东商城之所以这么成功,不是由于点子了不起,而是因为京东商城的团队很厉害,他们对物流很懂,把用户的需求和市场的发展看得很清楚,很有执行力。

4) 竞争等于你死我活

创业离不开竞争,商业社会中的竞争激烈而残酷。但多少年来的商业实践都证明,欲置对手于死地而后快的竞争最终也将把自己拖入死地。当年"康师傅水源门"事件发展到最后,关于"矿泉水行业潜规则"的披露已经让舆论的关注点从"康师傅"品牌延伸到整个矿泉水行业,上千家纯净水企业牵连其中,以至于整个行业都蒙受了巨大的损失。蒙牛、伊利"黑公关"事件,也是惨痛教训。当事者起初或许并没有预料到事件会演变成消费者集体对中国乳品行业的信任危机。格力"血案门"事件最后也是伤痕累累,事件发生后,有消费者甚至直言,以后不会购买格力空调。

现代的商业社会从竞争走向竞合,学会尊重对手,无论自己有多么大的竞争优势,只有懂得给对手留有生存的空间和起码的尊严,才能让自己活的安全并赢得对手的尊重。消费者是企业的竞争目标,为了让消费者满意,企业充分尊重消费者的权益,不断提高自身的经营水平,使自己的产品和服务比竞争对手更能让消费者喜欢。比如谷歌公司用其技术,造福了用户、内容生产商,还有广告主。这三者和公司自己都得到利益,并不是说把哪一个竞争对手压死了,把别人的钱装到自己的口袋了。互联网是成长非常快的一个行业,企业应该在成长的过程当中,把饼做得更大,让大家达到共赢,而不是你死我活。所以现在的创业者,更应该有这种胸怀和心态去创造一个很好的环境,打造一个共生共赢的商业生态系统。

6. 创业的类型

按照不同的标准,可将创业分成不同的类型。不同的创业类型各具特色,皆有其优势特长,也有缺点不足。创业者应结合自身情况扬长避短选择合适的创业类型。

1) 以创业的动机分类

Raphael Amit 从创业动机的角度将创业区分为推动型创业和拉动型创业。推动型创业是指创业者对当前的现状不满,并受到了一些非创业者特征因素的推动而从事创业的行为。拉动型创业是指创业者在"新创一个企业的想法"以及"开始一个新企业活动"的吸引下,由于创业者自身的个人特质和商业机会本身的吸引而产生的创业行为。

GEM(全球创业观察)在 2001 年的报告中第一次提出了生存型创业与机会型创业的概念。这一概念的提出是建立在前人对推动型创业和拉动型创业的研究基础之上。在此报告中,Reynolds 等人指出生存型创业则是那些由于没有其他就业选择或对其他就业选择不满意而从事创业的创业活动;机会型创业就是指那些为了追求一个商业机会而从事创业的创业活动。美国 90% 以上的创业活动属于机会型。如比尔·盖茨、乔布斯等。

我国机会型创业的行业分布集中在金融、电商、房地产等创业门槛较高的商业服务业,而数量较大的生存型创业则向零售、汽车、租赁、个人服务、保健、教育服务、社会服务和娱乐业等创业门槛较低的行业聚集。相比生存型创业,机会型创业不仅能解决自己的就业问题,而且能解决更多人的就业问题。另外,机会型创业着眼于新的市场机会,拥有更高的技术含量,有可能创造更大的经济效益,从而改善经济结构。无论是从缓解就业压力还是改善经济结构的目的出发,政府和社会都应该更加关注机会型创业,大力倡导机会型创业。目前,我国生存型创业比重较大,需要积极改善创业环境,提升创业教育,调整创业活动结构,使更多有创业意愿和创业能力的劳动者成功创业,实现"以机会型创业为主,生存型创业为辅"的发展模式。

2) 基于创业目标的分类

(1) 商业创业:以盈利为目标的创业活动。

(2) 公益创业:又名"公益创新""社会创业"或"社会创新"。狄兹(Dees J G)于 1998 年第一次定义了"公益创业"的概念。他指出,"公益创业"为在社会使命的激发下,个人或者社会组织追求创新、效率和社会利益的创业活动。

公益创业作为一种新型的组织形式近年来在国外蓬勃发展,被认为是解决社会问题的一种新方法。特别是公益创业家穆罕默德·尤努斯(Muhammad Yunus)及其创建的孟加拉国格莱珉银行(Grameen Bank,也称乡村银行)获得 2006 年度诺贝尔和平奖,引起了越来越多的各界人士对公益创业的关注。

尽管公益创业的模式是商业化的,但它的目的是改变人们的行为而非创造利润。社会创业活动有以下特点:①社会创业必须具有显著的社会目的和使命;②社会创业应该是"解决问题"导向型的,因此社会创业的重点在于发展和执行那些能带来可计量的社会产出或影响的计划,即创造社会价值;③社会创业的创新性主要通过组织创新来体现。

3) 以创业主体的性质分类

（1）个人独立创业。个人独立创业是指创业者或几个创业者共同组成的创业团队，白手起家完全独立地创建企业的活动。

（2）公司附属创业。公司附属创业是指由一家已经相对成熟的公司创建一家新的附属企业。

（3）公司内部创业。公司内部创业又称为"公司创业"，是指在现有企业框架内，通过在观念、技术、市场、制度、管理等方面的创新，创造新的价值，使企业产生新的生长点，获得更大活力的过程，即所谓的企业二次创业或三次创业。

4) 以创业起点的不同分类

（1）创建新企业。创建新企业是指从无到有地创建出全新的企业组织。它既包括创业者独立地创建一个新企业，也包括一个已经存在的公司创建一个在管理上保持独立的企业。

（2）公司再创业。公司再创业是指一个业已存在的公司，由于产品、市场营销及企业组织管理体系等方面的原因而陷入困境，因而需要进行重新创建的过程。

5) 以创新层次的不同分类

（1）基于产品创新而创建企业。产品创新可能是基于技术创新的成果，也可能是基于工艺创新等非技术创新的成果。

（2）基于市场营销模式的创新而创建企业。对于新创建的企业而言，所经营的产品或许是市场上已有的产品，但如果它采取了一种有别于其他企业的市场营销模式，因而有可能给消费者带来更为高效的满足，则同样是在成功地创建企业。

（3）基于企业组织管理体系创新而创建企业。对于新创新的企业而言，所经营的产品或许是市场上已有的产品，所运用的市场营销模式也可能是市场上已有的模式，但由于它采取了一种有别于其他企业的企业组织管理体系，因而能够更高效地实现产品的商业化，所以，往往也能成功地创建企业。

【问题与训练】

（1）你认为创业的本质有哪些？请列出。

（2）学习案例资料，写下自己要成为一个创业者的理由。

案例：胡桓玮的创业经历

小时候受到在学校门口卖玩具的妈妈影响，胡桓玮只要放假，都上街摆地摊。后来上了大学，她就兼职做五粮液酒的销售。为了完成销售目标，她不坐公交车，而是用双脚沿街拜访餐厅、酒行和可能团购的公司。为了形象，她穿着五六厘米的高跟鞋，鞋跟被磨下一大截。因为她的勤奋，公司其他销售员的业绩加起来只有她的一半，很快她就成了公司销售部经理。为了带好她的销售团队，胡桓玮报考了营销经理资格考试，每天学习到半夜，为的是第二天在晨会上和大家分享更多的销售技巧和专业知识。

大学毕业后，胡桓玮辞职到海南发展，入股一家矿业贸易公司。为了保证公司在港口码头的发货吨位,她吃住在码头上停放的公司的车内。那一年正好赶上铁矿的好行情,她赚到了真正意义上的第一桶金。2008 年,胡桓玮把重庆刘一手火锅引进到海南。当时她没有餐饮从业经验,还怀着身孕,但是她带着几个亲戚每天睡四五个小时,吃盒饭,买材料,自己装修店铺,做前期筹备工作,硬是在海口国贸开了加盟后的第一家 1052 平方米的火锅店。尽管胡桓玮早已实现了财务自由,可她依旧以自己敏锐的商业嗅觉在 2016 年迅速进入微商领域。微商对于她是一个全新的行业,她每天自学看书到深夜,面对一个问题,她常常绞尽脑汁地琢磨透彻。还求人指导,给销售人员解决问题,并不断摸索管理团队的方法。

没有谁会在创业路上轻易成功,胡桓玮不断提醒自己:坚持,坚持,再坚持,梦想就会越来越近。

资料来源:肖森舟.创业的 108 个方法[M].北京:中国纺织出版社,2017:17-19.

（3）对你将要付诸实践的创业活动进行要素分析。

1.2　知识经济发展与创业

创业者通过创业活动实现了生产要素的新组合,把各种生产要素和资源引向新用途,并且把资源和要素,包括人的创造性的劳动,转化成具有更高价值的形式反馈给社会从而增进了社会财富。

1.2.1　创业是经济发展的主要动力

企业组织是独特的人的组织。创业的必要条件是创业者必须是"自由人",没有任何依附关系,可以自主经营。在市场经济条件下,具备完全民事行为能力的个人,得以依据法定程序和条件,登记注册设立企业,依法开展商业活动,进行自主创业。

自主创业,滚动发展的"自成长型"模式,是企业发展的基本规律。市场经济体系中数量众多的中小企业发展可以在防止垄断、促进市场商品和生产要素流动、促进经济与社会发展等方面发挥重要作用。在市场经济条件下,创业始终是经济发展的重要动力和经济发展的"寒暑表"。新创办企业数量是衡量经济是否处于成长期的重要指标。判断是否处于经济萧条期的重要指标则是倒闭的企业数量。

人类社会经济发展过程可以视为人类创业的过程。人类的创业历史经历了不同的发展阶段。人类第一次创业过程以实物和能源为主要生产要素,社会经济增长方式主要依靠产品、资产和资本运营,创业的结果就是当今世界现有的各类传统产业。20世纪 90 年代后,随着以信息社会和知识经济为特征的新经济时代的到来,人类社会迎来了新的创业阶段。

1.2.2　经济转型掀起创业热潮

据粗略统计,人类的科技知识,19 世纪每 50 年增加 1 倍,20 世纪中叶每 10 年增加 1 倍,当前是每 3～5 年增加 1 倍。近 30 年来,计算机、通信、生物工程、航天技术及纳米技术等领域都有了重大的发展,预示着知识经济时代已经来临。

1. 知识经济的内涵及其特征

相对于"以物质为基础的经济"而言,知识经济是"以知识为基础的经济"的简称。它是以知识和信息的生产、分配和使用为基础,以高科技产业及智力为支柱,以创造性的人力资源为依托的经济。知识经济的兴起以新的信息革命为前提,但不仅是一个新兴的产业,而是一个经济时代的标志。

相对于传统的劳力经济、资源经济而言,知识经济具有以下主要特征。

(1) 知识经济是一种信息化经济。知识经济是微电子技术、信息技术充分发展的产物,是信息社会的经济形态。经济的发展与信息技术的发展日益密切。生产、分配、消费的每一个环节,都伴随信息的获取、加工、传送、储存及使用,整个经济体系都已信息化、数字化。现代信息传输系统把分散在一个城市、一个地区,甚至世界各地的工作者的工作联结为某种生产过程,这种独特的新型的生产方式越来越多地被采用。在知识经济时代,信息技术取代大量的传统设备和众多员工来完成往常的生产任务,从而使企业的工作中心变得可以应用知识、添加创意、科学决策、有效组织。企业之间的竞争也从有形的产品竞争转向无形的知识竞争。

(2) 知识经济是一种网络化的经济。其所用典型技术工具"虚拟智能工具"—计算机及其联合—国际互联网络 Internet 具有革命作用。网络化一方面建立起了企业与市场之间的桥梁;另一方面提高了人与人之间交换信息及协调合作的水平,国际互联网络得以在商业活动中完成最佳媒体的作用。具体来讲,网络时代中,在企业成长方面,以前商品供应垄断者主宰的经济形态转变为临时的商品供应垄断者主宰的经济形态,大批量制造和大批量销售正在让位于大批量定制。虽然技术仍然是很重要的工具、手段,但满足消费者的需求才是目的。谁最先顺利地为消费者提供了其所需的商品或服务,谁就是成功者。在企业经营方式上,以网络化为基础的电子商务极大地改变了传统的企业经营方式,这不仅要求交易双方和服务部门的商业信用和支付的银行信用高度成熟,而且要求保险机构、金融机构、供应商和客户在电子网络交易系统中的高度整合与兼容,使网上市场成为交易参与者密切关联和利益攸关的集合体,从而改变了传统企业的经营方式和参与者之间的关系,摆脱了常规的交易模式和市场局限。其间,一些传统的规则和惯例也发生了变化。

(3) 知识经济是一种创新型经济。据科学家的研究,技术对经济增长的贡献率,在 20 世纪初为 5%～20%,70 年代至 90 年代为 70%～80%,信息高速公路联网后,提高超过 90%。21 世纪是一个以知识、信息和技术为基础,以创新为动力的知识经济时代,只有依靠高科技的发展、知识与技术的不断创新、人的智力的充分发挥,经济才能持续甚至高速度地增长。社会生产已经由物质供应为主要目标的生产体系转变为以文化知识等精神(或非物质)供应为主要目标的生产体系,也即转变到生产、消费无形产品为主的生产体系。在这样的体系中,科学技术及创新对经济的作用摆脱了被资本规定的从属地位,具有了独立的意义,并成为资本中的主要要素。创新是发展知识经济的灵魂。这里创新的内容不只是科学技术的创新,还应包括组织创新、管理及经营创新、制度创新、需求创新等。

(4)知识经济是可持续发展的经济。低密度开发、低能源消耗、低环境污染,知识经济产生在多种自然资源近乎耗竭、环境危机日益加剧的年代,把科学与技术融为一体,成为促进人与自然协调、可持续发展的经济。

2. 知识经济时代对创业活动的影响

知识经济时代中高科技的发展,使知识成为创造和积累财富的必不可少的基本要素;创新创业活动对高科技发展的推动,也促进生产力发生质的飞跃,从而使 21 世纪人类经济生活产生巨变。同时,知识经济时代中,知识、科技、观念的发展变化给创业活动带来更多机会。

生产高度自动化,创新、服务、网络型管理对传统金字塔型管理的替代改变了产品服务生产的系统结构,增强了其整体功能,也给对接社会生产活动的创业活动带来了新的切入点和良好的发展前景。能源革命和材料革命,使劳动对象的范围空前扩大,质量空前提高,创造了更多种生产对象的创业可能。现代高科技以崭新的知识、技能武装劳动者,使他们的文化教育程度空前提高,劳动者队伍的素质和组成也发生重大变化,体力型劳动者将逐渐转变为智力型劳动者,知识与技术面向更多的人,技术发明者和技术掌握者已经可以不是主要的创业者来源。信息和互联网技术获得飞速发展,人们获取创业机会与市场信息的渠道变得快捷容易,市场变化迅速等,都改变了人们对时间、空间、物流的认识,人们的生活节奏和方式也发生相应改变,创造出电商、微商等多种新型创业形式。被国际互联网络联结为全球一体的"网络经济"在加快传统经济运行速度的同时,产生了诸如电子货币、网络购物、支付和无纸贸易等跨越国界的新型经济运行方式。

总之,在 21 世纪,现代高科技将使社会劳动生产率几倍、几十倍乃至上百倍地提高,推动生产力飞跃发展,带来社会财富的巨大增长。对个人来说,新经济时代充满了改变命运的契机。

1.2.3 知识经济时代背景下的中小企业发展

创业者大多从创办小企业开始创业之路,新创企业绝大多数为中小企业。中小企业指依法设立的生产经营规模属于中小型的各种所有制和各种形式的企业。中小企业规模小,经营灵活,盈利能力非常强,有的边际盈利能力甚至可超过 100%。在当前的中国,中小企业占到了企业总数的 99%,提供了近 80%的城镇就业岗位,创造的最终产品和附加值相当于国内生产总值的 60%,纳税额则达到国家税收总额的 50%。

世界管理学大师彼得·德鲁克(Durcker P F)分析了 1965—1984 年美国的就业结构,发现就业机会都是由中小企业创造的,并且几乎全都是创业型和创新型企业创造的。日本的研究表明,一半的企业技术创新是由小企业进行的。新企业不仅创新效率高,而且创新的商品化效率也高,它们可以在较短时间内使创新进入市场,平均大约2.2年,而大公司却要3.1年。在知识经济时代,企业跨越了国家和行业的界限,知识和智力成为未来创造收益的实际推动力。传统工业的经济规律是收益递减,而通过知识创新和技术创新可以通过网络变成收益递增。

1. 知识经济背景下中小企业面临的挑战

存在大批充满活力的中小企业是市场经济的必然要求。中小企业政策说到底不是一个社会保障问题,而是一个经济问题——激励竞争,提高效率是它的根本目的。知识经济对我国中小企业是不可多得的机遇,中小企业的竞争优势将在知识经济时代得到充分体现,但同时,知识经济背景下的中小企业面临着新的挑战。

(1) 存在资金、管理和人才瓶颈。目前,我国中小企业由于自身规模小,资产数量有限和技术构成偏低,在融资的过程中会遇到许多困难。因此这些中小企业在资金链断裂的情况下如果不能及时地融资成功,将会迅速走向破产。中小企业虽然在就业量和产值等指标上占有很大比重,但其获得贷款的总量只占总信贷资金的 7%~8%。99%的中小企业贷款困难,除此以外别无其他融资渠道。资金短缺和较高的资金成本成为制约中小企业发展的重要瓶颈。此外,中小企业由于规模小、稳定性性差、创业风险大、地域局限性强、制度不完善、缺乏良好的企业文化等状况,在吸引人才方面困难重重。中小企业往往是初创企业,在创业初期的许多中小企业只注意引进设备、技术,很少考虑学习发达国家的先进经验,很少考虑制度的创新。

(2) 面临技术创新与产品研发的压力。知识经济时代产品市场的快速更迭,要求企业能够及时对市场变化做出反应,能够迅速挖掘市场的潜在需求,开发出富有创意的、优于竞争对手的产品和服务,提高产品和服务的附加值,不断开拓和赢得市场。在大量研发资本投入下,技术变迁极为快速,产品生命周期越来越短,以抄袭方式引进技术的机会也越来越少,以后的中小企业必须要进行技术创新与研发,才可能开拓市场的生存空间。

(3) 具有的抗风险能力较低。我国中小企业不具备雄厚的财力,缺乏及时获取各种信息的主客观条件和渠道,技术水平相对较低,经营内容简单,经营范围狭窄。所有这些都必将使中小企业难以适应知识经济的挑战,使之在变幻莫测的市场竞争中感到力不从心。中小企业管理层往往忽视风险管理,或者片面地认为风险是不可避免的。现在的很多中小企业的规模小,投资的时候太过依赖贷款,尽早回笼资金就要迫使其进行短期投资,所以缺少可行和长远的投资,盲目地投资最终导致资金流失、效益降低。中小企业管理者大多数都缺乏财务风险意识,企业内部也未建立完善的风险管理机制,管理上注重事后检测,缺乏有效的风险预测。企业只是进行粗放的生产管理,就比较容易忽略经营、财务与资金风险方面的预警,不能意识到潜在的风险,容易陷入经营困境,导致严重的后果。

2. 中小企业应对知识经济挑战的建议

知识经济时代背景下的中小企业要用于开拓创新,积极应对各方面的挑战。

1) 拓展融资渠道,加强风险管理

我国中小企业想要摆脱融资困难的现状,应该拓宽融资渠道,不仅需要银行放贷,而且要借助融资租赁、商业信用、票据贴现、发行债券和项目融资等诸多渠道筹措需用的资金。中小企业切忌盲目投资。一定要把自身的实际情况结合起来具体问题具体分析,从而选择符合本企业的投资项目。不仅要使用针对性的决策方法来做出可行性分析,而且要进行科学合理的投资决策与积极的风险防范。我国中小企业还要进行诚信经营,提升自我财务管理、内部控制和审计能力,财务管理方面制度完善,达到财务信息公开透明化,注重自身的信用级别。

2) 提升创新能力,注重管理、观念、机制、技术的创新

知识经济时代背景下,创新是中小企业取得竞争力和成功的基础,企业通过不断地研发新产品、高技术,来长期保持市场上的领先地位。中小企业要把支撑发展作为自主创新的立足点,在坚持技术引进的同时,加强自主开发,突破制约发展的重大技术和关键技术,研制适销对路的新产品,提高产品质量;力争在主导产品领域掌握核心技术,拥有自主知识产权,发展自有品牌和商标,提高核心竞争力;要大力开发、采用先进技术、工艺、设备和材料,加强企业技术改造,提高技术装备水平,促进成果转化和新技术产业化。由于缺少科研经费,技术创新能力较弱的中小企业可以与一些科研机构合作,共同开发生产新的产品及进行技术更新改造,寻求新的利润增长空间,达到双赢的目的。

伴随经济全球化,特别是我国加入 WTO,来自外部的强大竞争压力迫使我国企业必须真正把管理问题提升到关系生死存亡的高度来认识,自觉地、主动地、迅速地实现从传统管理向现代管理的转变,实现管理制度的创新和管理水平的提高。知识经济时代的各种趋势促使企业组织由集权的"金字塔式"向分权的网络化组织结构转变,企业应该让员工具有更多的自由空间,更多的机会参与决策,增强员工的参与感和自主性,激励员工发挥自己的潜能,营造良好的企业创新氛围,提高企业的竞争能力。

3) 重视人才,强化人力资源管理

市场竞争是科技的竞争,更是人才的竞争,知识经济加剧了人才的竞争。知识经济时代的劳动者受过一定的教育,掌握必要的知识和技能,学习成为他们工作和生活中的一部分。他们敬业、合作、开放,具有知识经济时代的生活和消费观点,以开拓创新和实现自我价值为人生目标。在知识经济时代,人力资源显示出对物力资源的优先重要性。

虽然中小企业在吸引人才方面困扰较多,但与大企业相比,中小企业具有体制灵活、对环境反应灵敏、发展潜力大等优点,人才在企业中发展的机会较多,容易发挥个人的特长,体现自己的能力。也就是说,中小企业在吸引人才方面也具有自己的优势。中小企业应扬长避短,建立一套有效吸引人才的机制、健全的人力资源管理制度和完善的各项内部规章制度,使企业有章可循,给员工以安全感,然后根据企业的自身发展战略和实际需求,制订出员工的招聘、培训、考核及晋升等一系列详细的措施计划,具

体要采取以下几种方法。

（1）树立全面、正确的人才观念。凡是具有特殊技能或才干能为企业发展所用的人都是企业的人才。中小企业中人才是多样性的，可分为承担营销、项目、生产、运营等工作的实干型人才；承担技术、工程、软件、财会等工作的技术型人才；进行策划、管理、决策的创智型人才等。企业经营中，各种人才位于企业组织的不同层次，他们可以是高层的管理者，也可以是生产经营第一线的员工；可以是高级的技术开发专家，也可以是技能娴熟的工人。许多创业者强调团队成员的优秀和难得，然而对于初创企业而言，一个基本的前提是：合适的才是最好的。企业的规模和成长速度如果不能匹配优秀人才的才能施展空间，对双方都是一种痛苦。所以，初创业者不要迷恋博士和专家，选人时更多关注两点：适应性和互补性。成长时期的苹果电脑公司研究 Mac 的初始团队拥有人类学、艺术、历史和诗歌等学科的教育背景，这对苹果产品的脱颖而出一直很重要。产品的外观和触觉是它的灵魂，但计算机科学家或工程师很难看出这种重要性，因此公司领导层要做好人才选用和团队搭配。全面的人才观使企业能全面分析人力资源方面所面临的问题和机遇，从制度上建立起完整的人才体系，有针对性地招揽切实需要的适用人才。

"任人唯亲"在不少企业中仍然存在。"唯亲近者是用""唯家族成员是用"使中小企业尤其家族企业发展受到严重制约。这种情况必须纠正，但也不能矫枉过正，内部选拔人才也是一条行之有效的、便捷的用人途径。

（2）加强绩效考核管理，建立有效的激励和竞争机制。在企业中建立适应现代企业竞争环境的员工队伍，就应该建立科学合理的员工绩效评估与激励机制，把员工对企业的贡献与待遇公平合理地联系起来，激发员工的工作热情，让员工既看到了待遇，又看到了他们对企业的贡献及产生的绩效，有效减少员工的流失。

（3）用保障制度留住人才。落实好国家规定的各种基本保险福利制度，这样可以使员工能安心地工作，愿意长期为企业服务。还要健全劳动保障制度，认真地和员工订好合同，并切实执行好这些合同，让员工能够从心里感到一种安全感、归属感。员工稳定后方才可能尽全力为企业谋福利，实现公司为人，人为公司的双赢局面。

（4）用生涯规划管理发展人才。小企业还应重视员工的个人职业生涯发展，为员工创造一个良好的发展空间；充分了解员工的个人需求和职业发展意愿，为其提供适合其要求的职业通途；加强对员工的培训；不断给予员工新的挑战，让员工在工作中充满激情和热情。

【问题与训练】

（1）列出你创办企业的社会价值。

（2）写出你所创办企业的风险所在及应对策略。

（3）列出你所创办企业的创新之处（包括思想、技术、产品、服务、商业模式、管理等方面）。

1.3 创新与创业

21世纪是一个创新的时代,世界各国之间综合国力的竞争,说到底是国民创造力的竞争,人们的创新能力变成知识经济发展的最主要的动力源泉。在努力寻求新的经济增长方式的过程中,知识与创新成为知识经济社会的第一资源。创新是创业的主要驱动力量,创业也是促进科技进步和技术创新的主要动力。以市场为导向的创业过程就是科技成果产业化、商品化的过程。在如今技术迅猛发展、市场竞争日益激烈的时代,企业的实力将不取决于规模而是适应变革的速度,大企业甚至巨型企业在短时间内由盛而衰甚至倒闭的例子屡见不鲜,其主要原因就是创新能力不足,核心竞争力缺乏。因此,一个企业的创新能力和核心竞争力将决定企业的市场地位,以及生存与发展。而企业的创业活动正是获得并强化创新能力和核心竞争力的主要途径。

1.3.1 认知创新

1. 创新的内涵

《南史·后妃传·上·宋世祖殷淑仪》一书最早涉及"创新",创新是创立或者创造新的东西。《辞海》中对创新的定义为:"创造新的革新"。创新是指人类在认识、适应和改造自然的实践过程中获得新知识、新方法、新原理、新技术、新产品等的过程与结果。

1912年,美籍经济学家熊彼特(Joseph Alois Schumpeter)在其《经济发展理论》中指出:"创新是把一种新的生产要素和生产条件的'新结合'引入生产关系",这一创新理论包含下列五种情况:①开发新产品;②用新的生产方法;③发现新的市场;④发现新的供应来源并获得新原材料或半成品的;⑤创建新的工业、产业组织"。

创业不一定都能产生创新,但创业的成功一定是以创新为基础的,从创新对创业的引领角度,我们认为创新是一个产生新事物、新创意,并将其商业化的过程。

创业与创新密切联结。创业往往由创新而被催生,创新因创业而产生商业价值。当今的企业竞争已从物质资本与市场的竞争转移到了企业间创新能力的竞争,创新是企业可持续发展的必由之路。创新的最终价值在于将潜在的知识、技术和市场机会转化为现实生产力,实现社会进步,造福人类。实现这种转化的根本途径是创业。同时,创业可以推动新发明、新产品和新服务的不断涌现,源源不断地创造出新的社会需求,从而推动和深化创新,拉动经济增长和社会进步。

2. 创新的特点

创新有以下几个特点。

(1)普遍性。创新存在于一切领域,在任何地方都可以创新。

（2）永恒性。创新是人的本能，受人类自我实现本能的支配。只要有人类，就有创新，创新永远不会终止。

（3）艰巨性。创新是相对于他人的首创行为，必定是超前的，难以得到他人的理解和支持，甚至要承受质疑、反对等相当大的压力或身处艰难的创新环境。创新本身是做前人或他人没有做过的事，取得成效的过程、方法和技术等都需要探索，因此带有不确定性和技术上的难度。

（4）社会性。创新终要形成成果才能贡献社会。完成一个创新成果，还要实施。创新的实现是在社会中完成的，产生社会性。现代社会分工细化，所以创新不可能靠单打独斗来完成。

创新无止境、无边界、无权威、无框限。最好的创新永远是下一个。

3. 企业中的创新

"创新是我们身体中的血液"，西门子官网中标写着西门子关于创新的论述。企业中的创新既和成长有关，也受到生存的推动。企业中创新带来的有机增长对取得突破性成果至关重要，市场变化的速度需要企业更大的灵活性和更高的创新效率，企业需要新发现和新战略驱动成长和生存。企业中的创新往往是一项团队工作，并不是某个罕见的专家、天才或百里挑一的人士的专属个人行为。企业中的任何人都可以，也应该学习如何去创新。创新，不只是科学家、工程师、专家或技术人员的工作，而是整个业务和领导层的工作。企业想要实现规模性创新，需要的是团队合作，即领导层与草根行动的正确结合。

德勤摩立特咨询公司旗下专注于创新相关咨询的德布林公司依据三十载工作经验对于企业中的创新进行了阐述。

（1）创新不是发明。企业中的创新可能涉及发明，但是其范围比发明更为广泛。它包含了对客户需求的深入理解和回应，在创新活动中与其他伙伴的合作和传递，以及随着时间推移让创新实现其自身价值。

（2）创新需要产生回报。除了得以自我维持，企业中的创新需要确定其对企业的回报才能继续下去，这也是对企业中创新可行性的定义标准。如果企业中的创新成果未能进入市场而获得收益，那么就没完成创新的过程。

（3）创新并不一定"全新"。现实中大多数的创新都是基于以往的经验而出现的。创新无须对世界是全新的，只需从某个角度来讲新鲜可用即可。

（4）知道在何处创新。企业中需要改进革新的地方很多，你需要辨识合适的创新机会，明晰你想要创新的本质。从帮助客户解决深层次问题出发，着眼于远大目标，去处理那些不能轻而易举就得到解决的难题，容易的部分可以留待以后解决。但是要化繁为简，很少有创新是因为其复杂性而受追捧。即使是面对最棘手的问题，大多数有效的创新也是以提供优雅、简洁的方案取胜。

4. 创新的类型

创新可分为技术创新和非技术创新。技术创新主要指产品创新和工艺创新，非技术创新是除技术创新以外的创新,主要指服务创新和商业模式创新。现实中企业的创新往往超越产品本身,可以是开展业务和赚钱的新方法、产品和服务的新体系甚至是你所在的组织与客户之间互动的新模式,所有的创新都可以以系统的方式建立。现在,越来越多的企业是在多种创新的综合运用中前行。

1) 技术创新

(1) 产品创新。熊彼特提出产品创新是指企业能够产出与竞争对象不同的产品或服务,通过技术进步增加新的功效,或者是开发一种新的产品。产品创新的过程包括了概念的提出、市场调研、创新方案的制订、核心技术的设计与应用及产品外观设计、样品实验、批量生产、销售。产品创新是企业技术进步的核心内容和主要动力,是企业获取新市场份额的关键因素。增加功能、环境保护、定制、使用便利、交互功能、特性集成、聚焦、简化、补充、扩展和配套、捆绑、整合、系统化、安全、时尚、卓越……都是产品创新的策略。

(2) 工艺创新。工艺创新指企业通过研究和运用新的方式方法和规则体系等方式,提高企业的生产技术水平、产品质量和生产效率的活动,包括新工艺、新设备及新的管理和组织方法。与产品创新具有市场效应不同,工艺创新具有生产率效应。如海尔洗衣机在节能、环保和低碳的绿色工艺创新升级过程,代表了我国家用洗衣机制造业绿色工艺创新系统的演化。

2) 非技术创新

(1) 服务创新。服务创新就是使潜在用户感受到不同于从前的创新内容,是指新的设想、新的技术手段转变成新的或者改进的服务方式。服务创新一般应把握好几个方面。

① 服务是靠顾客推动的。一般80%的服务概念来源于顾客,企业把注意力集中在对顾客期望的把握上,认真听取顾客反馈及建议。经营良好的企业,要应对最苛刻的客户,有些企业往往超标准提高已知的客户需求,却习惯性地忽略客户的新兴需求。而一些走在创新前列的企业把“有求必应”与主动服务结合起来,甚至可以以超前的眼光,通过创新来引领顾客的需求。

② 顾客的抱怨往往表明服务有缺陷或服务方式应当改进,这正是服务创新的机会。生成洞见是创新过程的第一步。多数情况下,你将从对客户与其他人的观察和互动中发现问题并得到解决问题的新洞见。但不要期待让顾客为你创新,而要将注意力集中在顾客关注的问题上。对待顾客的抱怨,均应立即妥善处理,设法改善。以耐心、关怀、改进来巧妙解决顾客的问题,这是服务创新的基本策略。

③ 顾客对服务品质的评价,容易受其先入为主的期望所影响,当他们的期望超过企业提供的服务水准时,他们会感到不满;但当服务水准超过他们的期望时,他们会大感满意。所以企业不遗余力地满足顾客的需要,无条件地服务顾客,是达到一流服务水平的基本原则。但在策略上必须灵活。合理约束顾客的期望常常是必要的。企业

有必要严格控制广告和推销员对顾客的承诺,以免顾客产生过高的期望,而在实际服务时也应尽可能超出顾客的期望。正确地处理无条件服务与合理约束两者的关系,是企业在服务创新中面临的挑战。

④ 服务的对象相当广泛,有不同期望及需要,因此良好服务需要保持一种弹性。服务过程中有许多难以衡量的东西,一味地追求精确,非但难以做到,反而易作茧自缚。

⑤ 创新就是打破一种格局以创造一种新的格局,最有效的策略就是向现有的规则挑战,挑战的主题是人。通常,顾客对服务品质好坏的评价是根据他们同服务人员打交道的经验来判断。因此,员工是影响企业服务创新效应的关键因素。

⑥ 在产品设计中体现服务,是一种未雨绸缪的创新策略。要使顾客满意,企业必须建立售前、售中、售后的服务体系,并对体系中的服务项目不断更新。服务的品质是一个动态的变量,只有不断地更新才能维持不下降。售前的咨询、售中的指导、售后的培训等内容的性质会随着时间的推移发生变化,原来属于服务的部分被产品吸收,创新的部分才是服务。所以,企业不创新,就没有服务。

(2) 商业模式创新。商业模式,是指企业价值创造的基本逻辑,通俗地说,就是企业如何赚钱的。商业模式创新是改变企业价值创造的基本逻辑以提升顾客价值和企业竞争力的活动。通俗地说,商业模式创新就是指企业以新的有效方式赚钱。

互联网的出现改变了基本的商业竞争环境和经济规则,标志着“数字经济”时代的来临。人们认识到,在全球化浪潮冲击、技术变革加快及商业环境变得更加不确定的时代,决定企业成败最重要的因素不是技术,而是商业模式。2003 年前后,创新并设计出好的商业模式,成了商业界关注的新焦点。商业模式创新开始引起人们普遍重视,被认为能带来战略性的竞争优势,是新时期企业应该具备的关键能力。2006 年就创新问题对 IBM 在全球 765 个公司和部门经理的调查表明,其中已有近 1/3 把商业模式创新放在最优先的地位。

广告支持、拍卖、成本领先、捆绑定价、分拆定价、灵活定价、浮动、融资、饥饿营销、免费增值、构建基础、授权许可、会员制、计量收费、微交易、溢价、风险分担、规模交易、信息交换中心、用户定义……商业模式创新既可能包括多个商业模式构成要素的变化,也可能包括要素间关系或者动力机制的变化。

随着科技进步和社会发展,企业越来越多的借助于创新应用获得战略优势,在创新中我们能够改变什么? 表 1-2 列出通过创新获得战略优势的例子。

创新战略不仅在于市场竞争,同样的战略优势也可能存在于公共管理部门或者社会创新。如 1976 年孟加拉国格莱珉银行(Grameen Bank,即乡村银行)提供“小额贷款”,帮助贫困者通过自我雇佣达到自给自足。这个模式已经在世界上 58 个国家被复制。

表 1-2　通过创新获得战略优势

机　制	战略优势	例　子
产品和服务的新颖性	提供别人不能提供的东西	第一次引入随身听、注水钢笔、照相机、电话银行、网上零售等
流程的新颖性	利用别人没有的流程,更快、更低成本和顾客定制化等	皮尔金顿的浮法玻璃生产流程、贝塞麦炼钢法、网络融资、网上图书销售等
复杂性	提供别人很难掌握的技术	劳斯莱斯和飞机发动机,只有少数竞争者能够掌握这种复杂的机械加工和冶炼技术
知识产权的法律保护	提供别人无法提供的东西,除非购买许可证或者支付费用	例如善卫得(Zantac)、百忧解(Prozac)、伟哥(Viagrs)等药品
增加或扩展竞争元素	改变竞争的基础,例如,从产品的价格变成价格和质量或者价格、质量和选择等	日本汽车制造系统将竞争从价格转向质量、灵活的选择范围以及更短的新款上市时间等。这些元素之间不是此消彼长,而是同时提供
时机	先进入者的优势:先进入者可以获得新产品市场的可观市场份额 快速跟进者的优势:有时先进入者可能遇到未能预测的问题。因此,有效的方法是观察其他人早期的错误,并快速跟进	亚马逊、雅虎,其他人可能跟随,但是先进入者获得了优势 掌上电脑(PDA)和智能电话占据了大量和快速成长的市场份额。实际上,在奔迈公司成功投放 PDA 产品的 5 年前,这个概念和设计在苹果公司的失败产品 Newton 中已经提出。但是,软件特别是手写识别问题意味着当时的产品一定是有显著缺陷的。与此形成鲜明对比的是,苹果公司成功产品(iPod)的出现也是因为它上市时间较晚,这样在其主要设计中能够学习和包含早期产品的关键特征
强健的平台设计	提供一种平台,基于该平台可以进行调整和更新换代	索尼最初的 Workman 架构,孕育了好几代个人音频设备,包括小型磁盘、CD、DVD、MP3、iPod 等 波音 737 有 30 多年的历史了,其设计仍然在不断调整和组合以满足不同的用户。这是世界在销售方面上最成功的飞机 英特尔和 AMD 也有不同系列的微处理器
重新定义规则	提供代表一种全新产品或者流程概念(一种不同的做事方法),并使过去的东西变得没有价值	打字机与计算机文字,冰与冰箱,电灯与燃气或者油灯
重新组织流程	重新思考系统各个部分共同工作的方式。例如,建立更有效的网络、外包和与虚拟公司合作	服装行业的 Zara 和 Benetton,计算机行业的戴尔,丰田的供应链管理

续表

机 制	战 略 优 势	例 子
应用范围的转换	重新组合已有因素来服务于新的市场	聚碳酸酯的轮子从现在拉杆箱市场转向小孩玩具（轻巧的踏板车）
其他	创新包含所有做事情并获得战略优势的新方法；存在足够的空间找到新方法来获得并维系优势	Napster 公司开发帮助音乐爱好者从互联网下载他们喜欢音乐的软件。Napster 程序为个人对个人之间提供快速连接。它改变互联网架构和运营模式的潜力是非常巨大的，尽管其遇到了法律问题，但是后来者开辟了文件下载和共享的巨大产业

资料来源：约翰·贝赞特，乔·蒂德.创新与创业管理［M］.牛芳，池军，田新，等译.北京：机械工业出版社，2013，19-20.

5. 创新管理

企业中的管理者应该认识到，创新是一个包括不同关键阶段的长期过程。如果我们把创业如何进行仅理解为是一个简单化的模型（如将创新仅仅理解为是发明），那么这将影响到创新变成工艺和商业。人们需要的是将发明创造转化出来的商业现实。

我们需要用完备的心智模式来谨慎地思考如何管理创新。否则，我们会遇到不完备模型带来的问题。如果创新仅被看成研发能力，所遇问题可能是技术不能满足客户需要，不能被客户接受。如果创新仅被看成是实验室专家的个人行为，所遇问题可能是缺乏其他人的参与，缺乏其他视角的知识和经验。如果创新仅被看成是满足客户需求，所遇问题可能是忽略技术进步，导致难以获得竞争优势。如果创新仅被看成是技术进步，所遇问题可能是生产的产品并不能满足市场需要或者设计的流程不能满足客户要求。如果创新仅被看成是大公司主导，所遇问题可能是弱小的公司过于依赖大公司。如果创新仅被看成是突破性的变化，所遇问题可能是忽略渐进性创新的潜力，同时，也难以确保从突破性创新中获得收益。如果创新仅被看成是内部产生，所遇问题可能是外部的好想法被抵制或抛弃。如果创新仅被看成是外部产生，所遇问题可能是创新成为简单满足外部要求的事情，缺乏内部学习和技术能力的构建。

从识别机会、整合资源到创新实施、价值创造，我们需要平衡（利大于弊）与控制（确保投入的时间、资金、资源等在预算之内）创新，控制风险并最大化我们的机会。大多数创新在一系列游戏规则下进行，有时，技术的突破性改变或者一个全新市场出现等偶然事件的发生改变了规则，则需要我们改变以往仅利用静态环境下的既有模型的方式，而用不同的方法来组织和管理创新。否则，我们将落后于变化，失去竞争优势。

1.3.2　创新与创意

苏格拉底说，"未经审视的人生不值得过"，而阿里巴巴则将"想象力是第一生产力"镌刻在集团总部陈列室——二者均指向对人生的深刻萃取和创新提炼，最终使其臻于至善、至美。创意是运用你的想象力为世界创造新的事物。在商业领域,创意表现为创新。谷歌(Google)、脸书(Facebook)和推特(Twitter)等公司释放了其员工的创意,改变了数十亿人的生活。据美国奥多比计算机公司在三大洲 5000 人中的一项民意调查显示,80％的人认为释放创意潜能是经济发展的关键,但其中仅有 25％的人觉得自己的创意潜能在生活和事业中得到了发挥。

1. 创意概述

许多创业的开始起源于起始阶段的一个好创意。所谓创意就是具有新颖性和创造性的想法。美国广告创意大师詹姆斯曾提出:"创意往往诞生于灵感一现,但灵感并不是凭空而降,创意的产生需要足够的前期积累。此外,仅有灵感一现并不够,它还需要你及时记下来并采取行动,没有实施或者无法实现的创意没有任何意义。"

创意是创新意识的简称,简言之,创意就是新颖性和创造性的想法,不同于寻常的解决办法。创意是一种通过创新思维意识,进一步挖掘和激活资源组合方式,进而提升资源价值的方法。

斯坦福大学商学院客座教授、被誉为"日本战略之父"的大前研一在《创新者的思考》一书中写过自己关于创意的许多思考。他提出要用不受束缚的心构思创意。一项成功的事业必与 1000 多个创意相联系,经过不断尝试,1000 个创意当中可能有 1 个获得成功。在不同阶段必须要用完全不同的构思方法,大家万不可以按照一个模式去思考。构思创意最好的模式就是换位思考。成功的创业者在看事物的时候,一般会从三个方面考虑:"如果换成自己该如何做?""竞争对手会如何出招?""客户会如何反应?"。也就是时刻把公司(Company)、竞争对手(Competitor)、顾客(Customer)这 3 个"C"放在心中。

"针对顾客需求,持续不断地提供优于竞争对手的产品或服务"就是战略。日本的运动鞋生产销售利润微薄,而耐克"顺风"牌产品半年后的产量都被预订一空。这期间的差别就是耐克一直不断思考"为谁提供什么产品",而不是一味只关注生产本身。耐克找到一些世界级运动员,开发满足他们需要的鞋。例如,耐克为需要跳得高灌篮的迈克尔·乔丹设计了加气垫辅助其弹跳的鞋。此外,耐克的鞋还满足年轻人的喜好,追求美观的设计,使那些用不着灌篮的人也想穿,十分受年轻人的追捧。

新构思也可以从旧东西中破茧而出。大前研一提到一件关于咖啡机的创意:想到很多客人喝咖啡不是只为了驱除睡意,而是希望享用咖啡的美味,于是就开始思考如何冲制出美味的咖啡。首先他发现冲制咖啡的城市饮用水里加过漂白粉,所以方法之一就是驱除水中的漂白粉;接下来他又注意到研磨咖啡时的粒径分布问题及咖啡豆磨完后放置时间的重要性。但当时市面上的咖啡机的设计完全没有考虑这些问题。于是他研发出了一种能内置研磨机控制粒径分布,去除漂白粉只使用蒸馏水的咖啡机。这种咖啡机一经投入市场,立刻得到顾客好评。"究竟怎样才能泡出味道醇美的咖啡呢?"从这个最本质的问题出发,很容易就提出并实现了一个新的创意。在此,厘清问题的本质最为重要。顾客可能会买熨斗和烫衣板来熨平衣物上的皱褶,但是他们实际上不想要熨斗和烫衣板，他们真正想要的是没有褶皱的衣服。

创意大师詹姆斯·韦伯·扬(James Webb Young)提出创意的产生要把握五个要点：①努力挣脱思维定式的束缚；②紧紧抓住思维对象的特点；③尽量多角度地去思考问题；④防止两个思考角度完全重合；⑤努力克服思维惰性的影响。头脑风暴是一种广为人知的帮助组织产生创意的有效工具。创意的产生包括生成和聚焦两个环节。在生成阶段，个体或者组织会产生灵活发散有创新的思想，聚焦阶段则进行选项的初步考察和分类。在这两个部分中，重点是生成，其间，人们的创造性思维被广泛应用。对于创造性思维和创新方法，本书第三章有详尽的阐述。

大前研一认为，哲学是想象力的前提，没有哲学就产生不了新的创意。沃特·迪士尼产生创新的哲学前提是不仅让孩子们如坠美梦中，而且也能提供父母享受快乐的场所。约尔马·奥利拉在 20 世纪 80 年代接手濒临破产的诺基亚后，仅用 7 年时间就把诺基亚做成了世界第一的手机公司。在开创事业的构思阶段，他的哲学是"为了实现所有人的网络连接，怎么办才好呢？解决办法不是计算机的桌面。能满足无论何时、不管何地、不论和谁这些条件的必须是能拿着走的东西"。1999 年 3 月 10 日，让中国走进互联网时代，开启中国的电子商务之路的阿里巴巴公司在马云家中创立。要做小企业拯救者的马云要做的事就是提供这样的世界：将全球的中小企业的进出口信息汇集起来。他说："小小企业好比沙滩上一颗颗石子，但通过互联网可以把一颗颗石子全粘起来，用混凝土粘起来的石子们威力无穷，可以与大石头抗衡。而互联网经济的特色正是以小搏大、以快打慢。"

一个乐于集思广益的群体能够释放出无尽的创意能量，消除让人窒息的官僚层级、没有价值的结构、阻碍沟通的厚重壁垒。在企业中建立鼓励创意的文化可以帮助企业员工更加互相启发、支持，更具同理心和开放性，促进每一位员工立足于自己岗位进行创新。保持幽默感、淡化等级意识、知道彼此的长处、本色示人、延缓评判、紧密合作、玩得开心……培育良好的企业创意文化可以保持员工在参与和从事创意行动中具有安全感，并有勇气在面临困境或无数次试验失败后依然协作和坚持。但是，并不是所有的创新都需要有机、松散和非正式的环境或者异类员工，每个组织需要根据自己的特点开发适宜的方法。

无论创意是如何形成的，作为创业者都要对创意进行冷静的评估，看它是否有市场价值。评估者可以从市场潜力(市场有多大，消费者是否愿意付费使用产品或服务)、竞争格局(产品是否有优势，是否要竞争稀缺资源)和时效性(是否应该迅速行动，会不会错过机会)等方面加以评估。

2. 创意、创新与创业

创意是建立新关系的"艺术"，具有始动、启示和延伸三个功能。只有从创意开始，才能走进更深入的创造过程。创意是创造乃至创业的第一步。创意是创新能力的展示和证明，有了创意，创造就不再神秘。创意产生新的设想，创造把这种设想物化为有形的新产品，创业利用新产品创建一个新事业，这就是由创意走向创造，再由创造走向创业的过程。

创意是创新创业的基础。创意会有很多,但并不是每个创意都能够被科学把握。创意"有如昙花一现的幻影,有如纯洁之美的精灵",用创新的思维、创业的形式赋予其"有形的翅膀",创意才可能创造出奇迹。没有创意,很难开展创新创业实践活动。

创意不能等同于创新。创新是创意的飞跃。从思维类别上看,创意以形象思维为主,以表象为思维要素,而创新是在形象思维的基础上,把一系列表象概念化、抽象化,通过逻辑思维,把感性思维浓厚的创意上升为理性思维凝练的创新。从稳定性方面看,创意的产生往往具有突发性、突变性,而创新是概念化、逻辑化的创造方案,具有相对稳定性。创新来源于创意,但高于创意。创意变成有价值的创新,要经历一个充满失败可能的艰苦的发明过程。人类的发明创造,都是无数次失败后继续努力的结果。我们要善于抓住灵感,形成构思,进而进行坚持不懈地试验,以最终实现创新。

【问题与训练】

(1) 创新只是向前跳一大步,是一种"新发现"和重大突破吗?用制造业和服务业的例子来说明渐进性创新的重要性。

(2) A先生是一位年轻的医学博士,他拥有监控脑电波活动并能预测早期中风的一个新算法专利。他认为这个专利可以带来很高的商业价值。于是他筹措资金从亲朋好友那里借了一大笔钱开始创业。尽管他的产品给医生留下了深刻印象,但是他仍然破产了。为什么说他失败的原因可能是由于他仅有如何创新的不全面的模型?他将如何避免将来继续出现这样的情况?

(3) 设想你在为一家生产家用电器的公司工作。努力列出这个行业过去25年中在竞争方面出现的主要变化。哪家公司是胜利者?哪家公司是失败者?为什么?技术变革带来竞争动态,在回答上述问题时请思考:

① 行业是如何变化的?技术是如何帮助公司应对这种变化的?

② 出现了哪些新技术?它们如何被应用?

③ 技术如何影响企业对市场需求的回应?

④ 对于一个市场的新进入者,通过提供什么产品才能成为行业内领导者?技术如何帮助它实现这一点?

(4) 列出你上大学以来世界最瞩目的3~5个"社会变化",针对每种变化,请考虑至少两个已出现的新产品创意。并把创意带入图1-2所示的创意评估矩阵中评估。

(5) 列出你的强关系和弱关系(至少各包括5人),从你的强关系和弱关系中各挑选两人,思考你能得到这些人独特帮助的新创意类型。

(6) 给你自己开办或了解的一家创业企业构思创意:首先,认真找到顾客究竟需要的是什么;而后思考达到顾客满意的方法一共有多少种;接下来再顺着这些方法依次考虑究竟可以做些什么。

实用驱动性

高

低   高

兴趣驱动性

低

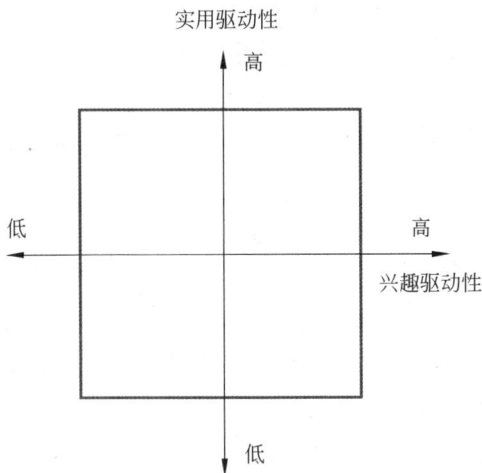

图 1-2   创意评估矩阵

1.4 创业资源

创新工坊的李开复曾经告诫怀揣创业梦的年轻人,创业需要各方面资源的积累,"没有任何经验,只凭一腔热情,创业失败的概率是 99.99%"。企业是资源的集合体。资源与创业者的关系就如同颜料、画笔与艺术家,又如同食材、厨具与厨师的关系一样。创业活动是在不确定性和风险存在的情况下,为了获取利润或成长机会而创建新企业,通过对资源的不断获取和整合,进行具有独创性和创新性活动的一系列过程。

1.4.1 创业资源的概念

资源的英文名称是 resources,定义为"资财之源",是创造人类社会财富的源泉。《经济学解说》(经济科学出版社,2000)将"资源"定义为"生产过程中所使用的投入",这一定义很好地反映了"资源"一词的经济学内涵,资源从本质上讲是生产要素的代名词。对于企业来讲,资源就是经济主体在提供产品或服务的过程中,拥有或可支配的、能够实现企业战略目标的各种生产要素与支持条件。

创业资源有普通资源和战略性资源之分,划分依据是能否为企业带来竞争优势,即区别于竞争对手并且可以使企业健康的生存发展获取收益的能力。战略性资源应同时具备有价值、稀缺性、难以模仿和难以替代四个特征。

(1)有价值。只有当公司可以借助某种资源或能力挖掘外部机会或避免威胁的时候,这种资源才是有价值的。比如豆浆、油条这些食品随处可见,但是永和豆浆大王却将这些资源整合起来成为一种非常受欢迎的商业模式,豆浆、油条变成了企业创业中价值倍增的优势资源。

(2)稀缺性。是指资源对所有竞争对手来说是不充足的,无法广泛获取的。只有现有的或潜在的少数竞争者掌握它们的时候,它便是稀有的。可以随意获取(或付出一定代价)的资源不可能为企业创造竞争优势。可以被视作稀缺的资源有优越的地段、优秀的领导者、丰富的矿藏等。

(3) 难以模仿。拥有稀缺的有价值的资源有时也不能长久地为企业带来竞争优势。原因在于,当价格足够高时,稀缺资源也可以进行交易。而那些在保留利润的低价格下仍然无法进行复制的资源就具有难以复制性(或称无法完全模仿)。有三个方面的原因使得资源难以复制:第一,因果关系含糊。企业面临的环境变化具有不确定性,企业的日常活动具有高度的复杂性,企业难以确定该模仿什么,不该模仿什么。如成功上市的民营培训机构新东方从来不乏模仿者,却从未被超越。模仿者可以模仿授课方式、机构设置,从新东方挖掘人才甚至模仿广告宣传,但时至今日没有一个模仿者如新东方般强大。第二,独特的历史条件。企业可能因为远见或者偶然拥有某种资源,占据某种优势,但这种资源或优势的价值在事前或当时并不被大家所认识,也没有人去模仿。随着资源或优势的价值日渐显露出来,成为企业追逐的对象。然而,由于时过境迁,其他企业再也不可能获得那种资源或优势,或者再也不可能以那么低的成本获得那种资源或优势。如微软创业初期,行业内竞争尚不激烈,社会对 IT 技术和互联网的认知程度并不高。第三,模仿成本。企业的模仿行为存在成本,模仿成本主要包括时间成本和资金成本。如果企业的模仿行为需要花费较长的时间或大量的资金,模仿行为带来的收益不足以补偿成本,企业也不会选择模仿行为。

(4) 难以替代。难以替代资源指的是那些不能被普通资源替代的资源。如果一种资源很容易被替代,则它不能为企业创造竞争优势。如百年老店的声誉即为一种难以替代的资源。

由此可见,普通资源就是不具备或不完全具备上述四个特征的资源。但是普通资源对于创业者来讲也是有意义的,它们对于开展企业的经常性活动必不可少,如创业资金、团队成员等。创业者必须注意保护战略性资源,因为时间的推移、信息的透明化、技术的进步等因素会使竞争对手模仿、替代创业者原有的竞争优势。

1.4.2 资源类型

企业创业资源是指企业在创业的全过程中先后投入和利用的企业内外各种有形和无形的资源总和。创业资源可从以下不同角度分类。

按形态分为有形资源和无形资源。有形资源,是指可见的、能用货币直接计量的资源,主要包括物质资源和财务资源。企业作为一种社会经济组织,在拥有厂房、场地、设备资金等有形资源的同时,也拥有着长期积累的、没有实物形态的,甚至无法用货币精确计量的无形资源。如企业名称、作业流程、员工技能、专利、专有技术、销售渠道、信息资料、企业文化等。创业过程中的中小企业,获取创业的有形资源相对较为容易,但缺乏的是影响中小企业竞争能力的无形资源,这部分资源是企业长期积累和学习的结果,难于通过购买和模仿取得。

创业资源按控制主体分为内部和外部资源。创业的内部资源是指存在于企业内部,创业企业可以垄断与控制的创业资源,如创业企业的自有资金,创业企业的研发成果及创业企业自有的营销网络等资源。外部资源是指存在于企业外部,但可以被企业利用和共享的创业资源,如政府政策、法律、社会文化、社会化服务体系等环境资源。创业的内部资源与外部资源是可以相互转换的,如通过购买、引进、政府特许和投资等方式可以将外部资源转化为内部资源。当然,企业也可以出售、转让企业的内部资源以获取外部资源。

创业资源按利用方式分为直接资源和间接资源。直接资源一般就是企业可以利用的内部资源,间接资源(如环境资源)的利用必须通过创业企业的内部管理资源转化才能为企业所用。

只有创业企业的创业资源投入大于产出,创业企业才能成长。企业的创业过程是一个不断投入和消耗创业资源的过程,同时也是创业资源不断生成和积累的过程。如初次创业者缺乏创业经验和创业实践,更缺乏管理创业企业的能力,但随着创业企业的发展和管理实践,企业的创业者管理经验和能力都得到提升,新的创业资源得以生成。由此创业资源按投入和生成方式分为初次投入资源和创业生成资源等。

1.4.3　资源开发与整合

湖南永州位于湘西南,长期以来,交通不便,经济以农业为支撑,并不发达。当地有一种特产——银环蛇。唐代柳宗元曾记载:"永州之野产异蛇,黑质而白章。"并且这种蛇在唐代就被人们用来入药,价格昂贵,还被很多人用来代替赋税。但是一直以来,人们只是抓蛇去卖,赚些小钱,没有获得多少财富。直至 2000 年,永州当地女企业家谭群英注意到当地人很早就有喝药酒祛风湿的习惯,开始大面积人工养殖银环蛇,并注册了"柳宗元"为商标,制作异蛇王酒,还到长沙请了一位享誉湖南的电视台主持人为自己的王蛇酒代言。她还将银环蛇加工成各种产品,行销全国。地区资源特产——异蛇,历史文化流传——柳宗元,湖南卫视媒体的影响力,这三个当地独特资源的整合,造就了女企业家谭群英经营的异蛇王酒的畅销。

1934 年,熊彼特将创业定义为"实现资源的重新组合"。这种重新组合包括:创造新产品,采用新工艺,开辟新市场,获得新的原料供应来源或者实现新的组织形式。企业具有不同的有形和无形的资源,这些资源可转变成独特的能力;资源在企业间是不可流动且难以复制的;这些独特的资源与能力是企业持久竞争优势的源泉。可以说,创业者创业的过程就是一个开发、整合和利用资源的过程。

1. 创业者与资源

著名管理学大师彼得·德鲁克认为:"企业家就是赋予资源以生产财富的能力的人。"Casson 认为"创业者是擅长对稀缺资源的协调利用作出明智决断的人"。资源并不是无中生有的,所有资源都来自对现有的经济或者技术领域中的资源和能力的整合。企业家能力所表现出来的直接结果通常就是将现有资源、技能和能力整合为一种稀缺性资源。

那么,创业者对资源的态度如何呢?郝沃德·斯蒂芬森指出,与企业经理人的看法极不相同的是,成功创业者对把握商机过程中所需要的资源以及对这些资源的所有权和管理权有着自己的独特看法。成功的创业者在新创企业成长的各个阶段,都会努力做到用尽可能少的资源来推进企业向前发展,同时,对他们而言,资源的所有权并不是关键,关键的是对其他人的资源的控制和影响。

这种态度的好处在于,它能够减少创业者创业所需的资本量,使企业在运作过程中处于更有利的地位;以放弃资源所有权为代价而提高了灵活性;降低了沉没成本、固定成本,并以丰富的利润抵消变动成本的上升,进而大幅降低了创业者把握商机过程中的风险。因此,创业者要了解创业所需的各种资源,分析现有的资源状况,明确资源缺口和关键资源,并找到适当的途径和适当的时机获取适当的资源。

2. 新创企业与资源

创业资源和一般的企业管理资源不同,需要从新创企业的视角进行分析。创业资源是创业者拥有或可获得的各种生产要素及其支持条件。在创业的过程中创业机会只有与相应的创业资源进行匹配,才能形成现实的创业行为。否则,即使出现了大好的创业机会,创业者也难以迅速利用这个机会,只能眼睁睁地看着机会从身边溜走。

一般研究认为,新创企业是处于发展早期阶段的企业,GEM 报告中的新创企业指成立时间在 42 个月以内的企业。这类企业的特征,归纳起来有以下几个方面。

(1) 面临风险大。新创企业通常成立时间不长,处于创立期或成长期,面临的风险很大,不确定因素很多(周文良等于 2002 年提出)。与成熟企业相比,新创企业的主要管理目标是保证企业的生存,并在此基础上积累、整合资源,发展企业的关键职能,以形成产业基础。所以,企业只有识别机会,从外部获取充足的创业资源,才能实现快速成长,这也是创业资源有别于一般企业资源的独特之处。

(2) 资源约束强。基于创立时间不长、业务模式尚不完善等现实境况,创业者在开始创业的时期面临的一个重要问题即资源不足。一方面,企业的创新和成长必须消耗大量资源;另一方面,企业自身还很弱小,无法实现资源自我积累和增值。因此创业者有效获取、整合资源,综合运用技术、人才、资金等各种资源以求生存发展就十分重要了。

(3) 较多使用扁平组织结构。新创企业处在企业发展的早期阶段,需要能够对企业内外部的信息做出迅速敏捷的反应,一般使用扁平的组织结构。这种组织结构有广度,决策和控制集中、传递快、执行快。在后来的成长过程中,企业将松散的个体或团体进行整合,逐步形成严密的组织结构。这一过程的核心是创业者。

创业资源是企业从成功创建到发展所不可缺少的基础,而企业对创业资源的整合贯穿于生产经营的始终。创业的前半部分是企业家能否判断和选择足够的资源来支持可能的企业活动,后半部分则是企业家对创业资源系统进行的理性整合。

在企业创立之前的准备阶段,企业较大的机会和匮乏的资源之间存在着一个极不平衡的状态。在这种情况之下,需要创业者或创业团队发挥重要作用,以充分协调两者之间的关系。同时在该阶段,创业者需要在社会环境中调动一切的有利因素,活用所有的社会资源,进行筹措资金、注册登记等企业创建工作。在经过准备阶段的磨合之后,新创企业逐步进入了成长过程。在此阶段,能否有效地利用和获取企业自身的技术资源是创业企业成败的关键,企业必须加大技术开发的力度,在行业内形成自身所独有的技术优势,才能够在激烈的市场竞争中站稳脚跟。同时,企业出于扩大再生产的需要,对资金资源有着更加迫切的需求,单纯依靠创业者自身筹集资金或者向亲朋好友筹集,已经不能满足企业发展的需要,需要寻求其他渠道来解决资金资源,才能有效地带动其他相关资源的获取。随着企业的不断成长壮大,它的经营理念、企业文化、组织结构和运营机制及规章制度等管理资源也在逐渐完善。管理资源作用有效发挥,使企业能够更好地利用和聚合各种资源,实现继续成长。

根据创业过程可以看出,创业过程的资源需求具有以下特征。

(1) 以人力资源需求为主,其他资源需求为辅的主体特征。以现代管理理论为基础的内部控制理论认为,企业的有效运行必须实现人、财、物的有机结合。从本质上讲,无论是物力资源投入,或是财力资源的投入,关键在于人力资源的投入。这是因为,一方面,各种资源的投入,关键要靠人力资源去执行;另一方面,从管理的职能要素考虑,企业管理的最终目的体现在人的行为上。所以说,整个创业过程的资源投入是以人力资源投入为核心的。

(2) 创业的不同阶段具有不同资源需求的动态性特征。在创业的不同阶段,资源的投入需求呈现出一种动态的变化特征。在创业构思决策期,除了创业者和创业团队之外,创业组织关注的更主要的资源是技术资源和信息资源。在创业准备期,人力资源投入是核心,进行详尽的市场调查和完备的商业计划书的编写是对人力资源投入的必然要求;在创业启动期,金融资源的投入上升为第一要素,因为在此阶段需要大量的资金投入,一旦资金流不畅,将会导致新创企业的夭折;在创业经营期,管理资源处于主导地位,因为此时的主要任务是降低成本,提高效益。

(3) 创业过程中资源需求的整合性特征。在创业过程中,资源的投入不是孤立的、单个的,而是一个整合的总体,反映出资源需求的系统性特征。

3. 资源整合

企业成长从本质上说是在持续的一段时间内企业资源现值不断增加,是资源从"量"和"质"两个方面的非简单积累和不断整合的过程引致资源现值增加的结果,集中体现在对资源的获取和不断重组过程中企业对环境的适应力不断提高。

目前我国正处于经济转型时期,经济转型时期的环境特点是具有高度的不确定性,具体表现是市场细分程度更高,组织形式更加多样,政策更加不连续(Peng&Heath)。经济转型在造就更多创业机会的同时,也产生更严重的资源约束问题。另外,我国自二十世纪九十年代以来,大量的企业如雨后春笋般创立和发展。在这种条件下,对于新创企业而言,由于缺乏大企业所拥有的资源、能力和市场力量,它们成功与否,在很大程度上取决于能否形成和执行合适的战略来应对商业环境中的各种挑战。有鉴于此,新创企业必须通过发现机会、整合资源,从而获得持续的竞争优势。因此,组织资源是创业者的重要任务。

企业创立之后,一方面,创业者仍需要积极地从外界获取创业资源;另一方面,此时的重点转移到资源的有效利用——资源整合上。资源整合是指企业对不同类型资源进行识别与选择、汲取、配置、激活、融合,使之具有较强的柔性、条理性、系统性和价值性,并创造出新的资源的一个复杂的动态过程。一方面,资源整合是企业绩效的重要源泉。在企业绩效的解释变量中,资源整合比领导素质、组织结构、管理技能或方法等更为重要。另一方面,资源整合也是企业竞争力的主要源泉。市场竞争优势常常属于那些善于进行资源整合企业,而不是那些拥有大量资源的企业,也不是那些投入巨资进行开发新资源的企业。

企业资源整合主要包括以下四个主要方面。

(1) 个体资源与组织资源的整合。一方面,将零散的个体资源系统化、组织化,使其能够不断地融入组织中,转化为组织资源;另一方面,组织资源也能被迅速地融入个体资源的载体之中,能激发个体资源载体的潜能,提高个体资源的价值。

(2) 新资源与传统资源的整合。一方面,新资源可以提高传统资源的使用效率;另一方面,传统资源的合理利用反过来又可激活新资源,促进新资源的不断涌现。如此循环反复、螺旋上升。

(3) 横向资源与纵向资源的整合。横向资源是指某一类资源与其他相关资源的关联程度,纵向资源是指某一门类资源的广度和深度方面的资源。通过它们之间的整合,对于建立横向资源与纵向资源的立体架构具有十分重要的意义。

(4) 内部资源与外部资源的整合。一方面,识别、选择、汲取有价值的,与企业内部资源相适应的诸如隐性技术知识等外部稀缺资源,并纳入企业自身资源体系之中;另一方面,实现外部资源与内部资源之间的融合对接,激活企业内外资源,从而能够充分利用内外资源的效率。

企业资源整合具有自己的独特性,体现在以下几个方面。

(1) 可激活性。资源若不能被激活,就难以发挥其效益和效能,也不会产生新的资源,这就使对其进行整合变得毫无意义。

(2) 动态性。资源构成是随着环境的变化而变化的,环境变化引起企业资源构成体系的变化,从而导致资源整合方式的改变。因此,进行资源整合要始终关注环境变化,与环境保持动态一致性。

(3) 系统性。资源整合要以企业所有资源作为一个整体,而不是单看资源的某一方面或局部。

(4) 价值增值性。资源整合并不是单项资源的简单加总,而是通过各类资源的有机结合和相互作用方式的综合,使其达到"$1+1>2$"的放大效应。

4. 整合之道

1）人才资源

广州华工百川自控科技有限公司成立于 2000 年，是由华南理工大学科技园有限公司与广州市科学技术突出贡献"金鼎奖"获得者张海、马铁军共同发起，由华南理工大学控股的一间从事计算机过程智能控制装备及高分子特种材料生产的高新技术企业。张海教授作为技术带头人，作为华工工业装备与控制工程学院轻工机械与控制工程研究所副所长，有效地整合了各方面的人才资源；校方、科技园以及华工百川的经营管理团队都在整合与分享的企业文化下达成了共同理念。分享带来的人才资源，对人才资源有效整合产生的巨大生产能量，使华工百川在竞争中处在了十分有利的位置。

创业者整合资源的能力基本上决定了创业的成败。创业者整合资源能力强，整合到大量的人才资源就可以整合吸引到人才、资本、技术等，创业就会变得很容易、快乐。快乐整合人才资源，快乐创业，快乐分享，华工百川的张海为我们上了很有价值的一堂课。

福特汽车公司是世界上一家大名鼎鼎的公司。该公司有个显著特点，就是非常器重人才。早年的亨利-福特曾经为一位优秀的工程技术人员而不惜买下一个公司，可谓"千军易得，一将难求"。市场竞争归根结底就是人才竞争，设备需要人才去操作，产品需要人才去开发，市场需要人才去开拓。人才意味着高效率、高效益，意味着企业的兴旺发达。没有人才即使硬件再好，设备再先进，企业仍然难以支撑长久。

"用金银总有尽时，用人才坐拥天下"，企业或事业唯一真正的资源是人，如何努力创造吸引人才的条件，为企业吸引和留住人才，整合人才资源以获得长期持续发展的内在动力，是每一个创业企业发展过程中的一项十分迫切的任务。对初创的中小企业而言，人才是可遇而不可求的。社会上的人才很多，但适合公司发展的并不多。因此选择任用人才的关键在于用那些有潜力并且有强烈事业心，对公司事业有认同感的人才。企业整合人才资源最后落实在了培养人才方面，同时要千方百计留住公司的骨干人才。而充分利用科研院所、大专院校等"外脑"，也不失为企业人才资源整合的另一条途径。

2）资产资源

不少创业者受困于缺少创立企业起步所需的资金。即使一些企业已开始起步，也常受困于创业资金的短缺。现今，因为创业失败把自己逼到绝路的人更多的原因是资金问题。

"打铁还需自身硬"，资金的本性是趋利避害、保值增值和规避风险。对于新创企业，创业之始先走融资之路，但指望别人的巨额资金启动不具普遍性和现实性。对于成长发展中的企业，整合资产资源需要先打造出自己企业的竞争优势以赢得投资者的青睐。当年在软银对阿里巴巴的投资中，相关负责人告诉马云："你只有 6 分钟的时间讲解，如果用完这 6 分钟之后，没有人对你感兴趣，那么也就没机会了。"马云正是在这短短的 6 分钟里得到了孙正义 2000 万美元的融资。而阿里巴巴在美国上市之后，为阿里巴巴投下 2000 万美元的孙正义因此身家暴涨。孙正义旗下的软银所持股份价值一度因为阿里巴巴的上市而暴涨到了 580 亿美元。

如何整合资产资源引进外来资本呢？首先要对准备引入的资产资源有个整体性了解。在初步确定投资意向之后，创业企业就可以根据实际情况，在众多的意向投资者中选择钟情目标。在接触之前，一定要认真了解一下这些投资者的基本情况，如资质情况、业绩情况、提供的增值服务情况等。在与投资者的接触面谈前，企业自身应准备好必要的文件资料。在多次谈判过程中，将会一直围绕企业的发展前景、新项目的想象空间、经营计划和如何控制风险等重点问题进行。在签订的合同书中，创业企业和投资人双方必须明确下面两个基本问题：一是双方的出资数额与股份分配，其中包括对投资企业的技术开发设想和最初研究成果的股份评定；二是创建企业的人员构成和双方各自担任的职务。

3）技术资源

美国的微软公司和苹果公司，最初创业资本都不过几千美元，创业人员也只有几人。它们之所以走向成功，就是因为拥有独特的创业技术。在技术资源方面，Schumpeter 于 1934 年曾提出新企业的核心技术具有新奇和创新的特点，技术资源将成为新企业区别于其他企业的重要资源，并且可能成为获得竞争优势的资源。创建企业时是否掌握创业需要的"核心技术"或"根部技术"，是否拥有技术的所有权，决定着创业的成本，以及新创企业能否在市场中取得成功。尤其对依托高科技创业的企业而言更是如此。

技术资源由工艺、系统或实物转化方法组成。这包括实验室、研究和开发设备及测试和质量控制技术。由研发而生成的知识随后以专利的形式被保护起来，这也是资源，如配方、商标、版权和特许经营权等。技术资源与智力资源不同，智力资源体现在人身上，如果人离开企业则资源随之消失。技术资源是得到法律保护的物质的或无形的，所有权归组织的资源。技术资源可以为新创企业带来竞争优势，但后者必须保持创新精神来保障技术不被时代淘汰，建立技术壁垒来保护技术不被竞争对手轻易模仿。技术资源的拥有和控制程度是企业技术创新活动的基础。技术资源可以通过企业的研发投入、企业专利或诀窍的拥有和控制程度、技术人员的研发能力来衡量。技术资源获取方式包括从创业者（或团队）已经具有的和后来不断学习新知识新经验转化、通过交易方式获得、聘请技术人员研发、模仿等。

"利用新技术、结合新模式、打造新文化，这是我们一直运作的模式。"IT 业骄子盛大网络发起并主导，整合英特尔、微软、ATI、阿尔卡特、菲利普、英业达等全球几十家顶级 IT 和电信企业的资源，从事一款暂名为"盒子"的"信息家电产品"的制造，将首次把中国的电信和广电两张大网连接起来。更重要的，它是一个企图捆绑新浪的内容资讯，百度的搜索和音乐下载，易趣、淘宝和当当的电子商务，新东方的在线教育，证券之星的金融服务等各种互联网应用，通过电视屏幕呈现在当今中国上亿户家庭面前的浩大工程。越来越多的企业通过技术整合拓展市场、出奇制胜。南加州大学著名的企业管理学教授沃伦·贝尼斯认为,全世界的公司都在向"联合、合作、资源共享"发展。国际上一些大的跨国公司之间,也由竞争对手走向合作。在这个资源整合的时代,企业有了核心技术和核心产品也不能说明这个企业有竞争力,真正的核心竞争力是企业进行资源整合的能力。

4) 组织资源

管理大师德鲁克曾说:"好的组织结构不一定就会带来好的绩效。但是在不科学的组织结构下,企业即使再努力,也一定不会有好的绩效。"组织资源包括企业的结构、流程和体系。新创企业的组织结构或体系的设计应根据所处行业及自身特点来进行。如从事互联网等 IT 行业的创业者可设计扁平化组织结构,减少层级,更便于沟通也更加灵活;从事生产制造类行业的创业者,更倾向于按职能性质划分组织结构,使各职能部门各司其职,分工明确,责任到位。良好的组织结构为企业带来效率和收益,但由于众多对成功企业的研究报告和结论的产生,企业的组织结构、流程等容易被竞争对手模仿和复制。然而单纯模仿复制组织结构是不能获取成功的,因为真正创造成功的是组织的文化、人员以及具有前瞻性的战略。

在瞬息万变的市场竞争中,企业的组织资源要不断整合以适应变化。格兰仕一直执行的是微波炉、空调双线推行的策略,到 2004 年企业已有 2 万多名员工,与全球两百多家企业合作,"大企业病"征兆初显。2004 年 11 月,格兰仕推出了组织变革方案,分成空调器、微波炉、小家电、销售、压缩机、漆包线六大公司和财务、模具、研发、采购四大中心。各公司独立核算,实施分权制,权责到位,彻底终结集权时代。与此同时,格兰仕打破不使用职业经理人的传统,引进了包括日、韩、法等世界各地的经营专才和技术专家,变封闭组织为全开放组织。到 2006 年,格兰仕连续 12 年中国微波炉市场占有率第一的良好业绩充分证明了其组织整合的成功。

5) 政府资源

2008 年,留美博士陈海雷把他创立的矽鼎科技公司选址在江苏无锡,这里既不是 IT 企业云集的北京,也不是商业更发达的上海、广州。他做出这样的选择,一方面是想找一个单纯一点的环境做实实在在的研发,另一方面则是因为无锡所能提供的创业扶持更加适合自己的团队。2008 年,无锡市出台《关于引进领军型海外留学归国创业人才计划的实施意见》,简称"530"计划,即 5 年内引进不少于 30 名领军型海外留学归国创业人才,重点是环保、新能源、生物三大先导产业,以及服务外包、文化创意等产业的创业领军人才。现在矽鼎科技公司取得的"江苏省高新技术企业""企业资信等级 AAA 级""江苏产品万里行金奖"等一系列成就无疑证明了陈海雷博士选择的正确。

因为创业活动对经济发展的许多贡献,一些地方政府纷纷出台了有利于企业创业活动的政策。如设立一些创业基金,开展创业培训,为创业企业创造需求平台和信息平台。这些优惠政策一是创造了更多的创业机会,使创业企业的机会识别过程变得更加容易;二是一些直接支持企业创业的措施使新企业的机会开发过程变得更加容易。政策环境的变化是企业创建的主要驱动力,政策的变化带来了更多的创业机会和更宽松的资源环境,因此,创业企业要学会将政府的某些准入政策、鼓励政策、扶持政策及优惠政策作为一个"助推器"或"孵化器"来推进自己的创业活动。

【问题与训练】

(1)美国苹果电脑公司创立人史蒂夫·乔布斯曾经说过:"刚创业时,最先录用的 10 个人将决定公司成败,而每一个人都是这家公司的 1/10。如果 10 个人中有 3 个人不是那么好,那你为什么要让你公司里 30% 的人不够好呢?小公司对于优秀人才的依赖要比大公司大得多。"借鉴乔布斯的用人观点,对自己所创公司的人才资源做出评估。

(2)如果你要成立一家培训公司,表 1-3 中 12 种条件可供选择,请选出四种并排序,说出你选择的理由。

表 1-3　成立培训公司的 12 种可选择条件

条 件 名 称	排序序号	选择(不选择)原因
投资 5 万元,需占 50% 股份		
资深运营总监		
与教育主管部门合作的机会		
获得一套完善的网络培训平台		
与知名师范大学合作机会		
较偏远、租金低、面积大的场地		
获得一套专业的培训课程		
资深培训专家		
银行有息(7%)贷款 10 万元		
资深培训顾问		
与某知名培训集团合作的机会		
市中心租金高面积小的场地		

资料来源:徐俊祥.大学生创业基础知能训练教程[M].北京:现代教育出版社,2014:174.

(3)一个中了 1000 万元彩票的农民和一个曾经成功过但刚刚经历失败的著名商人,如果他们两人同时创业,你选择给谁投资?为什么?

第**2**章

创业者及企业家精神

【学习目标】

(1) 了解创业者的特质,认识创业者是创业企业的"灵魂";

(2) 了解知本创业及知本创业者的特质;

(3) 认识企业家精神和企业家的道德与责任。

2.1 创业者与创业

创业不是一种生存需求,也不是一种投机行为,更不是一场赌博和冒险。创业是一门学问,一种艺术,一种改变人们生活方式直至改变我们人类生存方式最具影响力的行为。从企业发展的角度来看,在任何一个充满活力和竞争力的企业前面,都站着一位杰出的创业者,如通用汽车公司的强大得益于杰克·韦尔奇的改革才能;微软公司的兴盛得益于比尔·盖茨敏锐的洞察力;松下电器的辉煌则得益于松下幸之助杰出的领导才能等。从一定程度上讲,企业的发展就是创业者才能作用的结果。因此,创业的主体是创业者,创业者是企业创业、不断成长的灵魂。

2.1.1 创业者是创业企业的"灵魂"

那么,什么是创业者? 谁能成为创业者呢?

1. 创业者概念

创业者——enterpreneur 这个单词是从法语中翻译过来的,意思是"间接购买者"或"中介人"。最早使用创业者这个术语的学者可能是坎蒂隆(Cantillion),大约 1700 年,他将创业者定义为理性的决策者,创业者要承担风险并管理企业,创业者就是采取风险及可能正当分配利润的人。

1921年，奈特赋予了创业者不确定性决策者的角色，他认为"有更好管理才能、远见力和统治他人的能力的人具有控制权，而其他人在他们的指挥下工作"。对自己的判断有自信心和在行动中能"坚持这一判断"的人专业于承担风险。在企业中存在着一个特殊的创业者阶层负责指导企业的经济活动，创业者向那些提供生产服务的人保证一份固定的收入。"自信和敢于冒险的人通过保证多疑和胆小的人有确定的收入以换取对实际结果的拥有而承担风险或对后者保险"。

1934年，熊彼特（Schumpeter）最早强调了创业者在创新领域中的核心作用。熊彼特强调创业和发明不是一个概念，创业最终需要创新成果在市场上实现。创业者的职能主要不在于发明某种东西或创造供企业利用的条件，而是在于有办法促使人们去完成这些事情。1942年，熊彼特认为，创业者通过建立新的资源组合来推动经济变革，其中包括：①新产品；②新的生产方法；③开拓新市场；④发现新的原材料供应源；⑤运行一个新组织。

法国经济学家萨伊（Jean Baptiste Say）认为，创业就是要把生产要素组合起来，创业者就是生产过程的协调者和领导者。他指出，一个成功的创业者必须要有判断力、毅力和包括商贸在内的有关这个世界的广博的知识及非凡的管理艺术，以能够把所有的生产资料组织起来，将其所利用的全部资本、支付的工资价值、租金和利息及属于他自己的利润的重新组合都体现在产品的价值中。

英国经济学大师马歇尔认为创业者在企业中担任多重领导职能，如管理协调、中间商、创新者和承担不确定性等。他认为一个真正的创业者必须具备两方面的能力，一方面他必须对自己经营的事业了如指掌，有预测生产和消费趋势的能力；另一方面他必须有领导他人、驾驭局势的能力，善于选择自己的助手并信赖他们。

1982年，Casson认为"创业者是擅长对稀缺资源的协调利用作出明智决断的人"。Shackle认为创业者在作出决策时具有非凡的想象力。1973年，柯斯（Kirzner）认为，创业者具有一般人所不具有的能够敏锐地发现市场获得机会的"敏感"，也只有具备这种敏感的人才能被称为创业者。这种敏感使得创业者能够以高于进价的售价销售商品，"他所需要的就是发现哪里的购买者的买价高，哪里的销售者的售价低，然后以比其售价略高的价格买进，以比其买价略低的价格卖出。发现未被利用的机会需要敏感，计算能力无济于事，节俭和追求最大产出也不是创创业者所需具备的知识"。

1982年，Livesay对创业者做了更简洁的定义，认为创业者就是发现机会，并组合各种资源以利用机会的人。

图高特（Tugot）和萨伊（Say）则认为：创业者与承担风险和不确定性的资本家不同，创业者获取并组织生产要素去创造价值。

创业者进行创业活动是为了获得更大的价值，这种价值的实现，有物质上的诉求，而更多的是人生价值的实现。

那么，创业者与发明者、管理者又有什么联系和区别呢？

2. 创业者与发明者、管理者

1）创业者与发明者

人们对于创业者与发明者之间的区别还有很多的疑惑，对两者的差异和共同点也仍旧不甚了解。发明者是指那些创造新事物的人，具有高度的创造性。发明者一般受过良好的教育，有家庭、教育和职业经验，这些经验有利于创造开发和解放思想。发明者能够将复杂问题简单化进而解决问题，并且信心十足，愿意承担风险、不怕失败。典型的发明者把成功看得很重要，往往用取得和获得的发明数量来衡量成功。发明者往往不愿意采用获得的金钱数量来衡量成功。

发明者在很大程度上与创业者不同。发明者钟爱发明本身，并不关注将发明产品商业化，也不愿为了商业上的成功而调整自己的发明，而没有需求的产品绝对不可能带来商业上的成功。但创业者钟爱组织（新创企业），愿意尽其所能来确保它的生存和成长。基于发明者身份的创业者所创立新企业的发展需要拥有专业知识的创业者和团队，因为许多发明者不能够长期关注一个发明并把它商业化，发明者真正喜欢的是发明的过程，而不是商业化的过程。

在现实中，发明者的创新往往有助于创业者的产生，创业者的创业活动可以使发明者的发明创造产生倍增的经济和社会效益。而从企业能力的角度看，发明者能够帮助企业确立技术能力，但是技术能力对于一个新创企业的成功来说只是一个必要条件，技术能力需要与营销能力和组织管理能力等相辅相成。创业者往往更清醒地认识到必须灵活调整企业的生产工艺和组织结构，设法使产品或服务适应市场的需求，才能实现新技术产品或服务的潜在商业价值。创业者对组织本身即新创企业的成功情有独钟，他们会竭尽全力地保证企业的生存和发展。因此从对企业组织的认识能力看，创业者往往比发明者更全面和均衡。

当然，也有一些企业人士既是发明者又是创业者，如日本日清食品株式会社创业者与其社长、日本即食食品工业协会会长安藤百福就是方便面的发明者。在"二战"前后，日本面临严重的食品不足情况，人们饿得连薯秧都吃。就在这一时期，原来从事纺织品行业的安藤开始深信"有了充足的食物，世界才会和平"，即所谓"食足世平"，从而决定投身到食品行业。1948年，安藤创立中交总社食品公司，开始从事营养食品的研究。他利用高温、高压将炖熟的牛、鸡骨头中的浓汁抽出，制成了一种营养补剂。产品刚上市，就深得日本人的喜爱，安藤也因此成为日本食品界的知名人士。营养补剂的生产，为日后方便面调料的研制奠定了基础。天有不测风云，20世纪50年代一场变故使安藤几乎赔光了所有的财产，不得不从零开始创业。这时原有生产方便面的想法再一次从他的大脑中闪现，从此，他开始了与方便面几十年的不解之缘。

2）创业者与管理者

随着新创企业的发展壮大，只凭借创业者一人之力进行经营管理不再可能。创业者一定要认识到管理成熟企业和管理高速成长的企业有所不同，并主动地根据新的需要进行相应地转变和调整，学会分权，将一部分或全部经营管理职能交由专业管理人员——职业经理人。

企业中的创业活动和管理活动有所不同。创业活动更加侧重识别、挖掘和探寻新机会,将创新行为商业化的领导活动;管理活动更加侧重计划、指挥、协调和控制,注重资源和权利的分配。企业的经营管理需要具有两类思维的人有机配合。跳跃性的发散型思维是创业企业家的特点,具有发散型思维才能发现机会,敢冒风险;循序渐进的收敛型思维是职业经理人的特点,具有收敛型思维才能理性、严谨、循规蹈矩把企业家的理想变为现实的经营成果。创业者行为与职业经理人基本上是不同的。后者凭借个人专业为股东创造利润以换取回报,前者则为实现个人的理想,是为个人的目标而奋斗。

在大多数企业组织中,都有一个最高层次的管理者角色,即企业的首席执行官CEO(chief executive officer)。创业者可以成为CEO,但CEO不一定就是创业者。宋克勤曾对两者的不同之处进行对比。

(1)内部协调与外部活动。在企业成长的起步阶段,企业的资源有限,创业者几乎承担起所有获取这些资源的责任。他们是多面手,即负责筹集资金、研究和开发技术,又负责招聘人员、收集信息和开拓市场、出售产品等。他们主要是忙于企业的外部事务。而即使是非大型企业的CEO,也不直接对这些工作负有责任。他们的责任是建立组织的结构和制度使这些工作协调一致和有效地进行,并反映企业的发展需要。他们不是对获取资源负责,而是对有效地在组织内配置和利用资源,使之处于合适位置和发挥作用负责,旨在提升企业组织边界内的资源配置效率和业务绩效。

(2)保持连续性与推动变革。变革管理是企业高层管理者的关键任务之一。面对变革,创业者更倾向于激进式的变革,认为只有这样才能抓住机会取得巨大成功。而CEO的职责则更倾向于渐进式的变革,认为企业已经取得的成功证明企业经营管理模式具有一定的正确性并具有某种优势,渐进的变革可以继续保持企业的优势和正确的做法,并逐渐改正存在的缺点,不引起大的波动和动荡。与创业者的激进式变革相比,CEO的渐进式变革显得更具稳定性且风险较小。但在面临危机时,不进行激进式的变革和强有力的推动,可能会失去变革的机会,导致企业失败。企业应采取什么样的变革方式,取决于面临的环境和变革的性质。

(3)依据权利和依据任命进行管理。创业者占据管理企业的位置是基于其企业所有者的地位和权利。但是,企业也归投资者及其他股东所有。因此,这个位置的取得还与创业者在创造企业过程中的历史渊源和贡献有关。CEO是通过任命获得管理企业的位置的,他们可能是从企业内部提升上来的,也可能是从企业外部招聘而来的。他们根据企业内部管理者和投资者的意见按照一定的程序走到这一岗位,从而具有控制企业的资源和组织的领导权力。他们要对企业的股东负责,追求股东的投资回报最大化。但是,无论是创业者还是CEO,如果不能取得令投资者满意的业绩,都有可能被驱逐出企业。这里,投资者的意志即资本的意志决定一切。

应该注意的是管理一个成长中的企业与管理一个成熟的企业不同,一个成功的创业者不一定是成功的管理者。企业成长的不同阶段对创业者和管理者的要求不同,典型的创业者和管理者的特质与能力也有所不同。因此,创业者要胜任 CEO 这个职位,必须向职业经理人角色转变。否则,就应聘请一个优秀的职业经理人担任这个角色,并赋予其充分的权利和明确的责任。不然,充当不称职的 CEO 或限制称职的 CEO 发挥作用,都对企业不利。

3. 创业者是创业活动的主体

从企业的性质来看,企业是人力资本和物质资本契约的规定性,表明了企业具有生产性和交易性的双重特征。那么,企业中创业者的规定性,也就与此相对应,应该从生产性和交易性两个方面来分析。

从生产性来看,创业者首先是以经营企业为职业的人,主要是组织、协调企业生产活动进行企业内部的生产管理,挖掘和培养企业内人力资本,改革企业内部的管理体制,建立企业的激励与约束机制,主持进行企业组织的再造等。

从交易性来看,企业家作为企业的代表,必然要代表企业面对市场,面对现实中存在的不确定性和诸多的生产要素所有者。他要根据市场的变化,利用自身的人力资本做出判断性决策,通过与生产要素所有者签订契约来克服不确定性来减少交易成本,并承担由此引起的风险和享受由此带来的收益。

(1) 创业者的创业行为。1999 年,Gartner 等列出了 5 类创业活动用以描述创业者的创业行为:①发现机会,仔细审视机会,其中包括了 9 种活动,例如制定企业目标、规划、分析竞争对手等;②获取资源和帮助,包括 15 种活动,例如寻找投资者、咨询律师、获取贷款、获得技术人员等;③运营,包括 5 种活动,例如与分销商打交道、处理日常经营事务等;④确定客户,销往客户,包括 5 种活动,如定位目标客户群、销售、管理营销渠道等;⑤"生意之外"的事宜,包括 4 种活动,如处理家庭关系、伴侣和朋友关系等。

1994 年,Bhave 认为创业者的新企业成立机制模型包括基于内因或外因的机会识别、对实际创业过程的承诺、构建生产技术、建立组织、创造产品、进入市场与客户反馈。1992 年,Reynolds&Miller 在定义创业者的创业过程中选择了更为实际的角度,他们把这一过程称为孕育过程,认为这其中包含四个事件,即创始人的承诺、初期招募、初期财政、初期销售。

我们认为创业过程是在外部环境作用下的创业者与新企业的紧密互动过程,创业者的本质就是有效处理机会、资源和组织之间的关系。

(2) 创业者角色。一般来讲,可以从以下角度定义创业者在创业活动中的角色。

① 推动者。说创业者是推动者,是因为创业者不仅要审视环境、识别和利用机会、整合资源,还要创建新组织、开展新业务、具体实施企业想法。

② 合作者。由于下列原因,创业者会需要他人的参与:事关企业成败必须得到他人帮助;商业想法的复杂性可能会要求多人经营;可能需要借助他人的影响、经验和

能力;通过合作经营增进友谊和联系等。

③ 组织者。作为整个创业活动的发起人和领导者,创业者必须对人力资源、技术资源、物质资源和财务资源等生产要素进行有效的组织和管理,以使新创企业迅速运转起来。

④ 创意者。创业者要能不断地提出新的想法和变革思路,如有关新产品的开发、设计和应用方面等。对创业者来说,这是一个关系到企业发展的重要方面。

⑤ 风险承担者。创业者在整个创业过程都要承担风险,小到一个判断或决策的成败,大至整个创业活动的成功或失败。

⑥ 控制者。创业者是领导者而非跟随者,他们要做最终的决定,控制着企业运作的各个方面。

⑦ 协调者。创业者在企业中发挥着协调企业的人、财、物、产、供、销的协调者的作用。

⑧ 计划者。创业者都应该清楚在担任上述各个角色中计划的重要性和局限性。

4. 创业者的核心作用

人是创业成功的第一要素,创业者在创业过程中发挥核心作用。彼得·德鲁克曾经说过:"在当今世界,企业家的素质和能力决定企业的成败存亡。"

现实中创业者的创业过程并不容易,创业者必须承担着巨大的风险进行商业活动。我们看到世界各地每年有成千上万个从事各种行业的企业在建立,同时也有成千上万的中小企业在倒闭或易手。很多人都有创办自营企业的想法,但只有少数人真正创办了自己的企业,而最后得以成长发展为大型企业和著名公司的小企业就更少了。哈佛大学市场营销大师彼得·杜拉克调查研究表明,在所有创业企业(不含加盟类企业)当中,70%的企业会在 1 年内失败,而另外的 25%将在往后 6 年内陆续倒闭,只有剩下不到 5%的企业会实现成功。这样的事实说明一个简单的道理:创业成功的可能性并不大,而要成功地经营企业并使其成长为著名企业,其可能性更小。那么是什么造就了自营企业的成功呢?

舒尔茨的人力资本理论认为,在影响经济发展诸因素中,人的因素是最关键的,经济发展主要取决于人的质量的提高,而不是自然资源的丰瘠或资本的多寡。创业是创业者以其自身独特的素质感知创业机会后的资源整合行为,进而通过创造新颖的产品或服务实现其潜在价值的过程。创业者是企业从创立、生存到成功始终伴随的一个关键因素。创业通常由一个人或极少数几个人完成,一般而言,在极少数几个人共同创业的情况下,依然有一个人在其中起着核心和骨干作用。也就是说,即使所谓集体创业实际上也带有浓厚的个人行为特征。新创企业则由于更多地依赖创业者的素质、行为能力、领导风格、社会资源等个人因素而更深刻地打上了创业者个人的印迹。只有创业者充分将自身能力和资源嵌入创业所在地的社会结构中,才能促使创业成功。当然,创业者既可能成为企业进一步发展的积极因素,也可能变为企业发展过程中的消极因素。

正如没有马云就不会有"阿里巴巴",没有柳传志就不会有"联想",没有比尔·盖茨就不会有"微软",失去了乔布斯的"苹果"被人们关注是否还会一如既往地不断推出一款又一款的经典之作……所以结论是：创业是一件非常"个人化"的事情,再大的企业也是因为那一两个灵魂似的创始人——他们的个性、他们非常个人的思想和选择,造就了大大小小形形色色的创业企业。公司之间的竞争,其实是创始者的人格魅力与思想力的竞争,创业者是创业企业的灵魂。

2.1.2 创业者特质

我们说"创业难",成功的创业者往往有着他们的共性,如果你打算创业,要看看自己是否具备创业者的品质。2003年,邓家益在他的硕士论文中对创业者特质进行总结：创造和创新能力、成就需求、承担风险、控制源内生、专注机会、独立性、远见和正直可靠等特质是被经常提及的成功创业者所应具备的特质。

1. 创造和创新能力

首先,创业者的创造力和创新能力对社会经济活动产生着推动作用。熊彼特在对历史经济发展的研究中,深信创业者是所有经济活动中独一无二的关键要素,创业者作为具有创造力的组织者而成了一个关键人物,并发挥着开展创新活动和率先从事新活动的作用。熊彼特基本的看法就是,经济成长不是资本积累的结果,而是来自创新或是说"新组合"。Kirzner则认为,创业者总是在找寻市场的不均衡,然后通过自己的创新能力将其消除而从中获利。

其次,创业者的角色强调了其行动的变革与创造功能。Barth认为,创业者不是一个具体的人,而是创业的人扮演的一个角色。选择扮演创业者的角色就意味与传统角色行为方式的决裂,而且在三个领域和其他传统角色有所区别：①创业者更加一心一意地集中精力让经济利润最大化；②创业者的活动更加是基于经验且较少是制度化的安排；③创业者对承担风险作了更充足的准备。然而,创业者却不能根据自己的目标合理地去行事,还必须考虑到社区或社会结构中的规则和限制,但是创业者当然不会被当地的这些规范困住,尽管这些规范可能会减少或延缓他们的创新活动。

最后,创新的意识、愿望及掌握实现创新的手段被认为是将创造性想法和组织之间进行连接的创新者的个人特点(Knight于1967年提出)。

2. 成就需要

成就需要是对人们期望做得更好和渴望更卓越的标准的潜意识的驱动。现实中,许多不同的研究都证实了成就需要和创业之间存在正相关关系。

从社会环境视角考察,主流的规范和价值观(特别是和成就需求有关的规范和价值观)对于一个社会的发展来说是很重要的。据有关研究结果显示,如果一个国家的总体成就需求水平比较高的话,就会有人出来创业。创业者成为成就需要和经济发展的一个中间变量。David McClelland通过试验得出结论：成就需要得分较高的创业者在解决问题、确立目标和通过个人的努力达到这些目标时,敢于承担责任,喜欢具有中等风险的决策,对决策结果感兴趣。

从创业者个体气质考量,Harris 认为,有强烈成就需要的人并不像艺术家那样敏感,他们是经常想要不断提高效率的创业者(例如,想不断降低成本或更新技术),但不是赌客,他们想要靠个人努力来获得成功而不是靠运气。Kuratko 和 Hodgetts 也认为成就需求是与创业者有关的最重要特质之一,创业者都是一些做事很主动的人,他们心里那种想要同人竞争、超越现有标准追求具有挑战性的目标的强烈欲望驱动着他们去创业。

3. 承担风险

风险和不确定性存在于创业的每一个环节。Shapero 发现,在所有对创业的定义中实际上都有一种共识:创业实际上是一种包含风险的行为。1982 年,Gasse 通过详细调查发现,创业者通常都是冒险者。承担风险从概念上来讲是指在要作决策的情况下个人想碰运气的倾向性,承担风险的倾向是个人在决策时是想要承担风险还是想避免风险的意愿(Sexton & Bowman 于 1995 年提出)。风险承担性反映了企业在创新活动中接受不确定性和风险,对于一个可能具有惨重失败的决策所愿意做出的最大资源投入承诺(Hughes & Morgan 于 2007 年提出)。

Collins & Moore 认为建立新创企业的个体有抓住机会的倾向,愿意将自己暴露在具有不确定结果的环境里,也就是说表现出一种高风险的倾向。因为创业者几乎不了解他们自己正在做的事,他们不仅缺乏一套现成的方法去做事,而且他们还得违反一些基本的做事规则去创业,因而风险也就随之而来。Menger 认为,创业者就是把生产链中的一个阶段上的商品转变成另一个阶段的商品,这其中就会面临风险性和不确定性。Barth 则注意到创业者会作更充足的准备来承担风险。

Kuratko 等学者发现,创业者只愿意承担中等风险,当他们决定从事一项风险活动时,他们会权衡再三,仔细思考再做定夺,他们做出的决策一般是建立在获得高收益的可能性上。他们不是赌徒(极端冒险者),因而避免做不必要的冒险,他们做事的策略包括让别人来和自己分担创业冒险中所固有的经济和商业风险。创业者会判断情况,决定怎么做才能增加成功的机会,然后才继续往前走,所以对于一般商人来说的一些高风险决策对于有准备的具有高成就的创业者来说只不过是中等风险而已。

4. 控制内生观念

Rotter 于 1966 年在其社会学习理论中提出控制源的概念,是指个人对行为后果或生活事件之责任归属的信念倾向,包括内控制源及外控制源。控制内生观念是指个人认为能够掌控自己的生活,自己做事的后果要么取决于自己的行为要么就取决于自己所固有的特质;秉持控制外生观念的人认为自己的成败取决于命运、运气或者是其他不可控的活动。内生控制观念是和学习相联系的,因而能激励和鼓舞人们去积极地奋斗;然而,外生控制观念则会阻碍学习,促使人们消极行事。内控源的创业者倾向自信、独立,认为事件无论正面或负面的发生是个人行为的结果,是个人可预测、控制及把握的,内生控制观念通常就和创业者特质联系在一起。

控制内生观念这一特质也符合创业者所具有的其他特质：较高的成就驱动力、承担个人责任的欲望及自信(Kuratkoeta1 于 2005 年提出)。Jennings 和 Zeithaml 就通过研究发现,秉持控制内生观念的人总是比较积极、自信、自强,他们往往会忽视个人关系,主动迎接挑战,能创造性地解决问题,在压力下做出较好的反应,而且具有较强的创新能力。一些杰出的创业者天生就具有这些特质,但是也有证据显示人们也可以通过教育获得这些特质。创业是一项高风险的活动,人们必须要有极大的决心、努力和付出,远非常规职业可比。因此创业者就必须要有相当高的成就需要,以及尝试去从事结果不确定的新活动时所必需的强烈的控制内生观念。

5. 专注机会

Kuratko 和 Hodgetts 发现,关注企业成长的成功创业者有一个明显的做事方式,就是他们特别关注机会而不是资源、结构和战略。他们把机会作为支点,通过对机会的把握来运作企业并规划企业的发展方向;在追逐机会的过程中,他们都是目标导向型,能够制定较高且可实现的目标使自己能发挥能力,选择性地找出机会,并且适时放弃一些不能利用的机会。这种专注目标的特质也有助于他们明确要做事情的重要性,以及自己做得怎么样。

Drucker 也指出,大多数创新是努力寻找创新机会的结果。

Hills 等学者认为机会识别过程是多维度的,不仅包括新想法的搜索过程,而且包含可行的商业机会的识别过程。

2001 年,李志能指出:"创业是一个发现和捕获机会并由此创造出新颖的产品、服务或实现其潜在价值的过程。"在创业的这一定义中,指出了创业是一个从创意形成到创意潜在价值实现的过程。

2004 年,张玉利认为,"创业是基于创业机会的市场驱动行为过程,是在可控资源匮乏前提下的机会追求和管理过程,是高度综合的管理活动,表现为创业者以感知创业机会、识别能为市场带来新价值的创新性产品或服务概念为基础,引发创业者抓住机会,并最终实现新企业生存与成长的行为过程"。

Stevenson 通过对比创业管理和行政管理的差异认为,专注机会这个定义还应该包含随机应变的成分。他认为,创业管理的核心应该是对机会的追求,而不受限于现在所掌握的资源,创业者会利用别人的资源来达到自己的目标;而行政管理人员会受困于他们所拥有的资源和他们的工作性质,结果他们的视野和行动往往就会受到限制。

Smith 则把创业者分为手艺人创业者和机会主义创业者两类。手艺人创业者在某一有限的领域是称职的,但是不灵活,较关注过去和现在。他发现,由手艺人管理的公司通常比较僵硬,客户群和产品方面的改变非常小,生产设备也集中在同一地方,市场通常也仅限于某个地方或区域;相比而言,机会主义创业者通常会开办更具有适应性的公司。对于资源稀少的创业公司,它们的存活就有赖于开发公司能利用的商机,所以这些商机对这些初创的公司有着非常重要的作用(Kaish&Gilad 于 1991 年提出)。

6. 独立性

独立性是指对决策权的偏好。具有较强独立性的人更愿意为自己的目标努力而不是听从别人的命令,并且更愿意自己来选择达到目标的途径(Douglas 于 1998 年提出)。

Schumpeter 认为,创业者的个性与经济人那种简单理性功利的表现有所不同,创业者往往有想找到个人王国的欲求、征服的欲望及创造的快乐——对权力和独立的欲求、成功的欲望及解决问题所带来的满足感。金钱并不是创业者的驱动力。正如美国企业研究专家杰弗里·A.伯奈尔所言,创业者的内心深处都有一种非常强烈的需要,想做自己希望做的事情,愿意为自己的错误埋单,他们喜欢以自己的眼光去看待事物,渴望彻底控制自己的命运。Kuratko 和 Hodgetts 也认识到,独立性是当代创业者的一个驱动力量,他们对官僚体制的失望及想发挥重要影响的愿望都有会导致一种要想按自己的方式来做事的独立性格的形成,但创业者在创业中不会做所有的决定,他们只想参与重大决策。

创业者的独立性也可能缘于对外部控制的担心,因为他们总是想挣脱现有体制的束缚来发挥自己的才能、实现自己的目标(Smith 于 1967 年提出)。有些学者则发现,就对权威的看法以及对社会技能的需求而言,经理人和创业者是有区别的。经理人适合这个系统并认为在这个等级制度中谋一份职业是很自然的事,而创业者则感觉自己是这个系统中的囚徒从而想要挣脱获得自由,这样就增加了创业者对独立性的需要(Coilins,Moore 和 Unwalla 于 1964 年提出)。

Douglas 和 Shepherd 认为,有较高的决策自主意识或者说是具有较高独立性的个人并不一定会去创业,假如这个具有创业能力的个人在企业得到更多的独立决策的权力,他就不会自己去开办企业。Wondimu 则发现一般人群在独立性和领导职位这两方面并没有多大的差别,但创业者和一般人群在这两方面却有着巨大的差异,创业者更加重视独立性和领导品质。

7. 远见

不少学者(Mises,Kihlstrom,Kuratko&Hodgetts)认为远见对于创业者来说也相当重要。1951 年,Mises 提出,创业成败在于能否正确预测市场。如果创业者正确地预测了市场,他就能以比竞争者低的成本来生产,客户就会因此而获益,同时创业企业也能获取相应的利润,并且客户获益越大,创业者获利就越多。

Peter F.Drucker 在《生态愿景》中写道:明天总会到来,又总会与今天不同,如果不着眼于未来,最强有力的公司也会遇到麻烦。对所发生的事感到吃惊是危险的。哪怕是最大的和最富有的公司,也难以承受这种危险,即使是最小的企业也应警惕这种危险。成功的创业者应该有很好的远见。因为普通的创业企业的资源有限,它们很难承受错误的公司战略所产生的后果,所以成功的创业者在行动之前要想好公司的前进方向,不能仅靠激情和冲动来规划创业企业的发展(Kihlstrom 于 1979 年提出)。

所谓远见体现在三个方面:一是在动态中准确地预见事物的发展趋势;二是在静

态中及时地预见事物发生的变化;三是在平常的事物中发现不显眼的契机,并预见其蕴涵的价值和意义,从而牢牢地抓住它,充分地为己所用。牛仔裤的创始者美国人李斯维当年到西部淘金梦想发财,发现已有大批的淘金者挤占了位置。他观察到淘金者需要过河时,便另辟蹊径做起了摆渡生意。后来,当人们纷纷效仿抢占他开辟的摆渡市场时,他就转为运水来卖给淘金者,其后卖水的人也多了起来,他转而又把帆布帐篷等废料利用起来做成不容易磨破的裤子卖给淘金者穿,从而创立了牛仔服这个服装品类。

创业者的远见卓识来自于脚踏实地的创业实践。2005年,Kuratko和Hodgetts提出,创业者明白应该建立什么样的公司,知道公司前进的方向。尽管并不是所有的创业者一开始就有一个预先确定的远见,但在许多情况下,这种远见通常在创业者清楚了解他们的公司现在在做什么以及将来又能做什么的过程中逐渐形成的。

8. 正直可靠

创业成功的一般规律是创业者良好的人格品质的延伸。由于每天面对着压力和困难,创业者必须在经济利益和社会责任感之间建立一种平衡,这种平衡需要创业者具备一定的道德素养。不少学者都提到了创业者正直可靠的特质。2001年,Kao提出,正直和可靠是创业者一定要具备的特质,只有这样创业者才能让员工相信自己的理念和创业企业美好的未来,员工才会努力为公司创造价值,这一点对于资源缺乏的创业企业来说非常重要;创业者正直可靠的特质能为创业企业赢得更多的客户,因为创业初期每一个客户对公司的成长都会有重要的贡献,创业企业没有失去任何一个客户的基础。

2005年,Kuratko和Hodgetts提出,正直可靠的品质是创业者构建成功的个人关系和商业关系并让这些关系长久的重要环节。投资者、创业同伙、客户、借款人都非常看重这些品质。正直和可靠有助于建立信任和信心。成功的创业者都认为这两种品质对创业成功非常重要。2004年,Moment也提出,对于个人创业者来说,关系营销是争取客户的基础性的一步,而关系营销则是建立在一个至关重要的特质上——正直可靠,创业者只有通过正直可靠这种特质才能真正获得客户的信任,也才能让公司长期发展下去,因为客户都喜欢跟一个他们信任的公司做生意。

9. 其他特质

此外,自信乐观、执着和精力充沛等品质也是创业者比较突出的特质。2000年,Delmar提出创业者通常会表现出较高程度的过分自信,从而鼓励他们自己积极从事创业。2005年,Kuratko和Hodgetts提出,尽管创业往往会面对巨大的障碍,创业者对自己能力的信心从来不会减退。在沮丧的时候,他们依然保持信心,并让身边的人都知道他们能克服困难,由此让其他人也保持乐观,为团队合作创造一个充满自信的环境。乐观是创业者克服困难的润滑剂,乐观情绪有助于创业者冷静地面对所遇到的问题和挫折,并且能影响到身边的员工。1991年,Chell提出,在创业公司里培养一种积极向上的氛围,有利于创业公司在初期的生存和成长。

"身体是革命的本钱"。创业者在风云万变的市场中竞争,面对超常的工作压力,需要极高的工作强度。这就要求他们必须投入大量的时间和精力去应付。许多创业者都通过控制饮食、养成锻炼习惯、及时休息来对他们的精力进行微调,以保证有充足的精力投入创业活动中去。

创业的成功,取决于创业者坚持不懈地努力实践和探索。执着和全身心付出对创业成功也起着很重要的作用,创业者全力追求成功比其他任何因素都更有助于克服障碍和挫折。信念是成功的基石。想要成功的坚定信念和对成功的全力付出能够在许多人认为不可能成功的时候帮助创业者胜出,并且执着的特质还能弥补创业者的其他特质上的弱点。

从上述分析可以发现,创业者特质既包含个人素质、心理特质及对创业的主观态度等影响个体创业活动的内驱因素,也包括创业者对环境的感知而影响创业的外驱因素。

【问题与训练】

(1) 如果你决定成为一名创业者,可以用"创业者素质自我测评表"(表 2-1)检测自我素质。第一次测评,可以检测自己与成功创业者还有多大的差距。第二次测评通常在第一次测评后经历一定的创业实践之后再进行,例如创业半年后测评一次,从而检测自己是否有进步。

表 2-1　创业者素质自我测评表

能力要素	素质释义	评		分			评价结果
成就导向/动力	有努力工作实现个人目标的渴望,并且表现得积极主动	5	64	63	62	61	
竞争意识	愿意参与竞争,主动接受挑战,并努力成为胜利者	65	64	63	62	61	
冒险精神	敢于冒险,又有勇气面对风险与失败	65	64	63	62	61	
人际理解与体谅	了解别人言行、态度的原因,善于倾听并帮助别人	65	64	63	62	61	
价值观引领	通常以价值观来引导和影响团队,其行为方式也集中体现组织所倡导的价值观	65	64	63	62	61	
说服能力	能够通过劝服别人,让他人明白自己的观点,并使对方对自己的观点感兴趣	65	64	63	62	61	
关系建立能力	保持经常的社会性接触,在工作之外经常与同事或顾客发展友好的个人关系,甚至家庭接触,扩大关系网	65	64	63	62	61	
决策力/个人视野	能够在复杂的、不确定的或极度危险的情况下及时做出决策,决策的结果从更深远或更长期的角度看有利于企业的成功	65	64	63	62	61	

续表

能力要素	素质释义	评			分		评价结果
组织能力	有能力安排好自己的工作与生活,且使工作任务与信息条理化、逻辑清晰	65	64	63	62	61	
创新与变革能力	能够预测五年甚至十年后的形势并创造机会或避开问题,并总是能够创造性地解决各种问题	65	64	63	62	61	
诚信正直	诚实守信,并坚持实事求是、以诚待人,行为表现出高度的职业道德	65	64	63	62	61	
自信心	相信自己能够完成计划中的任务,能够通过分析自己的行为来反思不足,并在工作中予以弥补	65	64	63	62	61	
纪律性	坚持自己的做事原则,严于律己,且表现为具有较强的自控能力	65	64	63	62	61	
毅力	明确自己的目标,并为之坚持不懈,即使遇到各种困难也不退缩	65	64	63	62	61	
适应能力	能够适应各种环境的变化,具备应付各种新情况的能力,且能够创造性地提出问题的解决方案	65	64	63	62	61	
第一次测评总分							
第二次测评总分							

测评总结与改进方案

我已经具备的素质:

1.

2.

3.

4.

5.

我还不具备的素质:

1.

2.

3.

4.

5.

我提高能力素质的方案:

资料来源:何建湘.创业者实战手册[M].北京:中国人民大学出版社,2017:21-22.

（2）纠偏对创业者的认知误区

对创业者的认知误区纠偏

认知误区 1——创业者无法塑造，而是天生的。

纠偏——即使创业者天生就具备了特定的才智、创造力和充沛的精力，这些品质本身也只不过是未被塑形的泥巴和未经涂抹的画布。创业者是通过多年积累相关技术、技能、经历和关系网才被塑造出来的，这当中包含着许多的自我发展历程。具有至少 10 年或 10 年以上的商业经验，才能识别各种商业行为，并获得创造性的预见能力和捕捉商机的能力。

认知误区 2——任何人都能创建企业。

纠偏——创业者如果能够识别出寻常思路和商机间的区别，而且思路足够宽广，他们创办企业成功的概率就比较大。即使运气在成功中很重要，充分的准备仍是必要条件。创办还只是最简单的一部分，更困难的是要生存下来，维持经营，并把企业发展成最终可以让创业者喜获丰收的企业。在 10~20 家新企业中大约只有 1 家能够存活5 年或 5 年以上，最后可以给创始人带来资本回报。

认知误区 3——创业者是赌徒。

纠偏——成功的创业者会精确计算自己的预期风险，小心翼翼。在有选择的情况下，他们通过让别人一起分担风险、规避风险或将风险最小化来影响成功的概率。他们常常把风险分割成可接受、可消化的小块，之后，他们才肯付出时间和资源，看那部分的风险——收益是否划得来。他们不会故意承担更多的风险，不会承担不必要的风险，当风险不可避免时，也不会羞涩地退缩。

认知误区 4——创业者喜欢单枪匹马。

纠偏——想要完全拥有整个公司的所有权和控制权，只会限制企业的成长。单个创业者通常只能维持企业生存，想单枪匹马地发展一家高潜力的企业是极其困难的。高潜力的创业者会组建起自己的团队、自己的组织，然后是自己的公司。所以，与其抢一块大一点的蛋糕，不如大家协力把整个蛋糕做得大一些。

认知误区 5——创业者是他们自己的老板，他们完全独立。

纠偏——创业者离完全独立很远，他们需要为很多主人和委托人服务，其中包括合伙人、投资者、客户、供应商、债权人、雇员、家庭以及其他社会和社区义务的相关方。但是，创业者可以自由选择是否、何时以及如何对他们做出响应。而且，要单枪匹马地获得大额销售额是极其困难的，可以说，几乎不可能。

认知误区 6——创业者比大公司里的经理工作时间更长，工作更努力。

纠偏——没有证据证明，所有创业者都比公司里与他们地位相当的人工作得更多。有一些可能是工作得多一些，而有些则不是。事实上，一些研究报告说，他们工作得更少。

认知误区 7——创业者承受巨大的压力，付出高昂代价。

纠偏——做一个创业者是有压力的，是辛苦的，这一点毫无疑问。但是没有证据证明,创业者比其他无数高要求的专业职位从业者承受更大的压力,反而创业者对他们的工作往往非常满意。他们有很高的成就感,他们更健康,而且不太容易像那些为别人打工的人那样轻易退休。说自己"永远也不想退休"的创业者是公司中职业经理的 3 倍。

认知误区 8——如果创立一家企业并失败了,你将再也无法翻身。

纠偏——对于有才能、有经验的创业者来说,因为他们追逐的是有吸引力的商机,而且能够吸引到使企业顺利运作的合适人才、必要资金及其他资源,所以他们创建的企业往往能获得成功。而且,即使企业失败了,并不能说创业者也失败了。失败常常是对创业者的学习经验和职业悟性提炼的过程。

认知误区 9——创业者必须年轻并且精力充沛。

纠偏——这些特征虽然会对成功有帮助,但年龄绝不是障碍。创立高潜力企业的创业者平均年龄是 35 岁左右,60 多岁才开始创办企业的创业者也为数甚多。关键是要掌握相关的技术、经验和关系网,它们非常有助于识别和捕捉商机。

认知误区 10——万能的金钱回报是创业者唯一的驱动力。

纠偏——追求高潜力企业的创业者更多的是被创建企业、实现长期的资本收益所驱动,而不是追求高额工资、奖金这些立即可以获得的报酬。个人的成就感,对自己命运的把握,实现他们的期望和梦想也是强有力的动机。金钱只是保持成就的工具和方式,其本身并不是最终归宿。创业者总是不断地一次又一次地追逐目标,并为此兴奋不已,即使当一个创业者赚了几百万甚至更多时,他(她)还是会继续工作,憧憬着创建另一家公司。

认知误区 11——创业者追求权力,喜欢控制别人。

纠偏——成功创业者的驱动力量来自对责任、成就和结果的追求,而不是为了权力本身。他们沉醉于成就感和超越竞争对手的感觉,而不是为了满足主宰和控制他人的个人权力欲。由于他们的成就,他们可能变得有权力、有影响力,但这些只是创业过程的副产品,而不是隐藏其后的驱动力。

认知误区 12——如果创业者是有能力的,只需 1～2 年,他们就会成功。

纠偏——风险投资家有一句古老的格言:柠檬只要两年半就成熟了,但李子需要七八年才能结果。几乎没有一家新企业可以在少于 3 年的时间里站稳脚跟。

认知误区 13——任何一个有好思路的创业者都能获得风险投资。

纠偏——在创业者具有好思路的情况下,100 个寻求风险资本的企业中只有 1～3 个最终获得投资。

认知误区 14——如果创业者拥有足够的启动资金,他(她)就一定不会失败。

纠偏——事实恰恰相反。也就是说,如果企业创立初期资金过于充裕,常常会造成安乐感和过度自信。随之而来的缺乏约束和冲动的花费通常导致严重的后果甚至失败。

认知误区 15——创业者是孤独的狼,他们无法与其他人一起工作。

纠偏——最成功的创业者通常也是组建优秀团队的领导者,他们与同事、顾问、投资者、重要客户、关键供应商等保持有效的工作关系。

资料来源:卢福财.创业通论[M].2版.北京:高等教育出版社,2012.

2.2 知本创业与大学生创业者

在世界新科技革命推动下,知识在经济社会发展中的作用日益突出,国民财富的增长和人类生活的改善越来越依赖于知识的积累和创新,依赖于人们的艰苦创业。创业是科技竞争力的主要源泉,更是推动一个国家和民族发展的根本动力。艰苦创业,理所当然成为当代大学生新的历史使命。当今,创业是青年大学生走向自立、迈向成熟、实现理想的重要实践活动。当年轻的大学生从充满浪漫的生活幻想中走出来,投身到有意识地用自己的双手去创造美好生活实践中的时候,创业便成为他们积蓄力量、展现才华、实现抱负的重要途径。

在美国,创业的大学生非常多,大学生创业的比例已高达 20%~23%。在这个知识经济时代,知识就是资本,知识就是财富。很多大学毕业生走出校门后就直接踏上了创业之路。例如,有"硅谷之父"之称的威廉·休莱特,从斯坦福大学工学院一毕业,就向银行贷款 1000 美元成立了惠普公司;比尔·盖茨甚至大学没读完就走上了创业之路,而中国的王选、王志东、丁磊、张树新、王庆强、柳传志、宋朝弟等一批又一批的"知本"创业者,都在创业舞台上大展风采。

2.2.1 知本创业

知本创业在现实经济生活中以各种不同的形式存在着,并对知识产业的形成与发展起着重要的推动作用。那么,什么是知本创业? 知本创业有哪些特征和类型?

1. 知本创业及其特征

1) 知本创业

所谓知本,是知识资本的简称。知本创业就是利用知识资本进行创业的实践活动。知识并不等同于知本,只有经过资本运动的知识,能带来价值增值(创造出比自身价值更多的价值)的知识,才有可能成为创业者的知识资本。

2) 知本创业的特征

相对传统的创业来说,知本创业具有明显的时代特征,它主要表现在以下几方面:

(1) 知本创业是知识的"资本运动"。

拥有知识是知本创业的首要条件。知识本身不会引来财富,只有加以组织,并以实际的行动计划精心引导,才能达成累聚财富的确切目标。"知识就是力量",对于创业者来说知识只不过是"潜在的"力量而已。只有经过"资本运动",人们才能将知识转变为创业的知本。许多学者或研究人员尽管集各式各样的一般知识于一身,但他们却没有使用或者组织知识谋利,没有把知识转变为赚钱的知本。

（2）知本创业是一种创新过程。

知本创业，通常要将各种知识的组合引入生产体系，将知识转化为新产品、新工艺或新的服务。创新对于知本创业者来说具有十分重要的意义，知本创业者只有通过创新过程才能够创业。

创新既是创业的基础，又是创业的手段。尽管任何创业都需要创新，但是知本创业尤其需要创新精神和创新能力。举世闻名的知本创业家比尔·盖茨就是以创新为依托，创办实业而取得成功的；我国逐渐发展起来的联想、华为、新浪、网易等被中国大众所熟知的企业，若没有在各个发展阶段的创新（不仅是技术或产品），取得其相应的成功似乎是不可能的。从一个个知本创业成功的经验中不难看出，知本创业是一种创新过程，创新是知本创业的灵魂。

（3）知本创业以知本型企业为目标。

知本创业可以有不同的追求目标。一般来说，它所追求的长远目标是创办知本型企业，适应知识经济的需要。知本型企业一般具有以下特点。

① 投入的物质成本较低。知本型企业的"软件"投入占较大的比例，"物质资本"投入相对较低，可降低企业成本，增加净收入。

② 产品或服务具有智能性。这包括两方面，一是产品或服务本身有智能，比如智能电视可根据环境光线变化自行调节屏幕亮度和对比度；二是可帮助使用者学习，比如飞行模拟训练系统。

③ 知本型企业产品或服务具有相对较短的生命周期。对知识产权中的专利保护远不如对"硬"技术的保护那么发达，因此专有信息的生命周期是短暂的。比如，新闻信息具有高度的时效性，各媒体单位都派出大量记者捕捉、采集第一手新闻素材。其后相关刊文虽可能被转载或引用，但均将失去其原有的影响力。

④ 知本型企业易筹集资金及其他生产要素。过去，世界以资本为中心，一切都成为资本的奴隶，资本家用资本这只看不见的手来统治世界。如今，"知本"已成为世界中心，它反过来把资本变成奴隶，用"知本"这只看得见、摸得着，而且力大无比的手来统治世界。由于知本型企业是智能型产业，代表未来的发展方向，有传统产业无可比拟的优势，所以各种资源更易向知本型企业倾斜，使企业在市场资源配置不断变化的过程中获得有利的地位，使它占有的资源市场份额更具优势。雅虎公司短短几年就发展壮大起来的过程，是钢铁等传统企业难以企及的。

⑤ 知本型企业一般面临较高风险。相对于传统技术领域，创业知本创业，尤其是在高新技术的开发利用方面的知本创业的风险更大。高新技术创业的风险主要源于技术开发与创新中对未知的探索。传统技术一般都比较成熟，由创新而增加的技术含量不会太大，不确定的因素不可能太多，因而技术风险也相对较小。而高技术的研究开发不仅需要耗用大量的人力、物力、财力和时间，而且产品大多处于当代科学技术的前沿，具有明显的超前特点；由于技术不成熟，任何一项高技术计划，从技术原理的探索构思到技术开发的组织实施，在整个发展过程中都具有很多难以预料的不确定性。

另外,高技术的研究开发是和经济、市场紧紧捆在一起的,能否抓住市场需求的有利时机,在激烈的市场竞争中开发出产销对路的产品,取得"捷足先登"和"后来居上"的效应,具有明显的风险性。当然,高技术开发的风险虽然高,但是一旦成功,所获的回报则是一般传统产业所无法比拟的。科利华总裁宋朝弟以 600 元起家,第一年赚了 5 万元,第二年拿这 5 万元,赚了 50 万元,第三年拿这 50 万元全部投入净赚了 500 万元,第四年拿这 500 万全部投入,赚了 1500 万元……

⑥ 知本型企业创办更容易。由于在知本型企业中,高智慧是主要的生产要素,而非传统的企业须有大量的投入(人力、物力、财力),所以创办起来更加容易。

2. 典型的知本创业

1) 科技创业

科技创业,简单的理解是将科技成果转化为创业资本并进行创业的实践活动。创业者在科技创业的实际运行中,一般采用以下两种途径。

其一,自己从事科技创造活动,将获得的科技创造成果(如专利)转化为新产品,在此基础上创办经济实体进行创业;或者将科技创造成果作为知本入股,与他人合伙创业。

其二,引进或者购买他人的科技成果,通过技术创新或者技术改进开发生产新产品,创办经济实体,进行创业。

在高投入、高风险和高回报的高科技创业过程中,创业者必须考虑风险控制问题。国外创业者的普遍做法主要有以下三种。

① 寻求国家政策扶持。依靠国家制定的各种减税、优惠政策来解决起步阶段的资金困难问题,抵消各种不测因素带来的风险。

② 借助风险投资。由于风险投资已成为高技术发展的重要支撑和强力跳板,被人们称为"高技术开拓的伙伴"。风险投资方式多为投资者以资金入股,高技术拥有者以技术入股,共担风险,共享利益。

③ 强调高效率高水平的组织管理。尽量减少由于决策失误、管理不善、信息不灵、产品质量不可靠等带来的风险。从这个意义上说,创业者的坚定性、强有力性、创造性、富有成效性,往往成为高技术创业成败的关键。所以,国外把人才、资金和管理视为发展高技术产业的三个基本要素,即 3M(men、money、manage)。

2) 服务创业

服务属于第三产业。第三产业的服务种类很多。从知本创业的愿望出发,创业者主要是利用智力开展"智业服务",如在策划、咨询、中介等领域进行创业活动。

(1) 策划服务。

在全球经济信息化、网络化、一体化的大趋势下,每个企业必须密切关注外部环境变化及其变化趋势,制定企业的发展战略和营销策略,否则随时都有被淘汰的可能。"思路决定出路",企业为应对知识经济的挑战,必然对为企业进行战略谋划与经营策划提出更强烈的需求。企业策划的发展,还促成了 CIS(corporate identity system)即企业识别系统的产生。各国企业纷纷把 CIS 导入企业内部,如美国的宝洁公司、微软公司,日本的索尼公司、松下公司等,以期展示自身的独特性,取得倍增的收益。与此相伴随,从事企业策划的企业不断产生,形成专门从事企业策划,为企业提供策划服务的群体。

(2)咨询创业。

咨询是人们运用知识帮助他人论证问题或提供处理方案的智力服务活动。咨询业是知识密集型产业。咨询服务一般都由经验丰富、知识广博的专业人才承担,对客户负有一定经济责任,对问题提出中肯的解决方法。而现代社会的复杂性以及技术的进步性,对咨询人员的要求也越来越高,咨询涉及政治、经济、法律、心理、环境、工程等各个领域的专业知识。咨询业是社会化的科学劳动。咨询业的社会化,使咨询机构不受某一单位自身利益的约束,可以比较客观地对项目做出评价,使咨询结果较符合客观事实,减少了工作失误。世界上比较著名的咨询公司有麦肯锡公司、波士顿咨询公司等。咨询业的工作范围很广,内容极为丰富,包括政策咨询、信息咨询、管理咨询、营销咨询技术咨询、工程咨询、设计咨询、融资咨询、规划咨询等。

(3)中介创业。

市场中介组织不直接从事商品生产和劳务等市场客体交易活动,而是以第三者身份为市场主体在进入市场、市场竞争、市场交易秩序、市场纠纷等方面提供验证公证、评估、协调、仲裁等中介服务,以及从事中介事务代理、咨询服务,提供交易场所等专业服务的,介于市场主体之间、市场主体与政府之间的专门机构。市场中介组织一般是指依法取得从业资格,为服务对象出示具有法律效力文件的专门机构,包括会计师事务所、律师事务所、资产评估事务所、公证机构、审计事务所、证券交易所、期货交易所、人力资源中介所等。

3)文教创业

在新经济时代全面到来的今天,许多人文学者和教育工作者也走上了创业之路。

(1)文化创业。

文化活动既是精神产品的生产过程,又是其传播过程。在从事知识生产传播的社会行业中,最重要的就是文化行业。在文化行业进行的创业,就是文化创业。文化产业按其功能和传播手段,大致可划分为文化艺术产业和媒介文化行业两大类。

文化艺术产业指通过文艺创作、演出和文化服务等形式,向社会提供文化产品和文化服务的行业。文化艺术产业又可细分为文化娱乐业、文化服务业和媒介文化行业。媒介文化行业指以印刷或电子为媒介传播信息,从而萌发、形成和发展起来的文化行业。媒介文化行业又可细分为广播电视业、电影业、出版业、新闻业等。

(2)教育创业。

教育活动既是精神产品的生产过程,又是精神产品的传播过程。在从事知识传播的社会行业中,最重要的是教育行业。教育产业十分宽广,开设民办学校,开展职业培训,都是有前途的创业之路。在尤其强调"终身学习"的社会里,抓住"终身教育"对于创业者来说等于找到了一座取之不尽、用之不竭的金山。

2.2.2　知本创业者的特质

李开复在微博上讲了美国 12～21 岁创业者的共同点：①不单打独斗，而是团队创业；②拼命工作；③做自己热爱的事情；④坚韧不拔，不怕失败；⑤不畏惧，敢于尝试新的事情；⑥谦虚，愿意并勇于认错。

我们相信，随着社会经济的发展与法制的完善，大学生一定可以凭借其拥有的生产要素中最重要的无形资本——知识资本来实现创业，他们必将是知识资本拥有者，也会成为知识资本的运营者。知本创业者又具有哪些特质呢？

1. 崇尚知识、提倡人文

来自科学和技术中的知识被应用到生产流程和服务等商业活动中，这就是商业的精髓。成为知本创业者的首要条件就是要拥有知识。（专业）知识可以被定义为对某一专业领域内信息、事实、构想以及真理、原理的理解、认识和掌握。知识的获取、共享和使用是知本创业者建立学习型组织的有力工具，可以使其设计出创新性产品，并迅速走向成熟。

知识被转化为专业技术和信息嵌入到商品中，一旦复杂的科学和技术被恰当地用于商业就会产生出更便捷、更人性化的商品。在现代社会生活和生产活动中，科技与人文日益成为不可分割的一体。科学里隐含着巨大的艺术魅力和人文精神，艺术中同样隐含着深刻的科学道理。将人文主义的关怀融入科技工作，使工作参与者更加快乐，工作结果也因有了人性的力量而更容易被感知、认可，甚至引领潮流。苹果的技术或许不是最先进的，但它的产品却是最有人情味的。人们选择苹果的产品，更多的是因为其中的人性化因素。正是因为把握了这种趋势，乔布斯才成为引领时代的弄潮儿。

2. 宽容失败、容忍混乱

创业道路上充满艰辛和风险，挫折和失败在所难免，不少创业者害怕失败和承担风险，做事谨小慎微、裹足不前而错失良机。知本创业者往往能够从容看待成败，既敢于冒险，也敢于失败，善于从失败和挫折中学习，在失败中重获新生。"创业中的每一次挫折，都有可能是下一次成功的开始。关键在于，我们是否能够正确地对待挫折！"说这句话的人叫杨健，他是大连海事大学博士生，如今是大连互联天下科技发展有限公司董事长。经历过几度沉浮，他的公司从最少时仅剩一名员工到现在企业员工达200 多人，企业产值已居国内动漫领域前列。"青春最是创业时！我们风华正茂，我们精力充沛，我们拥有知识，我们敢闯敢拼。"杨健的感慨道出了一个知本创业者正视失败与挫折，不惧磨难与艰险，勇于拼搏奋进的豪迈情怀。

速度快、产品周期短是知本创业的特点。而正由于此，知本创业者养成了一种能很快适应变化与混乱环境的独特素质。西方的经济学家们认为"世界上没有贫穷的国家，而只有无知的国家"，又说"产生混乱时最大的危险不是混乱本身，而是人们按照过去的逻辑行事。"面对日新月异的市场变化和纷繁复杂的环境变迁,知本创业者能够跟上甚至引领市场的发展、技术的进步、观念的更新……在工作中,知本创业者虽然个性极强,却易于合作。在工作中苦中作乐,追求品质,勇敢地承担起因新经济的来临而不断增加的责任和压力。

3. 视己为敌、急流勇退

知本创业者极富进取心,勇于参与激烈竞争。他们以不断自我超越的态势打破自己的每一模式,盯紧自己的弱点和局限,不满足于已有的成绩,以更好的创意取代原先的设想,以更好的产品更替自己原有的产品,即以"吃掉自己的幼崽"的精神来面对自我,对待事业。正如大型软件公司西盖特技术公司董事长艾伦·舒加特所言:"我有时觉得,有朝一日,我们会在早上推出一种产品,而到天黑就宣布它已寿终正寝。"而联合国"发明创新科技之星"奖获得者、方大集团股份有限公司董事长、总裁熊建明教授说:"超越自我不但需要勇气,还需要智慧。开辟一个新的天地,一切在于判断、在于智慧、在于创新。"

清华激光总裁李志强曾言:"不要一个人将企业从头做到尾,既是创始人又是埋葬者。要敢于急流勇退,让位于贤,企业绝不应该在一代人手中兴起和灭亡。"知本创业者不应做"终身制"的牺牲品。当事业发展到一定阶段,不居功自傲,视为己物,而能急流勇退,另请高明者来打理企业经营乃是明智之举。正是基于这种思想,在硅谷,仍在管理自己参与创建,如今已有数十亿资产的公司的人寥寥无几。

4. 不懈创造、目标远大

马云在回顾阿里巴巴的创业历程时,总结了企业创新发展的经验,其中有一条就是:坚持自己的理想。阿里巴巴创办初期还很小,当时马云就梦想:"很多人都懂得怎么赚钱,世界上会赚钱的人很多,但世界上能够影响别人、完善社会的人并不多,如果做一个伟大的公司,你就得做这些事。这个使命不是盈利、上市,而是改变世界,尤其是中国商业世界的规则。"马云一开始的目标就是做一家中国人创办的全世界最好的公司,做一个世界前十名的网站。在短短 9 年时间里,在马云这位舵手的带领下,阿里巴巴从西湖里的一叶小舟变成了一艘集 B2B、C2C 和 B2C 三种业务模式于一身的电子商务"航母"。

知本创业者胸怀大志,将实现宏伟目标视为工作动力。他们在生活上非常平凡、简约,并没有把财富当作炫耀的资本,也没有把它当作个人享受的基础,而是全心全意地投入自己的事业中。他们积极创新,寻求管理风险的办法,努力使企业实现规模经济、范围经济和网络经济效应,并积极促进企业的可扩张性发展。

2.2.3 大学生创业者的工作哲学

越来越多学有所成的大学生怀揣着激情与梦想走上了创业道路,希望成为新一代成功的知本创业者。然而我们看到,许多血气方刚的大学生雄心勃勃地投入到创业队伍中,到头来却铩羽而归。在此,我们针对大学生创业者提出六条创业建议,以供借鉴。

1. 警惕理想主义

所有的创业者都是有理想的,尤其是大学生创业者,他们大多技术出身,理想主义色彩更为强烈。著名管理学著作《基业长青》里写道:如果你把公司的成功和某个成功的构想画上等号——很多企业人士都这样做,那么这个构想失败了,你可能会放弃公司;如果构想恰好成功,你可能会对它产生一种情感上的牵绊,并且在公司应该大力前进、追求其他目标时,还沉浸在那个构想之中。但是,如果你把公司,而不是把实施一个特定的构想或者把适时利用一个市场机会当作终极的创造,那么你会坚持下去。不管构想是好是坏,你都会超越任何特定的构想,向制定经久不衰的伟大制度的目标迈进。

大学生创业者如果把对技术的追求放在公司的经营过程中,你的理想反而可能会成为公司进一步发展的阻力。做科技研发和做企业是两回事,技术是好技术,但是要做公司,要产业化,关键要看市场接不接受。当年"汉王"董事长刘迎建在有了两次技术开发产品败出市场的教训之后,对于新项目的决策,定下五项原则:第一,看是不是长线投资,产品生命周期有多长;第二,看现有技术积累的相关性,是否符合汉王主业;第三,考虑能不能做到行业前两名;第四,能够给公司将来带来多大的发展收益;第五,是否聚焦在公司专长上。KAB 创业教育中国研究所所长李家华教授曾言:科技型创业者必须解决创业观念问题,必须学会辨别"做科研与做生意的不同",跳出"技术主义"的窠臼,真正理解创业的商业内涵,学会商业盈利模式的设计和运作。

李开复表示:"创新固然重要,但是有用的创新更重要。"大学生创业者在追求技术创新时也同样要注重将创新与市场需求完美对接起来,创新才能实现其价值。否则创新只能是浮于表面的天马行空的想象,只能是对资源与时间的浪费。

2. 用主要精力做重要事

初入商场的大学生创业者可能会看到丰富多彩的市场处处充满机会,但一个企业并非进入哪个市场都能盈利。长虹电视机厂地处四川腹地,与同行相比既没有地理优势也没有人才优势。1984 年进军电视机业时,长虹在行业内还是个名不见经传的小字辈,但发展到今天却成为中国最大的彩电生产厂家,这与倪润峰倾注全力只抓彩电项目,不像其他企业那样铺新摊子,搞与电视机无关的多种经营决策分不开的,更与其审时度势,适时根据市场环境的变化做出超乎同行想象的经营决策分不开。

大学生创业者要学会用主要精力做重要事。21 世纪初期,互联网世界沧海桑田,"网络游戏""短信平台"纷纷强势登场,不少人捷足先登,赚得盆满钵溢;不少人跟风而动,也摔得头破血流。而百度公司董事长李彦宏说他只在做一件事:搜索。他说不少人曾鼓动他向网络游戏、短信等领域涉足,但李彦宏并没有这样做。在他眼里,自己的公司、自己的领域还有很深的潜力可以挖掘,自己目前要做的只是将搜索这一个领域不断翻新。"在今后的若干年,百度也将只在搜索领域发展。"李彦宏如是说。著名的效率提升大师博恩·崔西有一个著名的论断:"一次做好一件事的人比同时涉猎多个领域的人要好得多。如果你能够将自己的努力始终集中在你的目标和最重要的事情上面,坚持在一定时期内做好一件事,就没有什么东西能够阻止你了。"

企业立足于市场的基础不是"跟风",而是扬长避短,是坚持创新、突出主业,培育核心竞争力。要防止掉进"企业规模"的陷阱。郎咸平曾说:"企业试图通过做大而做强,它的命运就是一个失败的开始——通过做大而做强的企业几乎是没有的。一个企业要发展,应该先做强,然后才能做大。"大学生创业者不应急于求成,更不应把企业规模做大当作主要目标。有的企业在竞争中发展为大型企业,如近年的微软、海尔、华为;有的则在有限的业务范围内做精、做专、做高,成为"小型巨人"。这都是非常成功的企业。创业需要按下浮躁的心理,潜心培育自己的核心竞争力。

3. 掌握顾客就是掌握创业成功的基础

美国蓝天航空公司创业天才尼尔曼说:尊敬你的顾客,永远要想着提供给他们最好的服务。要确保顾客和公司的每次互动,强化你从他们身上得到的利益。只要有一半以上的生意来自大家的口碑宣传,就表示你们做对了。商业存在的本质是需求,商业的最终利润都来自消费者。大学生创业者要明白"客户是企业的衣食父母"的道理,谨记顾客是营业额与利润的来源。

"一切为了消费者"的责任感,是迪士尼创业成功的法宝之一。迪士尼在动画制作上一丝不苟,他要使塑造出来的动画形象能够打动人们的心,又要在形式上新鲜活泼,惹人喜爱。迪士尼说,动画的首要责任是把生活和动作动画化。要把事物通过观众的想象呈现在银幕上,而不是把事物和动作真正发生的情形全部写实性的拍摄或描绘。他认为,喜剧只有和观众具有密切联系,才能获得观众的欣赏。要使影片和观众之间形成"灵犀一点通"的关系,影片就要把观众在某时某地感觉到或梦到的事物呈现出来;凡是引人发笑的动作或状况必是出于人生经验的想象,即和生活必定有联系。因此,真正的动画,是真实的或可能的事物加上幻想与夸张。迪士尼的动画形象都是极具个性的,绝不重复,人们看那些夸张可笑的动作,却又体验着生活。迪士尼为了动画片质量不惜一切,即使在经济困难时也绝不马虎。这就为他的动画站稳市场创下了坚实基础。迪士尼说,搞动画片制作,必须注意质量,不能单靠数量赚钱。这种对社会公众、对市场认真负责的态度,是成功的创业者不可缺少的品质。

杜拉克说过,商业的目的不在于创造产品,而在于创造顾客。要尊重顾客的感觉,而非凭想象。好的创业构想大部分来源于对顾客需求的深入观察,但要超越客户的期待。乔布斯认为顾客需求各不相同,行业的变化也很复杂,所以完全以顾客调查为基础的产品设计会变得很复杂。因为很多顾客其实不知道自己想要什么,直到你把做好的东西给他们看,他们才清楚。因此苹果公司专门有一个"小马驹"会议(Pony meeting),用来挖掘消费者的内心。设计团队在每两周的会议上将最好的几个想法交给领导层,由领导层决定哪一个想法是消费者渴望已久的。乔布斯认为,要在研究顾客消费心理的基础上进行深入挖掘,不是迎合他们的要求,而是通过公司的努力超越他们的期待,这样才能更好地抓住顾客。

4. 吃苦与脚踏实地

"如果你没有在创业路上摔 100 个跟头的准备，你不要创业；如果你没有无数次被拒绝甚至被嘲讽的准备，你不要创业；如果你没有做好'被全世界的人抛弃'的准备，你不要创业。所以创业路上，苦难是我们最好的朋友！"这不是危言耸听，更不是夸夸其谈，这是马云在历尽坎坷，备尝创业艰辛之后的真情告白。踌躇满志，热情朝气的大学生走上创业之路时是否已深刻认识到：创业是一个充满曲折艰辛的创造过程，需要创业者历经百般磨难、脚踏实地奋力拼搏。

从米店伙计到台湾塑胶大王，王永庆曾对采访他的记者说："成功既没有秘诀，也没有捷径。主要靠吃苦耐劳，从基层干起。"他也是这样要求自己的子女的。王永庆的儿子王文祥 17 岁考入英国伦敦帝国理工大学，24 岁就获得了博士学位，毕业后在国外找了个专业对口的工作苦干了 3 年。后来回到自己家的企业中，王永庆同样要求他从最基层干起，经过课长、组长、厂长、副经理的逐级锻炼，数年之后，才让他担任一个部门的负责人。世界"新闻大王"普利策，年轻时也做过骡夫、水手、建筑工、图书馆员工、记者等工作。美国前国务卿鲍威尔初进公司时也只是一名清洁工，但他却做得有板有眼，并很快找到一种既能把地板拖得又快又好，而且工作起来还不是很累的方法。很多年后，他在回忆录中写到自己所积累的第一个人生经验是：认真做好每一件小事。这样的例子不胜枚举。"付出不亚于任何人的努力"，是人生事业成功的必要条件。

"艰难困苦，玉汝于成"。事实证明，凡经历过基层实践的人往往能从实际出发考虑问题、谋划工作，不会乱摸脑壳，随意拍胸膛作决策。他们平时工作有张有弛，措施对路，遇到突发事件也处变不惊，心态沉稳，能驾驭好大局。"不积跬步，无以至千里。"无论多么远大的创业梦想都需要创业者们踏踏实实、一步一个脚印走出来。

5. 保持良好心态，坚定成功信念

松下电器是日本相当老牌而且知名的企业，每年有无数的年轻人渴望进入松下工作。有一次，松下预计要招聘一批基层管理人员，采取笔试和面试结合的方法，经过笔试和面试之后选出了十位佼佼者。日本的"经营之神"松下幸之助发现有一位成绩特别出色，面试时给他留下深刻印象的年轻人并未在这十个人的名单之中。这位年轻人叫神田三郎，于是松下幸之助的助理即叫人复查考试的成绩，结果发现这个年轻人综合成绩名列第二名，只因电脑故障把分数和名次弄错了，于是立即叫人补发录取通知书。第二天，公司派人转告松下幸之助的助理一个消息：神田三郎因为落选跳楼自杀了，当补录取通知书到时，他已经死了。听到这个消息松下幸之助沉默了好久，助理在旁边说："真可惜，这么一位有才华的青年，却没有为我们所用。""不"，松下幸之助摇头说，"幸亏我们公司没有录用他，意志如此不坚定，容易被打败的人就算再有才华，也是成不了大事的"。

成就大事业的关键不在于外在"能力"，更重要的是内在的"心理素质"。很多大学生创业者在创业过程中遭遇困难和挫折后，往往情绪低落、一蹶不振，有的甚至心理发

生扭曲,走上歧途。这些都是缺乏良好的心理适应能力而导致的适应水平偏低或适应不良。良好的心理品质对创业者的成功至关重要,心理品质包括独立性、敢为性、坚韧性、克制性、适应性5种因素。独立性是思维和行为不受外界和他人影响,能够独立地思考、判断、选择、行动的心理素质;敢为性是敢于行动、敢冒风险、敢于拼搏,并勇于承担行为后果的心理素质;坚韧性是为达到某一目标而坚持不懈、不屈不挠,并能够承受挫折和失败的心理素质;克制性是能够自觉调节和控制自己的情绪和情感,善于克服盲目冲动和私利欲望的心理素质;适应性是能及时适应环境和条件变化,灵活地进行自我调整和角色转换的认同和学习,善于交往、合作、共事的心理素质。

马云说:"今天很残酷,明天更残酷,后天很美好。但绝大部分人是死在明天晚上,所以每个人不要放弃今天。"坚持不懈才是成功的秘诀。丘吉尔说:"所谓成功,就是从一个失败走向另一个失败,而永不放弃!"大学生创业者要坚定成功信念,正确看待创业路上得失成败,把它们作为人生过程当中的一次次历练,以积极的心态去面对。

6. 好人品铸就大财气

商道即人道,人品是创业者在商场中的立身之本,对事业的成败影响很大,因为谁也不愿与一个人品欠佳的人合作共事。当代著名投资家索罗斯极为重视人品的高下,他认为一个人仅仅才华出众是不够的,还要有端正的人品。索罗斯在选择合伙人时很看重其人品,是因为他认为,金融投资需要冒很大的风险,而不道德的人不愿意承担风险。这样的人不适宜从事负责、进取、高风险的投资事业。他说:"冒险是很辛苦的事,不是你自己愿意承担风险,就是你设法把风险转嫁到别人身上。任何从事冒险业务却不能面对后果的人,都不是好手。"

商场中有些人发了不义之财自以为得意,但是没想到过不多久就被这笔财砸了自己的饭碗。创业者做生意想赚钱,要取得人心,堂堂正正地赚钱。经商不可发不义之财,通过正当渠道挣钱才能创造财富,取得事业的成功。

很多人都认为经济危机的直接原因是金融衍生产品使用过度,稻盛和夫却认为,危机的本质是人们为了满足自己的欲望,不择手段地追求利润的最大化,是失控的资本主义的暴走狂奔。每个人最大的敌人就是他自己,只有战胜自己才能战胜一切。但是战胜自己谈何容易,人是血肉之躯,欲望扎根在人的本性之中。人一旦疏于自律,心中就会涌起无穷的欲望,而过度的欲望只会让人陷入烦恼的泥沼当中。做企业先做人,在这个物欲横流的社会中,如果创业者能够克制自己过度的、不该有的欲望,做人做企业抱着"希望为他人服务"而非"希望他人为我服务"的观念,坚持自律、自制、自我奋斗和自我超越,那么一切纷争和问题都将迎刃而解,而他的事业也会如顺水行舟,一帆风顺。

作为企业家,稻盛先生指出了一条道路,就是我们必须从仁慈、爱、同情及利他行善之心出发,终结依靠欲望和利己之心发展的道路,构建基于爱和仁慈之心的崭新的商业文明。

【问题与训练】

（1）大学生创业认识误区辨析。

众所周知,创业成功率低,大学生创业成功率更低。大多数大学生创业失败的原因是管理不善。但是,大学生对创业存在诸多认识误区也是直接或间接制约和影响成功创业的重要原因。下面介绍一些大学生创业常见的认识误区。

误区一：什么赚钱干什么

做企业像做人一样,时时刻刻都会面临各种"利益"的诱惑,千万不要过分贪心,只看到钱赚得多少而忽略自身的情况和其背后所要付出的代价,否则很可能抓到的不是"馅饼"而是"陷阱"。

误区二：自己的事别人干

自己擅长的事自己干,自己不擅长的事应该交给其他擅长的人去干,这样才能组成优势互补的创业团队,成本会更低,风险也会更小,资本运营效率自然会高得多。

误区三：小马拉大车

做事情眼光要长远,但也不能好高骛远。创业者往往雄心万丈,最易犯这个错误。从自己能做的做起,从某个细分市场切入,或者利用技术的先进性先为大公司做外包,获得收入才能支持自己的快速成长。

误区四：心急想吃热豆腐

很多创业者看到身边的朋友因做某个生意一下子赚大钱了,心里直痒痒,恨不得三五天就发大财,因而在处理问题时容易考虑不够周全,或者在作出决策时对风险评估不足,结果自然可想而知。

误区五：技术优势＝创业成功

大学生创业容易拥有技术优势,有的甚至握有专利。但是创业是一种商业行为,技术的先进性不等于成熟性。技术型创业有投入周期,技术转变为产品再成为盈利产品是需要时间的,在技术创业之前必须经过周密的市场调研和论证以及对商业和管理知识的学习与运用。

误区六：复制成功的商业模式就一定成功

有的人在选择项目时,看到此类项目在国外或其他省份有运行成功的商业模式便原版复制过来,忽略了本地具体的创业条件和市场发育状况。殊不知,在国外成功并不意味着国内也能成功,别人成功也并不意味着自己也能成功。

误区七：创业大赛成功＝创业成功

如今各类创业大赛层出不穷,为大学生了解创业、尝试创业提供了很好的渠道,但是创业大赛不同于真正的创业,仍然只是"纸上谈兵",真实的创业过程中,最终的评委是客户。在时机成熟之前,不妨先到行业领先公司或其他创业型公司历练,培养自己的综合素质能力和对市场和商业的理解力。

误区八：好朋友＝好团队

好友共同创业成功的案例不少，但并不意味着只要是好朋友就一定能成为创业的好伙伴。价值观一致，能力和经验互补，明确的决策模式是建立好团队的必要条件。技术型创业要特别注意吸收理解技术且擅长商业运作的团队伙伴，而且应当在实际的合作中磨合以达到默契。

误区九：拿到投资＝创业成功

拿到第一笔投资对于创业团队来说无疑是一剂强心针。获得投资，意味着投资人对项目和团队的看好，但是创业团队更应该关注第一笔投资如何发挥其最大的效益，否则项目很快也会草草收场。

资料来源：徐俊祥. 大学生创业基础知能训练教程［M］. 北京：现代教育出版社，2014：197-198.

（2）身为一名大学生创业者，请对自己创业的优势、劣势、机会和威胁进行分析，这里给出几条分析提纲，请自己补写。

strength(优势)：年轻，有足够的时间和精力；

学习能力强；

_____

weakness(劣势)：缺乏社会经验；

创业心理准备不足；

_____

opportunity(机会)：学校和老师的帮助；

容易找到志同道合的伙伴；

_____

threat(威胁)：来自家庭的压力；

资金短缺；

_____

2.3 企业家精神

马云在财富论坛上曾说："做企业有生意人、商人和企业家之分：生意人是完全的利益驱动者，为了钱他可以什么都做；商人重利轻离别，但有所为，有所不为；而企业家是带着使命感要完成某种社会价值的。如果一个人脑子里想的是钱，就永远不会成功，就永远不能成为企业家。只有当一个人想着去帮助别人，去为社会创造财富，为国家发展做贡献的时候，才能真正成功。"

从某种角度讲，商人和企业家的目标一致，都是为了使企业利润最大化，创造更多的价值，他们需要有敏锐的市场意识，有勇于开拓的精神，有承担风险的勇气，有卓越的与人交往的能力，这些都是共通的，但二者之间也存在着很大差异。

2.3.1　商人不同于企业家

华远地产董事长任志强在微博中曾这样解释创业者和企业家之间的区别：创业者创造"财富"，但未必创造"价值"；企业家不仅创造财富，而且创造价值。商人追求利润，以最小的投资去获取最大的利益，以个人在财富上的成就为成功导向；而对于企业家来说，财富对于他们来说只是一个开始。他们有一个更大的、超越自我的企业目标和价值。当商人的财富完全用为个人时，便注定了无法致远。当一个商人为个人财富而奋斗的时候，他只是一个小商人；当一个商人说，我不做大，兄弟们便没有饭吃的时候，他是一个大商人，外加江湖大佬，但还不是企业家；当一个商人为某一长远的理想而奋斗的时候，他才进化为企业家。在一些成熟的商业国家，曾经产生了很多自觉的企业家，当他们决定从商的时候，就已经决定做一个企业家。如比尔·盖茨，他一开始创业，似乎就已经把让千万人都用得到计算机软件作为目标；再如山姆·沃尔玛，他发誓要建立一种既便利又廉价的商业形态，沃尔玛成为他这一理想的道具，而不是相反。

商人经商灵活性更强，赚钱、有利润的就做，不赚钱的就不做。"赔本的生意更是不会做"，随着行情时间的变换而变换策略，"无利不早起"，更会见风使舵，不断调整产品结构、价位、促销策略、广告等，目的性更直接些。企业家则更固执些或追求更执着些，投入的厂房、设备资金比较大，行业比较稳定，产品寿命周期比较长，不管遇到什么大风大浪也要顶住，"经历风雨，才能见彩虹"，行情有高有低，"不能打不过就跑"。虽说他们的企业也在通过产品创新、技术改造降低成本、节耗降能，并调整产品线，加大销售力度，拓宽市场面，增强市场份额，挖掘企业内部管理潜力，理顺激励机制等，但都是局部性的，大的方面不会变，企业发展战略方向更不轻易改变。

商人更倾向于近期利益，相对短视，考虑一城一池、一朝一夕的得失；考虑目前多于将来；且更易"打一枪换一个地方"，什么赚钱做什么；考虑交易量的多，考虑产品品牌的少，广告促销一切以销售量为中心。相对于商人来说，企业家的崛起，则需要长期的努力。他们往往是几十年如一日地做某一件事。企业家看重企业品牌、产品品牌，维护企业声誉、产品品质；他们目标打造"百年老店"，做广告也是提升企业形象、品牌形象的多，具体促销的少。虽说同样都是为了销售，企业家更倾向"放长线钓大鱼"。

商人更多地考虑当前商业状况下的盈利模式，因此出于对市场的敏感判断和现实机遇的把握而开展商业行为。商人的性格灵活性强、善变，为了达到目标不断调整产品策略、销售策略，"到什么山唱什么山歌"。而企业家更多的是考虑变化的商业环境，通过对市场的远见判断制定战略。企业家的性格更耿直、坦诚，善于坚持，能够为实现企业目标百折不挠，坚持不懈，不轻言放弃。企业家可以称作道德经济人，一个成功的企业家必须在经济学、管理学和福利方面都要有所造就，在商人赚钱的基础上会严格遵守社会道德和法律。

通用电气(中国)副总裁许正认为，企业家管理企业时，不只是在生意层面上运筹帷幄，更需要给这个企业持久地注入精神。也就是说企业家要有能力建立企业的核心价值观,并以此为基础形成独特的、具有生命力的企业文化。这些价值观和文化可能并非完全来源于企业自身,但是能够成为企业克服困难、跨越成长的精神动力。要知道,企业家创造的核心价值观和企业文化,其生命往往比企业家本人还要长。

商人带给企业的是个人威望,企业家留给企业的是企业文化。企业文化不但已经直接反映为员工的价值取向、行为规范、言谈举止,还以企业精神的方式成为企业重要的资产和遇到困难时的精神动力。企业家往往不是靠个人的力量推动企业前进,而是用制度的力量。在一些伟大的企业,企业家更多依靠系统力量,而非个人英雄主义或者靠个人权谋与机变。依靠个人力量来驱动企业长久发展的商人一旦脱离企业,企业就会垮掉;而企业家个人的形象,甚至生命都与企业相对独立。他建立的治理卓越、管理出色的公司结构是留给这个企业最为重要的贡献。

2.3.2　从创业者到企业家

国内外许多学者都将"创业者"和"企业家"进行对比研究。一个有代表性的看法是,前者指新企业的创办者,而后者指成型企业中负责经营决策的领导者。然而,考虑到内部创业与再创业,企业家本质上也是创业者,他们是现有企业中具有创业精神和创业行为的领导者,而不是执行日常管理功能的经理人员。

1. 企业家

诺贝尔经济学奖获得者阿罗曾说过:市场经济培养了企业家,企业家发展了市场经济,市场经济是企业家的经济。胡锦涛前总书记曾在全国人才工作会议上提出"最紧缺三种人才":第一种是懂得并按照市场经济的规律和法则,推动经济和社会事业的全面发展的政府领导和公务员;第二种人才是科学家,中国需要大批具有自主创新能力,能够为建设创新型国家起到骨干作用的科学家;第三种人才就是企业家,中国需要大量的企业家,中小企业家、大企业家都需要。国家经济的发展靠企业,企业的发展靠人才,尤其是高素质的领头人——企业家。

1) 什么是企业家

对于企业家的历史渊源,浙江大学袁安府在其博士论文《我国企业家成长与激励研究》中进行了详尽阐述:企业家(entrepreneur)一词源于法文,首见于16世纪初,原来的含义带有冒险家的意思,指当时领导军事远征的人,包括远航海外开拓殖民事业的冒险家(陈佳贵于1989年提出)。后来在法国重商主义思潮的影响下,商人在国民经济中发挥着重要的作用,因为商人不仅要承担市场上买价和卖价波动的风险,而且他们还被认为是国民财富的主要创造人,这样企业家便逐渐用来指商人。

19世纪,工业革命在欧洲广泛进行,工厂主取代贵族和商业资本登上历史舞台,他们扮演了比商人更重要的角色。此时,企业家主要指承担执行职能的资本家(马克思于1844年提出),或说是自己创办企业并管理企业的资本家(浦玉生等于1992年提出)。这一时期的企业家被称为传统企业家。因此法国经济学家豪巴·萨伊1803年提出:企业家是将劳动、资本、土地等要素组合进行生产,把经济资源由较低的生产率水平转变为较高的生产率水平,从而能生产出更多的东西的人(韩岫岚于 1994 年提出)。

19 世纪中叶,市场日益扩展,竞争也愈加激烈。针对市场与竞争的变化,马歇尔认为企业家是以自己的洞察力和统率力,发现和消除市场的不均衡,创造交易机会和效用,给生产过程指明方向并使生产要素组织化的人(何丁萌于 1993 年提出)。很显然,企业家的市场经营职能也被经济界所充分认识。著名经济学家韦伯斯特进而认为,作为一个企业家,应该是一个"经营冒险事业,特别是组织、拥有、管理并承担这一事业全部风险的人"(韩岫岚于 1994 年提出)。这样,在认识企业家职能的基础上,他把承担风险视为企业家的本质特征。

而对企业家含义作出更明确科学界定的是约瑟夫·熊彼特,他从"创新"角度出发认为,企业家是那种具备冒险素质、承担创新职能的人,他们的活动是创造性的。他们不一定总能成功,但他们却总是试图从事新的事业、探测未来,寻找新的投资机会。他们具有眼力、创造力和胆识,他们也许不是发明新方法的科学家,但他们却是成功引入新方法的人,他们能够看到潜在市场和潜在利益之所在,能够按照风险的大小和报酬的高低作出决策。企业家是创新活动的倡导者和实施者。冒险、创新被认为是企业家的本质特征。

19 世纪末以来,随着资本主义经济的发展,生产规模不断扩大,社会分工日益细化,专职的管理者越来越多;随着股份制企业的出现,逐渐发生了企业所有权与经营权的分离,也就出现了专事经营管理职业的企业家。一些学者便把企业家与资本家区别开来,认为企业家是工业进步的策划者和生产的主要代理人,是通过自己在生产、经营上进行改良的结果而取得报酬的人(陈佳贵于 1989 年提出)。

进入 20 世纪后,随着市场经济的发展和社会化程度的提高,人们又把企业家与一般的经营管理者区别开来,认为是否称得上企业家,主要需视是否能对客观环境作出创造性的或创新的反应,即必须干新事或以新的方式干事。企业家相对于一般的经营管理者更是企业的战略家,而不仅是战术家。他们更具有开拓、创新、竞争、风险的意识;更具有较高的文化程度和专业知识素养;更具有驾驭市场经济的能力。美国管理大师彼特·F.德鲁克总结认为,企业家是革新者,是为谋取利润,并为此承担风险的人;是能开拓新市场,引导新需求,创造新顾客的人;是一批别出心裁、独具匠心、与众不同的人(何丁萌于 1993 年提出)。这里的与众不同主要指企业家是具有高素质、高才能以及突出实绩的职业化专家。

对企业家性质的研究,历史上有不同的流派,吴晓波等学者对此做了如下归纳。

第一种观点认为企业家是一定资本的所有者,并认为以财富衡量企业家比用能力衡量更有效。

第二种观点把企业家看成继土地、劳动、资本之后的新的生产要素,从"人力资本"角度理解企业家。

第三种观点是把企业家视为组织"创新"的组织者,企业家活动的核心是创新。

第四种观点是把企业家理解为企业的决策者,企业家是专门对稀缺资源的配置做出判断性决策的人。

第五种观点把企业家看作一个职能的概念,认为企业家是企业经营职能的人格化,可以具有"协调者""中间商""创新者"和"不确定性承担者"多种职能并进行权变选择。

2) 企业家的主体人格

企业家是自然人到经济法人的转换,其主体人格的特征是个体人格,是区别于他人的个性特征。但总体上讲,企业家们的价值取向、思想观念、情感意志、知识能力和行为方式等具备共性。企业家的主体人格,在价值取向上,是以人的各种需要为基础,以发展实业、创造财富和贡献社会的需要为主要内容,以企业家人生价值实现的动机为主导和灵魂;在思想观念上,是以市场观念为基础,以功利效率和优胜劣汰观念为主要内容,以开拓创新、敢冒风险为主导;在情感意志上,是以一般人的情感态度为基础,以积极进取、稳定执着为主要内容,以坚韧和敏锐为主导;在知识能力上,是以一定的文化科技知识为基础,以运作企业、人际交往和人与组织互动的能力为主要内容,以经营管理知识为主导和核心;在行为方式上,是以自己的权利对自己的行为负责的行为方式为基础,以竞争—合作行为和激励—约束—控制行为为主要内容,以领导示范、团队协作行为为主导并勇于承担使命。

2. 从创业者到企业家

创业者是企业家发展的初级阶段,大部分企业家是从创业者成长而来的。中国改革开放 40 年,迈向市场经济 30 年。在市场经济的汪洋大海中,历经惊涛骇浪的起起伏伏,在中国上千万家企业的大大小小领导者中,淘汰了一批又一批企业英雄,应运而生一批又一批创业新锐。然而,在时代的冲刷与历史的沉淀中,只有少数创业者进化为企业家,又只有极少数企业家从突出人物磨砺成杰出人物。完成从创业者到企业家的角色转换,是将创业企业从优秀到卓越、获得基业长青的重要途径。

创业者是在创业的过程中通过解决创业的问题,锻炼成长为企业家的。创业者创业素质与能力的发挥离不开创业企业的成长过程。新创企业不断成长的过程,也是创业者创业素质与能力逐渐强化的过程。

在创业生命周期中,创业者充分发挥自身的创业素质与能力,在不同的创业阶段和不同的创业环境下为新创企业不断创造新的价值。在企业初创期,企业以生存为导向,缺乏明确的方针和制度,这要求创业者富于创新精神、艰苦创业、坚忍不拔;成长期的企业发展迅速、管理日趋规范、发展客户长远利益、生产力强盛,要求创业者快速成长为企业家并积极进取、富于领导力、具有敏锐的市场洞察力与风险管理能力;在成熟期,企业财务状况良好,制度取代了领导者的个人魅力或素质,企业的灵活性和自控力达到了平衡,主要面对的问题是如何使企业保持现状、防止衰退或取得新的突破和发展,这时要求企业家具有战略目光、开放合作与学习创新,坚持以客户为中心,防止骄傲自满情绪;而在二次创业阶段,企业家精神的核心要素则是远景管理与社会责任意识。

值得注意的是,在企业成长过程中,创业者需要统揽企业全局,平衡各方面的关系,以保持企业的整体性和统一性,这对保持企业的协调一致是必要的。但在这一过程中,创业者可能形成了重视企业整体而忽视专业管理,并集各种权力于一身的倾向和习惯。企业的最初成功更使创业者相信自己具有进行各种决策控制整个企业的能力,从而也更轻视职业管理者——如市场营销、财务、人力资源管理等"专业管理人员"的作用。其结果是,这些专业管理人员在熟悉的专业领域中进行决策的权力十分有限,不能发挥作用,不仅抑制了他们的积极性,而且不利于保持他们的稳定和发展。而创业者大权独揽,就意味着企业缺乏集体决策机制,企业的生死存亡与经营者的喜怒哀乐紧密联系,企业的发展前景受到严重限制。不少企业的失败就源于经营者"灵光一现"的决策。企业的发展壮大,不可能只凭借经营者一人之力。创业者风雨一肩挑,勇气固然可嘉,却不宜实行。因此,创业者必须通过授权,使各个专业管理部门和人员发挥作用。也就是说,创业者要从事必躬亲的"救火者"角色向确定企业发展目标、给下属以支持和鼓励从而实现目标的"教练"角色转换。

事实上,许多创业者仅是创业发展初期的推手,当新创企业达到一个阶段以后,反而无法胜任新创企业的后续发展的管理。这时创业者就需要以理性的态度走下台阶,将自己的角色由企业的领导者转换为投资者、技术专家、企业公关者等。这将有助于新创企业的持续成长。许多成功公司的企业家,往往也不是该公司的原始创办人。

2.3.3　企业家精神

创业的动因源于企业家精神,因此企业家精神对于个人、组织和社会变得日益重要,甚至不可或缺。企业家精神是企业家所特有的一种人格品质,是组织创立和经营管理企业的综合才能,更是企业家得以存在的思想灵魂和本质要求。综合起来看,企业家精神应包含以下方面的内容:创新精神、冒险精神、敬业精神、合作精神等。

1. 创新精神

就创新这个概念而言,管理学家认为创新是一个经济或社会术语,而非科技术语。创新活动赋予资源一种新的能力,使它能创造更丰厚的财富。凡是能使现有资源的财富生产潜力发生改变的事物都足以构成创新。或者说,创新就是改变资源的产出,创新就是企业通过改变产品或服务为客户提供价值和满意度。

熊彼特指出,现代企业家是管理者,其管理活动核心是创新,企业家的创新产生了动态性的经济运动与经济发展。他曾作过这样一个形象的比喻:不管你把多大数量的驿路马车或邮车持续相加,都绝不能得到一条铁路。而恰恰就是这种"革命性"变化的发生推动经济发展。他将企业家视作"革新者",强调"创新"作为企业家的真正职能和必备素质,区别于企业的日常工作和单纯的管理行为。只有能对经济环境作出创造性反应并推进生产增长的经理才有资格被称为企业家。

就创新与企业家精神而言,企业家是一个组织内部商业活动的带动人,也应该是能够使生产要素重新组合的创新者。管理学家还认为,创新是企业家的标志,创新是判断企业家的唯一标准。企业家或企业家精神的本质就是有目的、有组织地系统创新。

在科学技术日新月异、产品生命周期大大缩短的知识经济时代,每个人、每个企业都面临极大的挑战,不及时进行自我更新,就可能导致灭亡。比尔·盖茨曾在中学时对同学说:"我宁肯做荒坡上的橡树,也不愿做绿野中的小草——小草千人一面,毫无个性;橡树伟岸挺拔,昂首天穹。"微软就是IT界的橡树,它喜欢做全世界没有做过的事情,喜欢为未来奋斗,喜欢走在同行的前面,成为行业的坐标;马云在2011年"清华创新论坛"讲道:创新在我理解,就是创造新的价值,创新不是因为你要打败对手而创新,不是为更大的名,而是为了社会为了客户,为了明天,创新不是为对手竞争,而是跟明天竞争;日本企业家稻盛和夫的京瓷公司在创业之初生产电视机显像管的绝缘材料——"U字形绝缘体",为松下电子工业公司供货。还在U字形绝缘体供不应求、赢利丰厚的时期,稻盛和夫已把目光转向了正在崛起的电子工业领域,开始了各种新产品的开发,其中包括研发U字形绝缘体的替代产品。果然不久之后,U字形绝缘体就被淘汰了,订单全部转向新开发出的替代品。当时如果缺乏创新精神,企业可能在创业不久就陷入进退维谷的困境。稻盛和夫谈到,面对技术的变迁,自己并没有预见到,只是不满足于现状,对任何事物都想钻研创新,敢于向新领域发起挑战,这才是发展事业的最基本的手段。今天胜过昨天,明天胜过今天,持续不断地对工作进行改善改良,最终一定能取得出色的成就。

2. 冒险精神

企业家一词最初的含义是冒险家,其职能是承担风险。"企业家"一词从创造之时起,便与"风险""冒险"具有天然的联系。只创新,不承担风险的是一般管理者;只冒险,不创新的是赌徒。伴随着企业家创新精神的,便是冒险精神。坎狄隆将企业家视为现代生产要素之一,认为企业家是承担风险的人,其收入并不是来源于租金或者工资,而是来源于利润。同时将企业家的创业精神(企业家精神)定义为承担不确定性的过程。1890年,马歇尔(Marshall)提出,"'企业家'这一名词来自亚当·斯密,而惯用于欧洲大陆,用它来指那些把企业的风险和管理看作自己在组织工作中应尽本分的人,似乎是最适当不过了。";1921年,奈特(Knight)把不可靠性带来的风险与企业家的职能相联系,认为企业家是面对市场不可靠性大胆决策,自己承担风险,而把可靠性(有保证的契约收入)提供给企业职工的人;现代经济学家哈耶克等学者认为,由于存在与社会风险相对应的个人风险,企业家是在高度不确定的环境中进行决策并完全承担个人风险的人。

企业家是企业的人格化,因此,他不能没有进取、冒险的胆识和精神。企业家要承担多种风险,比如,可能丢掉原有的有保障的工作、升职、晋级等的机会,而去适应新环境,管理新企业;要投入金钱,承担财务风险;投入全部的时间和精力,带来家庭的风险;企业随时面临倒闭,还有经常承受精神风险;以及选择技术、强占市场等每时每刻都要遇到的经营管理方面的决策风险,等等。风险伴随着企业家事业和生活的全过程。

美国哈佛大学心理学家和成功动因研究方面的专家大卫·麦克莱伦研究结果也表明,具有高成就感的人同时也具有适度的风险承担倾向。企业家不能躲避风险,追求成功就要准备失败。日本著名企业家土光敏夫说:"如果风险小,许多人都会去追求这种机会,因此利益也不会大。如果风险大,许多人就会望而却步,所以能够得到的利益也就会大些"。风险即危险与机会同在,机会意味着财富。一个企业家成功与否,在一定程度上说,就是看一个人是否具有抓住机遇的胆量和气魄。

乔布斯的反传统成就了他一个又一个划时代新产品的诞生,他很好地诠释了要想大赢,就不要走别人都走的路。我们还看到,1939年在美国硅谷成立的惠普,1946年在日本东京成立的索尼,1976年在中国台湾成立的 Acer,1984年分别在中国北京、青岛成立的联想和海尔等众多企业,它们的创始人无一例外都是在条件极不成熟和外部环境极不明晰的情况下,敢为人先,第一个跳出来吃螃蟹的人。

企业家要有充足的承受失败(承担风险)的勇气,这个素质往往成为能否成功的关键因素。硅谷有着"创业大本营"的美誉,在这儿,每年都有数以万计的企业倒下,同时也有成千上万的创业者一夜暴富。美国知名创业教练约翰·奈斯汉说:"造就硅谷成功神话的秘密,就是失败。失败的结果或许令人难堪,但却是取之不尽的活教材,在失败过程中所累积的努力与经验,都是缔造下一次成功的宝贵基础。"美国 3M 公司有一句关于创业的"至理名言":为了发现王子,你必须与无数只青蛙接吻。对于企业家来说,必须有勇气直面困境,敢于与困难"接吻"。

但是我们还要认识到,虽然一个企业家在一次巨大的机遇面前表现得像个"赌徒",但实际上企业家常常面临的是适度的"可计量"的风险。大多数成功企业家会努力地通过计划和准备将风险最小化,从而更好地控制自己的命运。

3. 创业精神

韦伯阐述了企业家的创业精神:"这种需要人们不停地工作的事业成为他们生活中不可或缺的组成部分了。事实上,这是唯一可能的动机。但与此同时,从个人幸福的观点来看,它表述了这类生活是如此的不合理:在生活中,一个人是为了他的事业才生存,而不是为他的生存才经营事业。"真正的企业家不仅对潜在利润机会高度敏感,而且有能力实现潜在利润。这种把方案加以落实的能力,可以叫作"敬业精神",但这并不是敬业精神的全部。其实,敬业精神,更重要的是面对自己的事业有一种入迷和执着的心态。达到了这种心态的企业家,往往会把自己的生命融入自己的事业中去。

创业是一个充满艰辛困苦的过程,必须承担多方面的风险,创业者要面对各种压力和挑战,成功的企业家都具有很强的创业精神。现代社会中企业家的创业精神就是指锐意进取、艰苦奋斗、敬业奉献、勤俭节约的精神。主要体现在:克服因循守旧的心理,在困难目前不气馁,积极进取,顽强奋斗;吃苦耐劳,敬业奉献的职业情操;勤俭节省的精神风貌等。温州人精神就是典型的创业精神,不管是正泰与德力西,还是康奈与奥康，他们都是白手起家，自求发展的企业。面对自然资源匮乏、工业基础薄弱的生存压力，温州人不等不靠，吃苦耐劳，从 20 世纪 80 年代开始走南闯北，做补鞋匠，贩卖衣服，弹棉花，鼓捣小五金、小塑料，不以物小而放弃，不以利薄而不为。创业初期，温州人所吃的苦是常人无法想象的。走南闯北大部分时光在挤火车、汽车中度过，没有位置，就钻到别人的椅子底下，打地铺已是家常便饭。不畏劳苦，艰苦创业，是温州人的执着追求。他们具有特别能开拓市场的闯劲和冒险精神，不仅在温州本地创市场，而且跑到全国各地办市场、闯市场，甚至把市场直接拓展到国外。哪里有市场，哪里就有温州人；哪里没有市场，温州人就可开辟出新市场。如在上海、北京等，温州人不甘示弱，敢于抢滩；偏远地区如西藏、新疆等，尽管生存环境和居住条件远不如江南一带，但温州人不顾这些，照样去闯出市场。国外欧美发达国家的市场，温州人的打火机、眼镜随处可见；落后的亚非拉国家，温州人也不放过。

温州人正是以"走遍千山万水，历尽千辛万苦，说了千言万语，想出千方百计"的"四千"精神和"白天当老板，晚上睡地板"的"两板"艰苦创业作风，逐渐点滴积累起以后发展壮大的资本，得以在竞争激烈的商海中有了自己一席之地。

4. 合作精神

新制度经济学派诺斯的"合作的精神"认为，凡是创造着"人类合作的扩展秩序"的人，凡是负责"人与人之间合作"这项专业工作的人，就叫"企业家"。企业家的合作精神主要表现在两方面：一是企业内部的合作，主要包括企业内部员工分工、协作、激励机制以及和谐的企业文化等；二是与客户良好的竞合环境，包括以诚信立业，公平竞争，树立与竞争对手采取共同发展的理念，杜绝假冒伪劣、低价等非正当竞争手段，保证产品质量的可靠稳定等。阿瑟·寇尔从社会学的角度指出作为一个真正的企业家，他不仅能够通过创新来为经济单位创造财富，从而扮演一个成功的经济角色，更重要的是，他能够通过与非经济机构，如慈善机构、教育机构及文化机构之间建立积极的合作互动关系来扮演一个成功的道德角色。又如艾伯特·赫希曼所言：企业家在重大决策中实行集体行为而非个人行为。尽管伟大的企业家表面上都是一个人的精彩表演，但真正的企业家是擅长合作的，并将这种合作精神扩展到企业的每一位员工中。

当有人问稻盛和夫先生为何能将企业管理得如此之好，他说："我现在所做的经营，是以心为本的经营。换句话说，我的经营就是围绕着怎样在企业内部建立一种牢固的、相互信任的人与人之间的关系这么一个中心点进行的"，"即怎样与同事友好地相处，怎样建立一个紧密合作的团队。它采用员工认可的奋斗目标来凝聚大家，激发大家共同关注企业的发展。此外，还将员工的利益和企业的目标统一起来，建立一个坚强有力、办事公平的领导集体"。稻盛和夫将对待员工的仁爱之心，对待合作伙伴的利他之心，对待社会的回报之心融入企业管理之中，建立起企业与员工、企业与社会的和谐关系，形成具有稻盛和夫特色的经营哲学，这种精神力量像硕大无比的磁石一样吸引着周围的人，像一团火一样以强烈的热辐射感召人们与其一起共事。

市场竞争是市场经济的本质特征之一，优胜劣汰、适者生存是市场经济的基本规律之一。但是,随着市场经济的充分发育,绝对的竞争并不是最理想的状态。市场经济体制是适应社会化大生产的经济组织形式,它在生产领域呼唤一种群体协作精神,要求市场主体突出整体观念、全局观念、利他主义,以汇集社会的群体力量,实现经济目标。随着现代经济的发展,企业的生存与发展变得越来越艰难。在这样的环境下,企业家的合作精神显得越来越重要。在实践中,许多成功的企业家都认为做企业和做人是一个道理,只有时常想着别人的利益,通过合作实现双赢、共生,才能使企业兴旺。竞争是市场经济的必然产物,通常情况下也是竞争导致合作。当前,合作已经演变成为竞争性的合作,竞争也在向合作性的竞争转化。因此,企业家必须具备强烈的竞争意识,时刻保持竞争状态,并学会以合作促进竞争。

2013 年马化腾在腾讯公司 15 周年"WE 大会"上提出了对互联网思维的 7 个反思:"连接一切""互联网+传统行业=创新""开放式协作""消费者参与决策""数据成为资源""顺应潮流的勇气""连接一切的风险"。移动互联网、大数据、云计算不断发展,企业所面对的市场、用户及商业生态系统正在被颠覆,越来越多的企业需要利用互联网去适应这个快速变革的互联互通的世界。互联网时代可以在某一区域、全国甚至全球范围内对研发、生产、营销、营运等进行大规模的协同合作,产生更大效益。当今时代,移动互联网打破了人们之间的时空约束,彼此联系便捷,可以随时获取信息和进行交流,为合作的极致化奠定了更强大的基础。

2.3.4 企业家道德与社会责任

汽车大王福特当年建成了世界工业领域首条流水线,并以追求大量生产方式的出发点为人类缔造福祉,其理念是改善人们生活而非牟取暴利。他建立 8 小时工作制,提高工人的薪资和生活质量,他说:"我认为我们的汽车不应该赚这么惊人的利润,合理的利润完全正常,但不能太高。因为这样可以使更多的人享受使用汽车的乐趣,还可以使更多的人就业,得到不错的工资。这是我一生的两个目标。"一提起企业家,人们首先想到的是"经济人",因为不能带来经济效益的企业家就不称其为企业家。但是,企业家要真正承担起企业家的美名,还必须是"道德人",如果离开了"道德人"的支撑,"经济人"也会黯然失色,并逐渐失去意义。"道德人"与"经济人"是统一的,道德是产生社会美誉、赢得消费者和客户信赖的重要方面,许多企业能够在较短的时间内发展壮大,并打入国际市场,除了靠优质的产品质量外,就是靠充满伦理色彩的优质服务以及内部的人性化管理,从而实现了社会效益与经济效益的双丰收。

1. 诚信为本

TCL 集团股份有限公司董事长、总裁李东生谈到创业心得曾说:不论做人还是做企业,诚信和口碑都是最重要的基石。只求目的,不问手段也许能挣到"快钱",但同时也在透支信用,扼杀企业未来做大做强的机会。诚实守信是做人的基本准则。诚信,就是诚实而有信用。"诚"指实事求是,"信"包含三种意义:信用——信的价值,即应用;信义——信的道理;信誉——信的荣誉。诚实守信,就是言行一致,表里如一,真诚好善,实事求是,讲究信用。诚实是守信的思想基础,守信是诚实的外在表现。只有内心诚实,做事才会守信用。无诚即无德,无诚事难成。

诺贝尔经济学奖得主米尔顿·弗里德曼指出:"企业家只有一个责任,就是在符合游戏规则前提下,运用生产资源从事获取利润的活动。即企业家须从事公开和自由的竞争,不能有欺瞒和欺诈。"市场经济是道德经济,法治和诚信是现代市场经济的两大基石。诚信不仅是做人的基本准则,也是市场经济的必然要求。诚实守信对于交易行为是必不可少的,否则双方往往陷入"囚徒困境"而最终承受巨大损失。可以说,建立在信任基础上的交易行为,因为降低了交易成本而使效益实际增长。所以诚实守信等道德要求应获得善于理性计算的"经济人"的普遍认可。由此,市场交换主体的利益扩张需要诚信来维系,这既是现代市场经济得以产生的一个前提,又是它的一个产物。由于市场交换是长期的、经常的和主动的,不是偶一为之,那么,对交换双方来讲,诚实和守信便是维护双方利益的最好策略。如果诚信原则被抛弃,不仅交换双方的正当利益得不到保障,社会和个人还会花费更多的社会资源去维护交易秩序和交易公正。在市场经济条件下,诚信作为一种无形资产,也是企业良好社会形象的重要内涵和企业核心竞争力的构成要素。自由竞争的必然结果,只会是社会信用好的企业胜出,社会信用差的企业淘汰。诚实守信不仅是企业在自由市场中被迫做出的一种选择,也是他们战胜对手、赢得竞争优势的有力武器,因而诚实守信又会由被动接受变为主动选择,并逐渐成为大多数市场主体的自律意识和自觉行为。

有这样一句话,"无商不奸",为此就有一些人认为做生意就必须要玩心计。松下幸之助却认为,这只是看到了事物的局部,这是片面地理解商人。真正的生意人所应秉持的,正好与此相反,都必须有一颗真挚的心。

松下幸之助曾说:"生意不是神秘莫测的魔术,也不是诡谲多变的权术。生意就是实实在在地干事情……就是不欺骗别人,正正当当地做事,因此而获得别人的信赖。"之所以松下能在生意上每每能临危而转、绝处逢生,正是因为他一生就秉持着一颗纯真无私的心。比如,对于某种新产品,他根本不知该如何定价时就诚实地告诉经销商这种产品的成本是多少钱,请他们帮助定价。经销商为某种产品而要求杀价时,他就告诉人家这种产品不能降价,成本几何、正当利润多少,如此而已……这位经营之神甚至认为有了纯真无私的心,就几乎近于神了:"纯真无私的心,使人公正、坚强、聪明,达到纯真的心愈滋长,就愈接近于神,所以做任何事情都能成功,在生意上也是一样。"

美国凯姆朗公司老板迪克·杜克,20世纪50年代初为生计所迫卖起了圣诞树。为防被偷,他每晚都睡在车上,有一晚实在太冷便回到家中。第二天一看,圣诞树少了一棵,但同时多了一张便条,当天晚上拿树的人主动找他付了款。这件事使杜克对诚信有了新的认识,改变了他一生的经营理念,他要用诚信作为资本回报客户。他后来经营的美国凯姆朗公司专为客户养护草坪。在他们工作时客户一般都在上班,养护与否实在难以看出来,唯一能看到的便是一张字条:"药液未干以前,请不要在草坪上坐卧"。他的员工在工作过程中对客户造成的任何损失也及时给予赔偿,且从来都是先干活后付款,这一切靠的均是"诚信"两字。靠这"诚信"两字,杜克的公司从4万美元起家,15年后的营业额竟高达3亿美元。

这个事例告诉我们,诚信是商业成功的关键所在。当代社会的市场经济就是诚信经济,作为市场经济的通行证的诚信就是企业家最终在社会上获得成功的金钥匙。

2. 责任与使命

责任是一种客观需求,也是一种主观追求。它自律,也是他律,责任出勇气、出智慧、出力量。企业家精神的本质就在于企业家源自于个人内心的人格品质,这种人格品质包括两个方面:实现个人价值和承担社会责任。责任促使企业家具有强烈的成功欲,强调个体价值的自我实现;当企业发展到一定阶段,社会责任日益成为企业家必须面对的一个迫切问题。企业家热衷于公益事业,将个体的事业看成是对社会责任的承担,认为关注国家利益、社会民主、工人生活保障等是他们不可推卸的责任。

在一个成熟的社会中,商人赚到钱就应该回报社会。从历史经验来看,财富只有回到社会财富循环中才能真正发挥其价值。商业的理念价值观和行为规范,就是对社会、对国家的一种责任感和使命感。

美国钢铁大王安德鲁·卡耐基曾在《财富的福音》里写道:"富人应该为他的无穷财富而感激社会。在有生之年,当他们支配这笔财富时,应该多做一些捐赠活动,这样社会上的其他人就可以长期从中获益,而他们的生命价值也会因此而得到升华。"卡耐基到去世时总共为社会捐献了35亿美元,他用一生实践了这样一种财富哲学:让自己的财富变成许多人的幸福。

李嘉诚有一个终生的心愿,一个付出重于获取的心愿。他曾说:"人生在世,能够在自己能力所及的时候,对社会有所贡献,同时为无助的人寻求及建立较好的生活,我会感到很有意义,并视此为终生不渝的职志"。在李嘉诚的哲学中,为人类而付出的意义远远超越赚取的价值,这才是他之所以需要努力去争取富有的真实意义。李嘉诚有两个事业,一个是以长江、和黄为旗舰"拼命赚钱"的事业,在全球42个国家聘用了超过18万职工,业务步向了多元化;另一个是以李嘉诚基金会为旗舰"不断花钱"的事业。后者是他长远的事业,对教育、医疗、文化、公益事业做更有系统的资助,体现人生价值。李嘉诚的公益事业犹如他的商业王国一样,遍布全球,李嘉诚是想"凭着我自己的经验和利用我的资源为我们的民族打造多层次的社会精神"。

越来越多的企业家深刻地认识到,企业要发展,不仅需要把握市场运行的规律,创新进取,而且还要具有"达则兼具天下"的抱负,这也是企业做大的基本要素。

3. 爱国之心

爱国是一个人对祖国最深厚、最高尚、最神圣的情感,又是一个公民对国家应承担的神圣使命,更是表现为实现、维护、增进国家和民族利益的具体行动。企业家爱国,一方面,是作为一个普通公民爱自己的国家,为建设国家贡献力量;另一方面,又有别于普通公民,要求更高,集中于一点就是带领企业稳健发展,创造良好的经济效益和社会效益,为国家富强、民族振兴贡献力量。这是企业家爱国的核心内涵。

历史上,每当国家遭遇险境,就会有深明大义的企业家挺身而出,出钱出物出力,义无反顾。2008 年 5 月,四川汶川发生特大地震,人民生命财产蒙受巨大损失,重大灾情牵动全国人民的心,灾区人民急需救援。无数的企业家勇赴抗震救灾最前沿,纷纷向灾区人民施以援手,捐款捐物,支持抗震救灾,谱写了一曲感天动地的爱国乐章,为抗震救灾斗争胜利提供了强有力支持。天津荣程联合钢铁集团有限公司董事长张祥青,致富后不忘回报祖国,多年来为赈灾、抗击非典、扶老、助残、济困、助学、助医等事件或领域积极捐款捐物,四川地震发生后向灾区累计捐款 1 亿元人民币,爱国之举感人至深。危难之际为国分忧,是特殊情境下企业家爱国心最闪亮的展现,这样的企业家不胜枚举。

国家富强这一宏伟目标需要依靠一个个企业的发展来实现。通过开拓创新和潜心经营,为社会创造尽可能多的物质财富,是企业家最重要、最基本的责任。深圳华为技术有限公司总裁任正非,带领公司奋发图强走自主创新之路,连续数年成为中国申请专利最多的企业。带领企业健康发展,创造尽可能多的就业机会,是企业家社会责任的重要表现。一些企业家重视把企业发展与促进就业结合起来,追求多赢。如小肥羊集团有限公司 CEO 卢文兵,通过发展餐饮连锁业,解决了数万人就业和数十万牧民的生计;蒋锡培,远东控股集团有限公司董事局主席,他的远东电缆位列行业第一,他安置的残疾员工数量连续多年位列全国第一。

一个把自身命运与国家命运紧密联系在一起的人,才是真正的成功者。1996 年,北京华旗资讯数码科技有限公司总裁冯军给自己的公司取名"爱国者"。他曾言,"我们的梦想,就是要把爱国者这个品牌建成一个令国人骄傲的国际品牌"。从 2002 年开始,公司专门成立了具有国际领先水平的数码影像技术研究院,并成功开发了拥有自主知识产权的数码相机,填补了数字图像知识产权保护领域的空白,使爱国者数码相机在民用中高端领域胜利突围,打破了日本品牌的垄断。2008 年北京奥运会期间,当媒体记者问及为何要保留华旗与爱国者双品牌的时候,冯军反问道:"你知道松下和索尼吗?"还没等对方回答,冯军解释:"松下是日本的左脸,索尼是日本的右脸。我希望华旗成为中华民族的一面旗帜,是中国的左脸;而爱国者呢,则是中国的右脸。"冯军用"爱国者"诠释了什么是中国创造。

【问题与训练】

(1) 说说我国古代传统文化中"君子爱财,取之有道""穷则独善其身,达则兼具天下""君子喻于义,小人喻于利""士不可不弘毅""天道无亲,常与善人""勿以恶小而为之,勿以善小而不为"等思想文化对责任与担当意识等企业家精神成长的影响。

(2) 互联网时代是一个大链接时代。人与人、人与物、物与物之间的链接程度呈指数级增长。互联网企业和工业企业最大的不同是,开始时它不需要大规模的物质资本做基础,而是以企业家独特的思想理念(精神资本)为前提。在互联网时代,无论生产产品还是提供服务,都需要对人性进行深刻洞察和关照。马化腾说,他最大的担忧是越来越看不懂年轻人的喜好。请分析,马化腾的说法反映了他在互联网时代中具有什么样的企业家精神?

(3)阅读格力董事长董明珠的演讲材料,说一说"身为一名企业家,为什么要对自己狠一点"。

1992年,进入格力第3年的董明珠个人业绩做到1600万,占整个公司的1/8;1993年,进入格力第4年她的个人业绩做到3650万,被称为销售女王,个人提成收入就达到一百几十万(相当于今天的几千万)。后来,董明珠进入格力管理层,全票当选格力经营部部长。在她进入格力的第七年,带领23位业务员迎战拥有成百上千名业务员的竞争对手,并成功胜出,由此格力登上中国空调第一的宝座,也掀起了闻名商界的格力传奇。为什么这样一个人能做到这样的成绩? 在央视《开讲啦》栏目中,董明珠对自己人生一些经历和心得进行分享。

最早,董明珠应聘到格力公司做业务员,什么也不懂。她当时面临最大的一个问题是上一任业务员留下了一笔四十多万的债务。很多人劝她别追了,跟她没有关系。但董明珠认为自己是一名格力的员工,接替了上一个业务员的这个位子,就要对企业负责任。这一笔债四十多万她追了四十多天,又找了欠债老板手下的员工,动之以情,晓之以理,并自己去把很重的空调拉了回来。很多人对这件事不理解,认为这不是你个人的东西,你为什么这么去较劲。但是董明珠觉得作为一个人,一定要有做人的原则,就是要对别人负责任。你是这个企业的员工,你要对你的企业负责任。

董明珠在开始做销售管理业务时,销售还分淡季和旺季。到了旺季空调供货相当紧俏,有一个经销商为了拿到货,就找到董明珠的哥哥说帮他拿价值一百万元的货,可以给两三万块钱的提成。董明珠知道后拒绝了哥哥,经销商知道后不理解,因为对于格力厂没有任何损失,而且通过拿货,董明珠哥哥也能得到好处。公私都有好处,为什么不干呢? 董明珠哥哥也不理解,他认为你手上有这个权力,又不让你违法,你就为我们家里做一点点事,让大家有发财的机会,你为什么不给。董明珠跟那个经销商讲,当一个人拥有权力的时候,这个权力不是为自己服务的。要知道,哥哥是发财了,所有的商家如何看格力电器? 他们以后还用心去做市场吗? 他们唯一要做的一件事,就是天天找格力电器去搞关系。这样的一个状态,是难以保证企业生命力的。

看到最初企业一盘散沙的状态,董明珠从制度入手加强管理,让大家从行为上被约束起来,建立一种集体观念。第一,她要求所有的女性不准戴耳环、戒指,不可以留长头发,要是长头发必须盘起来,否则不可以上班;第二,规定上班不准吃东西,不准窃窃私语,不准互相交流讲话,如果没事,唯一能做的是看书。

有一次,她处罚了上班吃东西的一位员工100元,她了解到这个员工家庭条件非常困难,工资一个月才800元。于是下班以后,董明珠从自己的口袋里拿了100块钱给他,告诉他说罚款跟这100块钱不是一回事,罚款已经上交了,这是董明珠个人给他的100块钱,是因为他家庭困难,给了这100块钱,但不等于是把这100块钱的罚款还给他。公司里的员工通过这样一个小小的惩罚，意识到了应该遵守制度。

2001年董明珠当总经理的时候，格力电器出现了员工罢工现象。开会的时候大家讲，现在的员工太刁蛮难管，但是董明珠并不认同，她认为员工是很可爱的，他们没有权力是被动的，而干部是风，你干部的风往哪里吹，那个草就往哪边倒。这时董明珠觉得，如果出现这么多的不好的现象，原因是干部队伍出了问题。

所以董明珠当了总经理的那一年，做的第一件大事就是整顿干部作风，绝对不允许干部侵吞企业的国有资产据为己有，绝对不允许利用手上的权力，使个人利益最大化而伤害了企业利益，伤害了员工的感情。要进行干部作风整顿，就要知道更多的情况，听到真正一线工人的声音。她当时想了个办法，改变总经理信箱都摆在厂长办公室门口，导致大家不敢投诉的状态。而是把食堂、厕所，凡是看不见的角落，全部都挂上总经理的信箱。最多的时候收过七百封的总经理投诉信，根据这七百多封投诉信，找出差距，找出问题，从而练就了一支优秀的干部队伍。董明珠觉得这些都属于讲的所谓的一个"狠"字。在这个过程中，一定为难的不是别人，为难的是自己，是自己这个团队。

董明珠觉得自己二十几年来为格力电器的付出很值得。她觉得一定要追求一个人生价值，不要光考虑眼前的利益，或者不要为钱而活。她认为一个人的一生当中最大的价值，不在于多么富有，而是自己回头再一看的时候，你问心无愧，那你就具有真正的价值。

董明珠对孩子的教育也是一样的。所谓的"狠"一点，是培养他一种艰苦奋斗的精神，因此儿子大学毕业自己工作，没有在妈妈的身边。儿子跟她讲了一句话，即妈妈能从零开始，他也可以。所以他自己在外面给别人打工，一个月就五千块钱，但是他干得很开心。董明珠觉得这点对她来讲，也是很欣慰的。董明珠说，希望大家一定要清醒地认识到，只有通过自己的奋斗，回味的时候，才会觉得人生价值是有意义的。

第**3**章

创新思维与创新方法

【学习目标】

（1）了解和掌握五种创新思维；

（2）了解如何组建创新团队；

（3）了解如何建设局部创新生态环境；

（4）了解十种创新方法。

3.1 创新思维培育

思路决定出路，创新改变命运。习近平总书记说，创新是一个民族进步的灵魂，是一个国家兴旺发达的不竭动力，也是中华民族最深沉的民族禀赋。

现在我们已经进入了一个不断创新发展的时代，谁不能保持创新，谁就会被社会所淘汰。创新是不竭发展的动力，创新是不断前进的引擎。因此，具备创新的能力，拥有创新的思维和掌握创新的方法就显得尤为重要。

3.1.1 创新理念

什么是创新？创新就是在已有事物或观点等基础上，提出独特的、新颖的，且富有成效的见解思维。创新是对既往的超越，是人类独创力、扩张力和智慧力的一种表现形式，具有智能性、社会性和团队性等主要特征。习近平总书记常说，创新是推动民族进步和社会发展的不竭动力。李克强总理也曾提到，创新是引领发展的第一动力。人类的历史就是一部不断创造和创新的历史。

创新是引领企业发展的第一动力，管理要靠创新改变，经营要靠创新拓展，产品要靠创新延续。创新就是要抛弃旧的，创立新的，创新可以在原有理论的基础上创立新的理论,可以在原有方法上提出新的方法,可以在原有产品上设计制造出新的产品,可以在原有服务模式上提出新的服务模式。每个人要想不被社会淘汰,要想跟上时代的步伐,就要拥有创新的理念,时刻思考如何创新、能否创新,怎么创新,如何通过创新开辟一条新的通道。

3.1.2 创新意识

每个人都具有潜在的创新能力,创新能力是可以后天激发的,并通过培训不断得到提高。创新无时不在,无处不有,关键是要有创新的意识。很多人不想去创新,也不想去改变什么,即没有创新的意识。如果你每时每刻都想着去创新,时刻保持着想创新的思想状态,就初步具备了创新意识。创新意识是可以训练的,首先可以从通过改变现状达到变革的目的,去尝试创新。其次,从通过专利开发的角度去训练创新意识也很有效。如发明专利是从无到有,填补空白,那么考虑一下有没有可能从填补市场空白的角度去实现创新;实用新型专利是在材料、结构和功能上实现突破取得创新,那么考虑一下可否通过改变使用新型材料、调整产品结构和改变产品功能的角度去进行创新;外观设计专利是围绕着外观轮廓的形状和颜色去考虑如何实现创新,那么考虑一下可否从改变产品的外观形状和颜色去开展创新。此外,创新意识还可以从技术创新的角度去训练,如在原有生产技术的基础上,采用哪些新技术、新工艺去实现生产技术的创新。

3.1.3 创新思维

创新思维是人们在创新实践的基础上,提出的用于辅助人们产生创新性思维的策略和手段,是有效、成熟创造思维的规律性总结与结构化表达。创新思维是一种超越性智慧,它表现为思维的跳跃,它在人的思考中实现超越。创新思维包括战略思维、逆向思维、发散思维、聚合思维和跨界思维五种主要表现形式。

1. 战略思维

战略思维指的是"求远",在时间上谋划长远,在空间上谋划全面,在地域上谋划完整。战略思维要有方向性、全面性、统筹性,要围绕未来发展的方向去设计和思考。古人云:"不谋万世者不足谋一时,不谋全局者不足谋一域"。战略性思维是我们常用到的一种创新思维模式。企业家一般都具有战略思维的定式,他们会针对市场环境和政策环境的现状以及发生的变化,敏锐地捕捉市场商业机会,从组织架构、岗位设置、人才招聘、产品研发、市场销售、企业发展、资源配置等多方面进行统筹的战略思考,制定公司的发展战略和市场策略。政府领导一般也都具备战略思维的定式,会针对当年的重点工作任务,从目标制定、任务实施、流程监控、措施保障、成效跟踪等进行统筹的思考和规划。我们在策划创业项目时,也应该训练这种战略思维,从长远的角度去规划和发展项目。

【例 3-1】 策划康复机器人创业项目的战略思维。

当我们想做一款康复机器人,首先要想到的是这个项目是否符合国家和产业政策支持,在确认大健康产业是国家重点发展的产业后,就可以进一步思考策划这个项目了。

第一是要考虑客户定位。这款产品为谁服务,哪些人群会成为我们的用户,这些人是老年人还是半自理或不能自理的人,是受伤的人还是运动不方便的人,这个群体的数量在本地区和全国甚至全球会有多少,未来 5 年或 10 年这个群体的数量会有多少。

第二是要考虑产品定位。要想研发这款康复机器人需要哪些关键技术,需要选用哪些新型材料,产品的外观是什么样子的,产品的功能包括什么,哪些属于必须有的功能,哪些属于可升级选用的功能,产品需要建立哪些技术壁垒,需要什么样的产品包装,产品的研发需要什么样的团队成员参加,是全部自己研发还是部分外包研发。

第三是要考虑产品的价格定位。针对目标客户产品价格是多少,高端客户的价格怎么制定,低端客户的价格怎么制定,零售和团购的价格如何制定,线上和线下的产品价格如何制定。

第四就是服务定位。准备面向这些客户如何开展服务,采用那些市场策略,渠道策略与促销策略如何制定,需要多少项目启动资金,需要考虑到哪些项目风险,需要做好哪些风控措施,需要如何进行融资与上市前准备等。

【例 3-2】 策划家庭智能化花园的战略思维。

目前很多城里人都喜欢在家里养绿植,如果你想做个智能化养植花草的项目,就要用战略性的思维去思考这个项目。

第一是要考虑产品形态。这个智能化养绿植的项目产品形态是什么,是为客户提供一个智能化养植的花盆,还是提供智能化绿植养植解决方案。

第二是要考虑产品的外观设计。如果是提供的智能化花盆,那么这个花盆采用什么材料,需要多大规格尺寸,外形轮廓如何设计,盆口采用圆形、方形、长方形、椭圆形还是六边形,花盆颜色系列是什么,是单一色彩还是复合色彩,哪种花盆适合种植多肉植物,哪种花盆适合养植绿叶植物。

第三是要考虑产品的功能。我们该如何实现智能化养植,如何实现智能采光、智能施肥、智能浇水、智能驱虫、智能通风。围绕温度、湿度、土壤水分、土壤营养、空气流动、采光度、病虫害、枯叶监控等需要在花盆上安装多少个传感器和镜头,如何实现传感器数据和绿植影像的智能化实时监控。

第四是要考虑产品涉及哪些专业知识和关键技术。智能养花会涉及绿植养植、养护和物联网技术及人工智能等专业知识和技术,这个智能养植花盆都需要哪些专业知识和核心关键技术,哪些专业知识和技术是自己掌握的,哪些是需要找别人帮助提供技术支持的。

第五是要考虑产品的生产成本。花盆的原材料采购成本是多少,需要购买哪些关键部件,花盆的设计成本是多少,生产成本是多少,包装物流成本是多少。

第六是要考虑产品迭代升级。在现有花盆基础上,是否需要设计液晶屏以显示监控的实时数据,显示屏选用多大规格尺寸,如果在智能花盆上进一步实现智能浇水、施肥、补光、通风效果,还需要如何设计硬件装置和软件程序,为了实现可以进行远程监控和养植操作,是否还需要开发一个专用的小程序或App,程序开发是基于IOS系统还是Android系统,这个产品的研发费用是多少,需要哪些专业的团队成员来参与协作。

第七是要考虑产品的市场销售。一旦研制出成熟产品后,市场营销策略是什么,主要服务的客户人群是哪些,产品的价格策略如何制定,品牌宣传与市场推广如何做。

第八是要对产品进行财务分析。项目的启动经费是多少,项目的研发周期有多长,研发经费需要多少,智能花盆年销售额预计有多少,年利润额有多少,项目的投资回收期是多长时间。

第九是要考虑项目的风险。这个项目有哪些风险,是否存在政策风险、市场风险、技术风险、管理风险、资金风险与团队人员风险,需要制定哪些预防措施和风控预案。

从上面两个案例可以看出,创业项目策划需要用战略思维针对创业项目的方向性、整体性和全面性去统筹规划,需要对创业项目的产品、技术、团队、市场、财务与风险等进行全方位的分析和思考,这样就会进一步完善我们的创业项目计划,带来创新性、实质性和落地性的突破。

2. 逆向思维

逆向思维指的是"求异",也叫求异思维,是指从反方向去考虑问题,要反其道而行之。逆向思维是对司空见惯的似乎已成定论的事物或观点反过来思考的一种思维方式。当大家都朝着一个固定的思维方向思考问题时,而你却独自朝相反的方向思索,这样的思维方式就是逆向思维。古人云:"将欲取之,必先予之。""舍得"就是先舍后得,没有前面的"舍"哪有后面的"得"。历史上被传为佳话司马光砸缸救落水儿童的故事也是很好地运用了逆向思维来解决问题,由于司马光不能通过爬进缸中救人的手段解决问题,因而他就转换为另一手段,砸破水缸救人,进而顺利地解决了问题,这就是逆向思维的成功实践。我们可以将逆向思维用于创业项目的策划训练。

【例3-3】 策划物流无人机的逆向思维。

如果你想做一款物流无人机,我们可以采用逆向思维的模式去策划物流无人机的投递场景。

第一是要考虑收货对象是谁。收货对象是自然人还是单位,是做TOC还是做TOB。

第二是要考虑物流无人机投递地点。物流无人机如何投递交付,对方有没有无人机的停机坪,这个停机坪需要多大的面积,需要建设在什么位置,停机坪可以同时停几架无人机。

第三是要考虑物流无人机的最大载荷重量。无人机载重货物重量可以负荷多少，一次可以派送多少件物品，盛放物品的挂篮结构应该是什么样的，可以堆放多大面积和多大体积的物品，这个挂篮应该采用什么材料制作，挂篮能否保证物品不遗失。

第四是要考虑物流无人机的规格、续航时间与距离。无人机需要制作何种规格的，可以承重最大重量是多少，续航时间是多少，可以飞行的距离有多远。

第五是要考虑无人机的动力装置。无人机飞行动力是采用锂电池还是采用柴油或汽油，如果采用锂电池作为动力，是用一块锂电池还是用多块锂电池组合使用提高续航能力。

第六是要考虑无人机飞行计划与智能信息系统。无人机的飞行计划如何制定，可否实现智能化制定，无人机的避障系统该如何设计，无人机的信息交互该如何完成，无人机的数据通信该如何保证。

第七是要考虑物流无人机的设计制造。物流无人机的产品设计、功能设计和生产制造路径是怎样的，无人机的关键部件是什么，是第三方采购还是自己加工，无人机的外壳是委托加工生产还是自己研制，自主研发的物流无人机与现存的物流无人机有哪些不同和创新，需要找哪些人一起开发和制造这款物流机器人。

第八是要考虑市场策略如何制定。如果我们的物流无人机研制出来了，该如何推向市场，我们的产品策略、价格策略、销售策略和宣传策略该如何制定。

第九是要做一下这个项目的市场分析。物流无人机项目市场空间有多大，竞争对手有多少，主要的竞品都是哪些，物流无人机项目的政策符合性如何，低空飞行和航线飞行是否有政策性风险和限制，是否存在市场风险和政策风险。

3. 发散思维

发散思维指的是"求多"，就是在现有基础上尽可能进行发散思维，如何在产品功能、所用技术、产品用途和文化内涵等方面，利用加法的形式去思考，能否增加一些新的功能，能否采用一些新的技术，能否扩大产品的用途，能否赋予一些新的文化元素等。发散思维可以是一个维度的发散，也可以是多个维度的共同发散。发散的维度越多，发散的内容就越丰富，产品的创新性也越多样化。发散思维可以很好地应用在创业项目计划的训练中。

【例 3-4】 策划陪伴机器人的发散思维。

例如，如果想做一款陪伴机器人，最初我们可能只是想到陪伴小孩子去玩，陪伴儿童学英语、学语文、学算术、听歌、讲故事，那我们能否考虑一下给这款陪伴机器人增加一些功能，就可以陪伴女士和老年人呢？女士们喜欢逛街购物，如果给这款机器人增加色彩识别和款式识别功能，并配有人工智能评估穿衣效果的功能，那么这款机器人就可以陪伴女士们去逛街购买衣服了；老年人都比较喜欢养生，给这款机器人增加养生知识介绍模块，那么老年人就可以有个健康陪护机器人了。如果再给机器人加上聊天模块，这款机器人就可以陪老年人聊天了，解除老年人的孤独和寂寞；如果这款机器人是东方人物头像，我们还可以研究一些西方人物的头像，就有东西方不同人像的陪护机器人了,那么这款机器人就不只是针对中国人,也可以针对西方人提供服务了。如果再增加机器人报警和预警的功能,那就不是仅仅起到"陪聊""陪学"的作用,而是进一步起到"看护"的效果了。

4. 聚合思维

聚合思维指的是"求专",就是在现有基础上进一步聚合、聚焦。在产品尺寸、产品重量、产品结构、产品功能、产品用途等方面,用减法去考虑能否减掉一些什么,去繁从简,精益求精,把多余的东西适度去掉一些。开展产品创新,可能会带来一些新的市场机会,我们可以用聚合思维应用在创业项目计划的实践中。

【例3-5】 策划老年人手机的聚和思维。

例如,现在使用智能手机的老年人很多,但是很多老年人都有不同程度的花眼。使用手机时,他们常因眼花看不清楚手机里面的文字。如果针对老年人开发定制一款有大字体的手机,适度减去一些只有年轻人才常用的手机功能,能够满足老年人对手机上网看新闻、微信聊天、在线支付、电话通信等基本功能的使用,手机的制造成本就显著下降了。如果再通过发散思维,增加一些老年人感兴趣的健康管理功能,如通过手机可以即时测量人体的血压、血糖、脉搏心跳,跌倒报警以及一键呼救,那么庞大的老年人手机用户规模会增加许多新的市场机会。

【例3-6】 策划旅游项目的聚合思维。

例如,做一个旅游项目,起初我们是面向所有旅游爱好者的,如果我们对游客人群做减法,只针对孩子和父母做亲子游,设计好旅游路线、服务产品及服务模式,突出亲子游的产品特色和服务优势,那么服务人群就聚焦了,项目也比较有特色有优势有竞争力。如果我们对景区做减法,只做境外的海岛游,并在海岛游里面突出我们的旅游路线和岛上旅游服务产品特色,如深潜、浮潜、快艇、摩托艇、海上飞翔、出海捕鱼、海钓、岛上寻宝、演艺歌舞、海鲜大餐等,也会吸引到很多用户。如果我们对内容做减法,只做境外购物美食团,吸引那些想去境外购物和美食的游客,也会有很大的市场机会。

5. 跨界思维

跨界思维指的是"求融",就是在现有基础上,寻求融合的边界效应,跨界实现创新。跨界可以跨领域、跨地区、跨人群、跨性别。例如,教育和科技本身就是一家,科技离不开教育,教育中蕴含科技。如何在教育与科技的边界效应下实现跨界融合与创新突破,就需要我们有跨界的思维,围绕教育中涉及的知识原理、科学技能、教育方法和教育模式等方面进行创新;科技金融与金融科技目前已经融为一体,金融领域中有很多科技的东西,像互联网、物联网、区块链、大数据、云计算、信息安全、在线支付、面部识别、语音交互等技术;科技领域里面也已经融入了很多金融的东西,如互联网金融、互联网保险、ATM机等;目前,在文创领域跨界融合也越演越烈。从电影、电视剧发展到短视频和短剧,从唱歌、跳舞和舞台剧发展到跨界艺人,从歌手、主持人发展到竞赛评委,各种跨界形式层出不穷,为我们带来了源源不断的跨界创新体验。跨界思维也可以在我们的创业项目计划中好好训练一下。

【例 3-7】 策划精准扶贫的跨界思维。

例如,如果想做一个精准扶贫的项目,帮助贫困地区销售土特产,传统的销售通过结合互联网技术,就变成了线上网络销售加上线下实体店体验的跨界销售平台。如果再结合经营农家院开展旅游服务,就把传统的销售和旅游结合起来了,实现了传统销售＋互联网销售＋旅游销售的跨界融合。如果再做一个农产品科普馆,加上农产品科普培训服务,提高扶贫力度,就变成了传统销售＋互联网销售＋旅游销售＋培训销售的跨界融合。利用这种跨界思维模式,还能想到很多的创新服务内容。

3.2 创新团队组建

创新不是一个人的事,而是一个组织、一个团队一起集思广益,共同探讨新思路、新想法、新创意的行为。集体创新的力量永远大于个人创新的力量,最好是能组建一支创新团队,一群人在一起集思广益,头脑风暴,协作研发,不断地碰撞出创意的火花。那什么样的团队具备创新团队的条件呢? 一般来说,创新团队需要有这么三种人,一种是有想法的人,一种是敢于创新的人,一种是善于归纳总结的人。

1. 有想法的人

创新团队里面需要的第一种人是有想法的人。我们在开展创新活动时,一定要有创新的想法,这个能有想法有思路的人十分重要,他对于能否引领和开展创新活动起到很关键的作用。我们经常遇到很多人,当问到他对一件事有什么想法时,回答最多的答案是没什么想法,没什么想法其实也就是不去想,或是不敢想。而要想创新,就需要有创造性的想法,有创新性的思维。创新团队中一定是由一些有想法、有思路的人组成,这些人的不同想法在一起头脑风暴时,就会发生碰撞,就会激发出火花,就会产生灵感,就会启发他人,而往往这个时候就会产生创新的想法,启发出一些创新的思路。

2. 敢于创新的人

创新团队里面需要的第二种人是敢于创新的人。在目前社会,我们不仅需要有创新的意识、创新的思维,更需要有创新的精神。只有敢于创新,勇于创新,才有可能去开展创新活动,才有可能去尝试创新。如果没有创新的勇气,没有创新的胆量,也不可能较好地开展创新活动,能有好的创新作为。所以,创新团队中一定要吸收那些敢于创新的人,应邀请他们加入创新团队,共同形成创新想法,去一起尝试创新行为。

3. 善于归纳总结的人

创新团队里面需要的第三种人是善于归纳总结的人。创新团队里会经常组织各种形式的创新活动,头脑风暴会议可能随时召开,大家你一言我一语的,说的都很热闹,想的也很美好,但是散会后没有人来把大家讨论的亮点和创新点记录下来,整理清楚,梳理出来。时间长了每个人就记不全了,都忘掉得差不多了,就剩下聊天聊了一个热闹了。所以,创新团队十分需要一个善于归纳总结的人,这个人能把大家的创新思路,创新点记录下来,梳理清楚,成为一个研讨摘要,成为一个会议纪要,成为一个创新研讨的小结,并针对归纳总结出来的东西,进行提炼,提出下一步的创新建议和创新方案,为今后的创新奠定基础。

3.3 创 新 环 境

创新要想开展得好还需要有创新的环境。没有创新的体制,没有创新的制度,没有创新的机制,仅仅是有创新的团队,还是不能很好地开展创新活动。创新环境是影响到能否带动创新,能否引领创新,能否促进创新,能否激励创新的关键。创新活动需要适合创新的土壤,需要适合创新的空气,需要适合创新的阳光,需要适合创新的养分。创新环境的建设有四个关键点:允许试错、知识银行、分享共享和资源配置。

1. 允许试错

创新并不是每一次都能成功的,难免犯错和失败。每一项科技成果的获得可能需要成百上千次科学实验,从一次次的试验失败到再失败,最终走向成功。所以,在创新环境里,就要允许创新者试错,允许他们犯错误。失败是成功之母,每一次失败都为成功积累了经验,都为成功奠定了基础。所以,在创新制度里面,一定要加上一条,允许试错,允许失败。这样的制度环境才能鼓励每个人去尝试创新,去探索创新,去拥抱创新,去开拓创新。

2. 知识银行

创新需要知识积累,需要知识加工,需要知识利用,需要知识管理。每一次创新活动都可能碰撞一个创新的小火花,都可能产生一个创新的想法,都可能孵育一件还不成熟的创新产品。那么,最好把这些创新的想法和创新产品,哪怕是不成熟的东西储存起来,形成创新的知识银行。每一次创新活动都往创新知识银行中存储一点,存储的时间长了,存储的内容多了,随着量变到质变,可能某一天,一个成熟的创新想法,一个成熟的创新方案,一件成熟的创新产品就产生了。知识银行中,还可以把一些有创新性的成果存储进去,如发表的论文,申请和授权的专利,已经形成的科技成果,出版的研究报告,已经注册的软件著作权和源代码等,这些都属于创新的原辅材料。

3. 分享共享

创新是用来分享的,每一个创新的想法,每一件创新的产品,每一个创新的服务模式,都会起到启发二次创新的作用。在创新的环境里,一定要将好的创新想法与大家分享和共享。这样经过头脑风暴,才有可能形成更大的创新,形成更多的创新。如果创新不能进行分享,只是掌握在一个人或某几个人的手里,不能让创新示范推广和应用,那便是对创新资源的极大浪费。创新分享的内容很多,也可以是一个想法,可以是一个创意,可以是一个创新方案,可以是一件创新作品,可以是一种创新理论,可以是一项创新服务,可以是一种创新模式,也可以是一种创新管理。创新活动的分享可以采用多种形式,比如组织创新讲座、组织创新方法培训、组织创新会议研讨交流、组织创新作品与创新成果展览、组织创新经验考察等,都会对创新内容的分享带来很大的帮助。

4. 资源配置

要想更好地实现创新,创新环境里面一定要实现创新资源的有效配置。创新资源包括科技政策、科研条件、研发经费和创新人才。没有科技政策的支持和引导,没有科技政策实施细则的落实,创新就会显得苍白无力;没有科研条件做支撑,没有实验室和试验设备仪器,创新只能是纸上谈兵,创新就落不到实处;没有研发经费的支持,没有科研经费的持续投入,创新行为就不可能持久,创新活动就不可能延续;没有创新人才的参与,没有创新人才的聚集,就很难产生创新想法,就很难产生有价值的创意,就很难产生创新的成果。人、财、物、信息等都是创新的要素,只有合理地优化配置创新资源和创新要素,才能搭建好创新的环境,才有可能取得创新的成果。

3.4 十大创新方法

我们在前面介绍了创新思维的培育,创新团队的组建以及创新环境的建设,这些内容不仅可以用于创新创业的准备,也能用于日常的工作和生活中。不断培育创新意识,努力训练创新思维,对于规划创业项目,组建创业团队,做好创业计划,开展创新创业将十分有帮助。下面我们再来介绍一些创新方法。这些创新方法对于我们提高创业项目的创新性,增加创业项目的创新点很有用,如果能够完全掌握并合理应用,必将显著提高创业项目的落地性和竞争性。在工作中可以用到很多创新方法,常用的创新方法包括:技术创新、产品创新、设计创新、应用创新、集成创新、管理创新、模式创新、金融创新、跨界创新和组合创新这十大创新方法,下面我们就来逐一加以介绍。

3.4.1 技术创新

技术创新是指在关键技术、关键工艺和关键参数等方面有所突破创新,技术创新是科技类创业项目中最应该用到的创新方法。很多同学的创业项目属于科技类的,但是由于不了解技术创新,不知道把技术创新的概念糅到创业计划书中,只是泛泛地在讲他的项目技术,专家评委看不出项目的技术创新性来,使其创新性贬值。

一般来说,技术创新主要指在关键技术、关键工艺和关键参数等方面和别人做得不同,有所创新、有所突破。同学们在创业计划书里面,要围绕这三个方面去考虑是否存在技术创新,如果你的项目是采用了新的关键技术、采用了新的生产工艺、采用了新的配方、在关键技术参数上有所突破,那么就强调一下,本项目存在技术创新。

例如,你的创业项目是做智能家居的,项目中用到了一项中控技术,而这项技术不同于市场上同类产品所采用的技术。该项中控技术在控制原理、控制精度、控制的灵敏度、控制范围、控制距离、控制数量等方面都比别的技术强很多,先进很多,那么你们研制的产品技术就属于技术创新,就有很强的创新性,就要想办法描述出来,介绍清楚。

假如你的参赛项目是做建筑石材的,你们研发了一种新型加工和抛光工艺,这种生产新工艺相比市场同类竞争对手的加工工艺在加工效率、加工精度、加工尺寸、加工成本、加工表面质量等方面都强出很多,先进很多,那么你的加工工艺就具有创新性,也符合技术创新,这就需要你清晰地描述清楚加工工艺的创新性体现在哪些方面。

再比如你参赛的创业项目是做室内苯酚检测仪器的,你们的检测仪器检测精度较市面上同类产品的检测精度高出两个数量级,那么你的项目在技术上也属于技术创新。在创业计划书中,就需要围绕检测仪器在检测技术上如何突破等方面详细描述,突出技术创新性。

3.4.2　产品创新

产品创新是指在产品所采用的材料、产品的性能和产品的特性等方面有所突破创新。大学生参加创业大赛的很多项目都是以产品的形态出现的,有些项目产品具备产品创新的特质。项目产品通过使用不同的材料,改善了产品性能,降低了生产成本,提高了使用寿命。

例如,你参赛的创业项目是一款室内装饰涂料,在生产中采用了纳米材料,这种材料的使用提高了涂料的环保性和安全性,并且具有防潮、防霉、防虫和无酚醛排放的特点,使用方便,价格低廉,那么这款涂料就具有一定的产品创新性。

又如,你参赛的创业项目是一款外墙保温防火布质材料,这款产品采用了碳纤维材料,不仅具有保温效果,而且还显著提高了阻燃能力,不仅可以用于外墙保温,可以用来防火,在产品上实现了产品创新。

再比如,你参赛的项目是一款保洁机器人,这款产品不仅可以智能擦玻璃,还能智能清扫地面和厨房灶台油污,这种新功能的机器人产品在市场上属于填补空白,那么这款机器人就具有产品创新特点。

所以,今后在编写创业计划书时,凡是具有产品创新特点的项目,一定要围绕新材料和新功能等方面深度挖掘其产品的创新性。

3.4.3　设计创新

设计创新是指通过使用不同的软件、材料、机构、颜色、文化等元素组合,来进行功能设计、材料设计、结构设计、外观设计和文化设计,实现创新的设计方案,以达到设计创新的效果。目前,大学生参赛的很多创业项目都有不同的设计内涵,如何围绕产品的功能设计、材料设计、结构设计、外观设计和文化设计等设计概念,去深度挖掘设计创新是需要重点关注的地方。

设计创新可应用于很多场景。如我们在粉末冶金制品中采用了多种金属材料进行一定比例的混配烧结制造,从而显著提高了产品的性能;如我们在衬衣生产中采用了防水的纳米材料,显著提高了衬衣的防水和防污性能;如我们在智能交通车辆监控中增加了人脸识别技术,可以对违章过路口的行人进行图像的捕捉抓取和智能分析,这也属于设计创新;如我们设计了一幢 300 米高的建筑,通过采用特殊的结构设计可以使该建筑物达到抗震 14 级;如我们设计了一款外套,正面穿是夹克,反面穿就是风衣,且外套内外的图案不同,选用的材料不同;如我们设计了一款 T 恤,前面是圣母玛利亚的画像,背面是观世音的画像,东西方元素在这款 T 恤上的有机结合。类似设计创新的例子还有很多,不胜枚举。同学们在参加大赛编写创业计划书时,一定要尽可能地去提炼设计创新点。

3.4.4 应用创新

应用创新是指研发的产品在应用领域方面有所突破,在用途上进行了创新。应用创新可以指应用到不同的人群、不同的领域、不同的地区和不同的用途,应用创新也可以指应用到不同的性别人群,还可以指应用到不同的年龄。参赛项目中有不少产品存在应用创新,但是很少见到有人能将其提炼出来。例如,我们研发了一款新型保健品,可以防止和延缓老年痴呆;我们研发了一款干细胞美容护肤产品,可以让老年人焕发青春;我们研发了一款陪练羽毛球机器人,可以帮助羽毛球爱好者提高球技;我们研发了一款人工智能钓鱼竿,可以智能提醒垂钓者鱼上钩了;我们研发了一款可以为手机充电的钱包,通过钱包上的太阳能和锂电池充电器可以为手机充电;我们研发了一款智能空气净化器,可以根据室内空气净化程度智能开启净化器;我们研发了一款河水净化器,可以满足户外旅游者对河水的净化处理达到人可饮用的标准。这些研发的产品中都存在应用创新。

3.4.5 集成创新

集成创新指技术的集成、原理的集成、部件的集成和服务模式的集成。有些产品不是采用单一技术,而是多个技术的集成应用;有些产品采用的不仅仅是物理原理,可能还有化学、热力学、电磁学、光学等多种学科的原理,是多种原理的集成;有些产品不是仅仅由一个部件组成,而是由许多部件集成组装起来的;有些产品不是一种服务模式,而是可以提供多种服务模式,这些产品都存在集成创新的内容。

例如,智能机器人集成了人工智能、人脸识别、语音交互、自我学习、数据挖掘、云计算等多项技术;电动汽车集成了锂电池、传感器、电力驱动、汽车减震、仪器仪表等多项技术;智能加工中心集成了电学、力学、光学、机械加工等多种学科的原理;航天器集成了电学、力学、空气力学、流体力学等学科的原理;智能手机集成了芯片、传感器、摄像头、无线天线等多个部件;数控机床集成了驱动模块、运动模块、编程模块等多个模块组件;无人机集成了飞行模块、动力模块、避障模块等多个模块组件;益智机器人集成了读书、唱歌、跳舞、聊天等多个服务模式;安防机器人集成了环境监控、上网聊天、网络电视、远程视频等多个服务模式。在参赛编写创业计划书的时候,我们一定要关注项目是否存在集成创新,并精准地提炼出来。

3.4.6　管理创新

管理创新指对项目的产品管理、研发管理、项目管理、过程管理、节点管理、方法管理、制度管理、绩效管理、信息管理、品牌管理、知识产权管理等方面的独特的具有创新性的管理行为。管理创新涉及的范围比较大,面比较广,我们在参加创业大赛编写创业计划书时,可以聚焦一些可能存在管理创新的地方去深度挖掘提炼出来。

例如,有的创业项目在开展产品研发时,由于创业公司自身技术人员不足,研发经费有限,在产品研发管理方面,一方面依托母校的老师和实验室进行技术开发,另一方面联合社会上的研发机构合作开发,在技术成果中出让一部分权益。同时,在研发管理过程中,利用物联网技术进行远程视频会议研讨交流,在线解决研发中遇到的问题,并将这种合作技术开发方式衍生到多个合作研发机构,可以同时启动多个产品和技术的研发工作。像这样的研发管理就属于管理创新。

再比如,有的创业项目对知识产权管理十分重视,针对公司研发的技术产品,从商标、LOGO、专利、软件著作权、版权等多个方面进行建档,并创新性地制定出公司自己的专利路线图和知识产权保护池,这也属于管理创新。

3.4.7　模式创新

模式创新重点指的是商业服务模式的创新。即你的项目采用的服务模式是什么,在服务内容和服务形式上有哪些创新点,有哪些创新之处,有哪些和以往做法不太一样的地方,有哪些颠覆性的东西。

例如,现在经常提到的线上线下(O2O)服务模式,在互联网还没有开始实施应用前,我们只能通过线下实体店进行产品销售,有了互联网技术和配套的设施之后,我们通过固定的电脑和手机移动终端,就可以利用互联网技术平台开展产品销售与服务。通过公司产品服务网站、微信公众号、朋友圈、QQ、BBS、微博、微店等互联网技术手段,来实现线上的产品销售与客户服务。从而实现了跨地域、跨国界的线上线下 O2O 的产品销售服务模式。

又如,远程医疗服务模式,过去在没有互联网技术和网络设施的情况下,很难实现远程的医疗服务,但是今天互联网技术应用已经十分普遍,互联网基础设施也已经比较健全,在有些一、二线城市已经具备了远程精准医疗的条件,就可以开展基于手术、诊断、医疗咨询的远程医疗服务。

再比如,我们都比较熟悉的滴滴打车服务模式,在共享经济的条件下,通过共享信息服务平台实现了闲置资源的共享利用,每个人都可以通过共享软件进行下单。把闲置的车辆利用起来,实现了交通出行的便利化和金融支付的便利化。一方面盘活了闲置车辆,另一方面方便了行人的出行。

还有团购模式,过去我们购物更多的是零售与批发之间的关系,互联网技术经过多年发展以后,团购的新服务业态基本形成,来自不同地域的人可以通过团购平台进行网购。一方面我们可以减少购物的成本费用,另一方面,网购平台也显著地增加了物品的销售规模和销售额。

3.4.8 金融创新

金融创新主要指围绕金融服务开展的创新服务模式。金融创新主要是在金融内容与服务形式上有所突破创新,目前包括科技金融、文化金融、金融租赁、互联网金融等多种形式。

例如科技金融,权利人通过使用专利技术和软件著作权向银行进行抵押贷款,银行通过对权利人的诚信和知识产权及相关资质评估后进行流动资金贷款。

例如文化金融,权利人通过使用版权、商标权和著作权向银行进行抵押贷款,银行通过对权利人的诚信和知识产权及相关资质评估后进行流动资金贷款,目前很多商业银行都提供科技金融与文化金融贷款服务。

例如金融租赁,金融租赁公司自己出资购买关键设备向有需求的客户提供金融租赁,只收取租金以满足没有资金购买这些关键设备的企业和个人使用。目前工程机械设备和飞机船舶的金融租赁服务已经比较普遍。

例如移动金融支付,很多人已经熟悉了支付宝和微信可以进行移动在线支付,这种互联网在线支付形式为我们提供了快捷便利的金融服务。乘地铁、打出租车、购物都不需要刷卡或付现,只要扫一下二维码就可以完成支付结算,十分方便。

例如银行手机 App,银行通过自己的手机 App 可以帮助用户开展线上业务,用户通过银行 App 可以在线购买理财产品、实时汇款和实时查账,既方便了银行开展业务服务,又满足了用户的金融服务便利化。

例如众筹投资平台,发起众筹的人可以通过众筹平台实现产品众筹与股权众筹,募集众筹项目所需要的资金。

3.4.9 跨界创新

跨界创新指通过跨界到不同的领域中去寻找创新的机会,实现跨界融合。科技和文化的跨界,科技离不开文化,文化中含有科技,科技延伸出科技文化,文化作品由科技做支撑。

例如航天科技与航天文化的跨界融合,航天科技本身孕育着航天文化。围绕航天文化可以衍生出一系列的文化项目,如航天文化展览、航天科普基地、航天模拟中心、航天摄影展、航天电影展、航天探险等很多文化项目。

例如旅游和健康的跨界融合,旅游和健康本来属于不同的领域,但是如果把以健康为主题的旅游设计成一个旅游项目,就可以实现旅游+健康的跨界创新。在旅游中主打健康美食、健康美容、健康保健,就可以衍生出很多不同主题的健康旅游项目。

例如健康和食品的跨界融合。如果把大米变成具有抗癌作用的富硒大米,那大米就有了抗癌概念,这款大米就不仅仅是一般的大米,而是有了提高抗癌作用的健康大米。

3.4.10 组合创新

在我们开展的创新活动中,还可以把上面提到的各种创新方法组合应用,实现组合创新。组合创新的应用途径很多,应用面很广,也比较容易实现创新。

可以把产品创新和技术创新组合应用,围绕有市场需求的新产品进行开发,通过使用不同的技术,来开发具有不同功能和性能的产品。如现在大家都比较关注的智能驾驶汽车,可以通过人工智能技术、大数据技术、云计算技术、物联网技术、人脸识别技术、地理位置信息技术、新材料等技术的组合应用,来开发定制化的智能驾驶汽车产品;如现在市场上有需求的语音教学机器人,可以通过语音识别技术、人脸识别技术、位置定位技术、计算机深度学习技术、远程视频技术等技术的组合应用,来开发与语音教学机器人相关的产品。

可以把设计创新+产品创新+技术创新进行组合创新应用,如将人体工学、人工智能技术和自动控制技术应用到保健按摩椅的产品研发上,就可以设计研发出更舒服的保健按摩椅。

可以把产品创新+应用创新进行组合创新应用,如研发新一代的石墨烯壁毯和地毯,解决室内取暖保温的问题,野外露营的人对这样的产品也会有一定的需求。

可以把产品创新+集成创新进行组合创新应用,如研发 360°全景拍照的多镜头手机,这种手机不仅仅是内置前后两个摄像头,还内置了 360°全景摄像头,会很受爱好旅游的人欢迎。

通过产品创新+技术创新+应用创新的组合创新应用,可以研制高性能的智能可穿戴头盔,这种头盔不仅能够抗震抗冲击,还可以实现远程通信,数据传输,健康监护,可以广泛应用在矿山机械、工程施工、自行车运动、军事训练中。

通过产品创新+技术创新+应用创新+设计创新的组合创新应用,可以开发出不同结构、类型、款式和功能的太阳能小木屋,不仅可以满足旅游景区的住宿需求,还可以满足私人的宅院需求,不仅可以满足森林防火防盗的看护需求,还可以满足野外科学研究的住宿需求。

【问题与训练】

(1) 请结合战略思维设计一个可以技术迭代三个版本的老人看护机器人方案。

(2) 请结合逆向思维提出一个治理城市交通拥堵的方案。

(3) 请结合发散思维提出一个多功能床的方案。

(4) 请结合聚合思维提出一个智能拐杖的方案。

(5) 请结合跨界思维提出一个旅游项目方案。

(6) 请结合三种以上的创新方法开发一款按摩机器人,提出技术解决方案。

第**4**章

创业项目筛选

🖈 【学习目标】

(1) 了解和掌握项目筛选的六大原则；

(2) 了解项目筛选的七个步骤；

(3) 了解项目筛选的八个方向。

目前,很多高校的同学都有意愿参加各种层面组织的创业大赛,但是不知道该做什么样的创业项目,不知道该如何选择创业项目。一般来说,创业项目的筛选有六个原则,基于这六个原则建立筛选项目模型,同学们就比较容易选出适合自己的项目了。

4.1 创业项目筛选的六大原则

创业项目筛选时要考虑项目是否符合优势原则、政策原则、需求原则、价值原则、竞争性原则、投资性原则六个原则。如果项目符合这六个原则,就可以重点锁定这个项目。

4.1.1 优势原则

优势原则是指选择创业项目时要能突出自己的优势,要做自己最擅长的事,做自己最熟悉的领域,做自己资源最多和优势最明显的项目,也就是做这个项目时最能突出你在专业知识、专业技能、人脉关系、市场资源、行业经验等方面的优势。比如你是学计算机专业的,那么做 IT 项目或工业自动化项目就比较适合你;如果你是学设计专业的,那么文创设计类项目就可能比较适合你。

4.1.2　政策原则

政策原则指的是选择的创业项目一定要符合国家政策、产业政策和地方政策。国家、产业和地方扶持政策背后有资金和税收等方面的支持。如果你选择的这个项目在政策的允许和鼓励范围内,就有机会获得政策的扶持和助力发展。比如你想做一个益智机器人的项目,而国家和产业政策扶植机器人产业的发展,就比较适合;如果你想做一个石墨烯电池的项目,而国家有新材料产业扶持政策,这个项目的方向也没错;如果你想做一个存在废气排放的粉末冶金项目,而国家已经出台大气污染治理政策,你的项目和国家政策方向相违背,就不太适宜去做。

4.1.3　需求原则

需求原则指的是你所选择的创业项目一定要有市场需求,最好是有刚性需求和紧迫性需求,同时还有一定的潜在服务需求。这个市场要足够大,市场容量在 10 亿元、20 亿元或 50 亿元以上最好。比如我国现在大气污染比较严重,经常出现雾霾和沙尘暴天气,如果你想做一个防范雾霾和沙尘暴的类似雾霾口罩和空气净化器项目,那么就有可能存在庞大的市场需求,并且这个需求是紧迫和刚性的。再比如,随着我国老年化的人群越来越多,养老和健康的服务需求越来越多,那么养老院、老人护理、健康美食、健康旅游行业就会有很多新的市场机会。

4.1.4　价值原则

价值原则是指你所要选择的创业项目一定要有价值,要能挣钱,要能产生利润,并且产品的附加值越高越好。要去寻找产品销售后净利润和毛利润高的项目产品。比如说你想做一个项目,年收益可达 10 万元,而另一个项目年收益可到 20 万元,很明显第二个项目在同等时间内获得的收益比第一个项目多,从获取收益的角度来说,自然应该选择第二个项目。再比如,你想做一个快递的项目,利润率只有 10%,而另一个培训项目的利润率可以达到 18%,很明显培训项目比快递项目利润率高,附加值高,自然是选择培训项目做更好一些。

4.1.5　竞争性原则

竞争性原则指的是你所选择的创业项目市场竞争对手数量不能太多,竞争对手的实力不要太强,这样才有赢得市场份额的机会。如果你进入一个红海市场,竞争对手林立,还有很强的竞争对手,你就很难在市场中获胜,项目做得会很吃力很费劲;如果你进入一个蓝海市场,竞争者很少,竞争力也不强,你就有机会迅速占领一定的市场份额,让项目快速成长起来。

4.1.6 投资性原则

投资性原则指的是你所要做的项目要满足投资规模不大,投资周期不长,投资回报率高,投资回收期短,投资风险较小。投资规模不大意味着项目容易启动,投资周期不长意味着项目可以很快上马,投资回报率高意味着项目投资收益比较理想,投资回收周期短意味着可以尽快收回项目投资获得利润,投资风险小意味着容易把控项目的风险。

4.2 创业项目筛选的七个步骤

我们了解了创业项目筛选的六大原则之后,就可以筛选我们可以想到的创业项目了。一般来说,项目筛选也是有流程的,我们可以把项目筛选分为七个步骤,即市场需求分析、市场容量分析、项目优势分析、政策性分析、盈利性分析、投资性分析和竞争性分析。

4.2.1 市场需求分析

我们筛选创业项目时,第一步首先要从市场痛点入手,从市场需求入手。在思考和研判市场服务需求时,还要考虑这些需求是属于刚性需求还是一般需求,是属于紧迫需求还是属于潜在需求。如果确实存在刚性和紧迫的需求,那就有购买服务的市场机会,可能就是创业项目的一个选取点;如果是潜在需求,可能市场还需要培育一段时间,那就可以多关注一下,但不要急于马上启动这个项目。比如现在我国很多人患有糖尿病,那么针对糖尿病患者的便捷检测仪器、治疗药物和饮食保健方法,就有刚性的且紧迫的市场需求;再比如我国随着生活水平的提高已经进入老年化社会,老年人越来越多,健康养老已经成为刚性、紧迫性和潜在的市场需求,如何为老年人提供健康与养老的服务可能是创业项目的一个切入口。

4.2.2 市场容量分析

我们筛选创业项目时,第二步就是要分析和研究项目的市场容量有多大,市场空间有多大。项目分析不仅要分析本地市场,还要分析国内市场;不仅要分析国内市场,还要分析国外市场。特别是互联网项目,现在世界已经是万物互联,世界就是一个地球村,一定要用全球化的视野去考虑问题。一个项目的市场容量如果不能达到 10 亿元或 50 亿元以上,就算不上市场空间很大,做这样的项目就要慎重。例如一个项目的市场容量只有 1 亿元,如果市场上有 10 家公司在做同一个项目,平均分配市场份额也只有每家 1000 万元,就算年利润率达到 20% 也只有 200 万利润,项目做不大,而投入的时间一点不少;如果项目市场容量预估有 50 亿元,有 10 家公司同时做这个项目,平均分配市场份额就是每家占有 5 亿元,还是按照年收入 20% 的利润计算,就有

1 亿元利润,这样的项目对于公司来说发展空间还是很大的,也容易做大公司的估值,便于后期的项目融资。

4.2.3 项目优势分析

我们选择创业项目时,第三步就是要评估一下做这个项目具备哪些优势。项目优势大,成功率就会高一些;项目优势小,成功率就会低一些。针对项目的优势分析可以围绕以下几个方面来进行:

1. 技术优势

首先评估如果做这个项目,在技术方面是否具有优势。我们采用的技术较市场上竞争对手的技术水平如何,是高于他们还是和他们一样或是还不如人家。如果技术水平高于市场上的竞品,还有进一步技术升级的可能,并且有知识产权保护,那么在技术层面还是具备一定优势的。

2. 管理优势

创业公司一般成立时间不长,公司管理能力都较弱。我们需要评估一下如果实施这个项目,在项目管理、研发管理、生产管理、流程管理、财务管理、人员管理、客户管理、品牌管理、制度管理等方面,是否具有管理优势。如果有一定的管理优势,那么还可以考虑做这个项目,如果没有什么优势,那就要慎重考虑是否要启动这个项目。

3. 团队优势

创业项目能否顺利开展和实施,创业团队是关键。我们需要评估一下创业团队的能力是否足够强,是否具有优势。如果创业团队在专业性、互补性、创新性、协作性、执行力、学习力等方面均具备一定的团队优势,那就具备一定的团队能力;反之,如果各项指标都不太理想,说明团队能力较弱。

4. 渠道优势

服务产品是否能销售出去,销售渠道起到很关键的作用。我们需要评估一下在销售渠道方面我们是否具备一定的优势。如果有一些销售渠道可以帮助我们销售项目产品,那么在渠道方面就有一定的优势;如果没有什么渠道,也没有什么人脉关系,那么渠道可能会成为市场销售的一个瓶颈。

5. 资金优势

创业公司一般最弱的方面就是创业资本不多,经营资金不足。我们需要评估一下有多少可以使用的创业资金,这些资金用于支撑产品研发、生产制造、包装物流、市场营销、公司宣传、房屋水电、人员工资等方面的支出可以维持多长时间,是 6 个月,还是 12 个月或是 24 个月。如果我们的资金比较雄厚,后面还能源源不断地融到资金,那么我们就具有一定的资金优势。

6. 信息优势

市场信息也是企业竞争的要素之一,需要评估一下我们的信息优势如何。我们能掌握多少市场信息,能了解到多少市场资讯,能拿到多少市场情报,能对市场上已经存在的竞争对手有多少了解,包括竞争对手的技术水平、产品研发计划、生产加工能力、产品制造成本、知识产权情况、企业品牌现状、存在的不足和问题、发展的瓶颈等。

4.2.4　政策性分析

筛选创业项目时,第四步就是要评估一下这个项目是否有政策优势,是否在国家政策、产业政策和地方政策的风口上。如果这个项目符合国家扶持方向,符合产业发展政策,符合地方重点发展规划,那么就有可能借政策之力来发展项目;如果这个项目不符合国家产业发展政策,不属于地方发展的重点工作,那么在借政策的东风方面就会比较差。

4.2.5　盈利性分析

筛选创业项目时,第五步就是要评估一下这个项目的盈利性,看看是否能挣钱,在盈利性方面是否具备优势。我们可以将项目所有可能的支出科目列出来,包括:人工费用、房租费用、研发费用、材料费用、生产费用、办公费用、营销费用、各种税费和其他费用等,计算出拟支出总和,另外再核算一下项目产品的年销售额、年净利润额、年利润率等主要财务指标,就大致可以判断出项目的盈利情况了。如果项目产品的年利润率可以达到 25% 以上,盈利性应该还是不错的;如果项目产品的年利润率可以达到50% 以上甚至 100% 以上,那这个项目的盈利性就很好了,属于高附加值的项目。

4.2.6　投资性分析

筛选创业项目时,第六步就是要评估一下这个项目的投资性,看看这个项目的投资回报如何,如果能够达到投资少、回收快,附加值高,那么项目的投资性就比较好。我们可以用几个有代表性的财务指标去评估,如项目的投资额、投资回收期、投资收益率、内部收益率等。一般创业企业的生存期为三年,所以投资回收期在三年内、最好在两年内比较理想,而投资收益率能够达到 30% 甚至 50% 以上最好。投资性除了评估财务指标外,还需要从项目风险的角度去评估。一般创业公司面临的风险很多,常见的风险包括:政策风险、技术风险、市场风险、资金风险、管理风险、人才风险等,如果能分析清楚存在哪些项目风险,分析提出应对风险的措施和预案,就可以综合评估投资性的优劣势了。

4.2.7　竞争性分析

筛选创业项目时,在执行了以上六个步骤后,被锁定的项目轮廓就基本出来了,但是市场竞争是残酷的,我们还要进行第七步来评估一下这个项目的市场竞争性是否具备优势。在分析项目的市场竞争态势时,重点是要了解目前市场做同类产品的竞争对手数量有多少,竞争对手的竞品情况是怎样的,竞争对手的实力如何。如果市场竞争不激烈,竞争对手不多,竞争实力不强,就给了我们一个抢夺市场的机会;反之,如果竞争对手很多,竞争实力还很强,可能还会冒出一些新的竞争对手,这种情况下就要小心了。

4.3　创业项目筛选的八个方向

前面提到了创业项目筛选的六大原则和七个步骤,下面我们再来介绍一下筛选项目的八个主要方向。在筛选项目时,可以把政策的风口、市场痛点、市场需求相结合,就很容易找到创业项目的方向,每一个方向都可能找出很多创业项目,这就要用过前面介绍过的项目筛选原则来评估和确定哪个项目是最适合你的项目。

4.3.1　科技项目

目前,我国在大力开展创新型国家建设,对高科技产业有很多扶植政策,科技项目是规划创业项目最大的机会。科技项目主要的方向如下。

1. 基于手机的移动互联网技术应用

目前,手机用户对微信应用已经十分普遍,我们可以围绕基于微信小程序、微信公众号和微店来设计思考创业项目;手机 App 发展很快,也可以考虑这方面的创业项目设计;现在玩手机游戏的用户很多,可以围绕掌上游戏去开发设计游戏项目;这几年网络直播十分火爆,我们还可以围绕手机直播去设计创业项目;现在支付宝和微信支付等手机移动支付已经很普遍,也可以围绕手机在线支付设计创业项目;手机与 LBS 位置定位技术的结合应用也很普遍,我们也可以思考一下手机位置定位还可以应用于哪些领域来设计创业项目;随着近年来人们对自身健康管理的重视,在手机上开发可以及时检测徒步数量、血压、血糖、脉搏等健康指标的健康管理类应用项目也有很多的市场需求,可以设计一些有针对性的创业项目。

2. 基于物联网的技术应用

随着互联网技术的广泛应用和各类传感器的日益成熟发展,物联网的大规模应用已经展开,且涉及的领域十分广泛,我们可以围绕互联网的技术应用去设计创业项目。物联网的技术应用有两大领域可以重点考虑,一个领域是安防系统,另一个领域是智能家居。在安防领域里,有很多物联网的应用我们可以考虑,如别墅监控、仓库监控、校园监控、停车场监控、社区监控、厂房监控、农场监控、景区监控、超市监控、商场监控、医院监控、街道监控、火灾监控等。在智能家居领域里,如智能室内灯光控制、智能窗帘自动控制、智能浴缸水温控制、智能空调控制、智能电视控制、智能冰箱控制、智能电饭煲控制、智能扫地机器人控制、智能床垫控制、智能按摩椅控制、智能音响控制、智能音乐喷泉控制、智能浇花控制等。

3. 基于无人机的技术应用

近年来,无人机技术发展很快。无人机承重和续航能力都有显著提高,蔽障和目标识别技术也有很大的提高,在民用和军用领域都得到了广泛的应用,我们可以重点从这入手设计构思我们的创业项目。在民用领域里,无人机可以用于地质勘探、路况侦察、灾区侦查、救援指挥、物流快递、农药喷洒、海上侦查、活动表演等;在军用领域,无人机可以用于高空侦察、敌情侦察、空中预警、反恐应用、编队布阵、信息干扰、自杀爆炸和武装无人机等,应用的范围十分广泛。

4. 基于智能机器人的技术应用

随着人工智能、人脸识别、语音识别、大数据和物联网技术的不断完善和成熟应用,以及计算机交互技术、自身学习技术和脑神经技术的不断突破,机器人产业发展十分迅速,我们可以重点关注工业机器人和服务机器人这两大领域的创业项目机会。工业机器人主要包括工业机械手、检测机器人、焊接机器人、搬运机器人、喷漆机器人、仓储机器人、分拣机器人和水下机器人等;服务机器人主要包括防爆机器人、餐厅服务机器人、炒菜机器人、洗菜机器人、保姆机器人、体育机器人、益智机器人、理财机器人、康复机器人、会展机器人、翻译机器人、导游机器人、仿真机器人等。

5. 基于3D打印的技术应用

近年来,3D打印发展得十分迅猛,3D打印技术已经应用在很多领域,我们可以重点关注在以下领域中3D打印项目的一些创业项目机会。如3D打印零件、3D打印模具、3D打印人像、3D打印饰物、3D打印蛋糕、3D打印巧克力、3D打印喜糖、3D打印玩具等。目前,3D打印在打印效率、打印精致和打印材料等方面还存在一些不足,也可以从解决3D打印痛点的角度去设计创业项目。

6. 基于位置定位技术的应用

这些年来,位置定位技术已经应用得十分普遍,百度地图和高德地图是我们出行应用最多的位置定位导航技术。我们可以从这个角度去思考一些新的场景应用,通过位置定位技术与即时语音技术的有机结合,来思考和规划我们的创业项目。如汽车导航、自行车导航、渔船导航、景区导航、游乐园导航、餐饮导航、娱乐导航、社区导航、公交导航、户外运动导航、商场购物导航、展会导航、博物馆导航等。

7. 基于清洁能源的技术应用

目前,清洁能源技术的应用已经十分广泛,太阳能、风能、核能和生物质能的应用越来越普遍,我们可以重点围绕太阳能、风能、生物质能和新能源汽车的领域去研究和规划创业项目。在太阳能发电方面,可以重点关注太阳能小木屋、太阳能手电、太阳能照明、太阳能充电器、太阳能显示板、太阳能汽车、太阳能飞机和太阳能火车;在风能发电技术方面,可以重点关注屋顶风力发电、山顶风力发电、海岛风力发电、海上风力发电、船舶风力发电、风能汽车、风能飞机和风能火车等;在生物质能发电方面,可以重点关注木材、森林废弃物、农业废弃物、水生植物、油料植物、城市和工业有机废弃物和动物粪便等;在新能源汽车方面,可以重点关注新能源客车(如长途客车、旅游大巴、公交车)、新能源轿车、新能源货车、新能源矿山车辆、新能源工程车辆及新能源摩托车等。

8. 基于大数据、云计算的技术应用

大数据和云计算也是创业项目的方向,可以围绕大数据中的数据仓库建立、计算算法研究、应用程序开发、商务数据挖掘以及 SaaS 的云服务应用设计创业项目。在数据分析方面,可以重点关注智能选股分析、购物行为分析、阅读偏好、旅游数据分析、餐饮偏好分析、销售数据分析和广告投放分析;在旅游数据挖掘方面,重点可以关注旅游人群分析、旅游国家偏好、旅游出行方式偏好、旅游景点偏好、旅游消费偏好和旅游投保偏好等。

9. 基于新材料的技术应用

随着新材料技术的发展,新材料领域也存在很多的创业机会。如石墨烯电池、碳纤维服装、纳米材料涂料、高温合金航天零件、高分子复合材料橡胶、超导金属材料、防腐防锈油漆、隐身坦克材料、柔性显示面板材料和防辐射防高温救生衣等新材料在生产和生活中的具体应用,都可以形成不同特色的创业项目。

10. 基于生物技术与新医药的技术应用

随着生物技术和新医药的快速发展,健康领域孕育着诸多市场机会,在基因检测、基因编辑、基因干预方面,在快速检测仪器和试剂盒方面,在抗癌新药(粉剂、片剂、针剂)方面,在干细胞培育、干细胞美容和细胞修复方面,在远程医疗和精准医疗方面,在慢病健康管理方面,在人工智能 AI+医疗方面等,都可能有适合我们的创业项目。

4.3.2　文创项目

这些年来,我国出台了很多支持文化创意产业发展的政策,文创产业是创业机会较大的领域。策划文创项目主要有以下几个类别。

1. 设计类

目前,我国很多高校都开设了设计专业。不少学习设计专业的大学生都在开设个人工作室,开展创业实践。设计类的创业项目可以重点关注平面设计、服装设计、工业设计、建筑设计、电路设计、结构设计和概念设计,这类项目创业机会较多、创业成本不高、创业风险不大。

2. 规划类

2018 年,习近平总书记在党的十九大报告中提出了一些规划发展的要求,各地区政府对当地的科技、产业、旅游和文化规划发展都有新的要求,存在很多的市场机会。我们可以重点关注科技园区规划、科普基地规划、主题科技馆规划(如航天、兵器、机器人、食用菌)旅游景区规划、特色小镇规划、主题公园设计、影视基地规划和文化产业园区规划,围绕这些主题规划设计自己的创业项目。

3. 动漫游戏类

动漫游戏在我国有很好的用户基础,有大量的粉丝和玩家,一直是创业项目的高产区。我们可以围绕动漫创作、卡通创作、涂鸦创作和游戏创作,寻找市场需求,构思创业项目。随着 VR 和 AR 技术的日趋成熟和应用,随着网游、页游和手游的日新月异,随着卡通涂鸦越来越被年轻人所推崇,动漫游戏类创业项目会越来越多。

4. 影视剧类

影视剧类也是文创项目的一个方向,像微视频、电视剧和小剧种(如京剧、话剧、舞剧、豫剧、越剧等)都有很大的市场。如果能结合我们所学的专业知识和技能,为用户定制一些服务产品,就会产生许多的创业项目。

5. 数字印刷类

数字印刷类项目这几年也发展得不错,诸如借助网络和 App 的远程印刷、打印和数字出版项目,对我们来说都不陌生。那么我们可以设想一下借助远程印刷和远程打印这个概念,还可以做什么有针对性的数字印刷类项目。

4.3.3 农业项目

习近平总书记在党的十九大报告里提出要精准扶贫,大力实施乡村振兴计划,农业项目应该有很多新的市场机会。

1. 线上线下(O2O)农产品商店

对于农业互联网项目,开展建设农业电商服务平台,加强偏远山区与外界社会的联系,销售本地区有特色的农副产品,是最有市场机会的创业项目。我们可以重点考虑如何搭建线上线下(O2O)农产品商店,将交通不便的偏远山区的食用菌、干果、新鲜蔬菜和水果、鸡鸭鱼肉、鸡蛋鸭蛋、上好食材以及苗木等销售出去。在开展实施电商的基础上,再把产品溯源和产品物流考虑进去,保留就能形成不同的创业项目。

2. 基于物联网的私人农场定制

在农业项目中,农场定制存在较多的市场机会。比如通过茶场定制、林场定制、渔场定制、有机蔬菜农场定制、有机水果农场定制、特色农家院定制和养老禅院定制等,都可以设计出一些创业项目来。

3. 基于可溯源跟踪的农产品物流

利用农产品可溯源的概念,也可以开展一些创业项目。比如猪、羊、牛、鸡、驴等肉类的产品溯源,比如鸡蛋、鸭蛋、鹌鹑蛋等蛋类的产品溯源,比如黄瓜、西红柿、油菜、芹菜等蔬菜类的产品溯源,比如苹果、桃、梨、香蕉、葡萄等水果类的产品溯源,比如大米、面粉、玉米、小米等粮食类的产品溯源。

4. 农药残留物的快速检测

目前我国农产品仍然存在农残超标的问题,真正达到有机和绿色的农产品不多。

在人民日益注重身体健康的今天,价格便宜、使用方便的农药残留物快速检测试剂和仪器具有庞大的市场潜力。老百姓一定愿意像 20 年前使用弹簧秤去菜市场买菜那样,随手能有一个便携式的性价比高的农残检测仪,这样在菜市场买到的蔬菜和水果等农产品才能放心。

5. 土壤修复与利用

目前,我国有很多土地都被污染,土壤的沙漠化、荒漠化、盐碱化、重金属化使得大片的土地不能用来种地而荒废,十分可惜。利用土壤修复技术,开展土壤修复治理,存在很多的市场机会。如何将盐碱地土壤、沙漠化土壤、重金属土壤、山坡地土壤和碎石地土壤进行修复和利用,让土壤可以种菜、种粮、种树,应该存在不少的创业项目机会。

6. 水果蔬菜保鲜技术应用

由于我国水果和蔬菜的保鲜技术还不十分成熟,在仓储和物流运输过程中,大量的水果和蔬菜腐烂,造成巨大的浪费。针对水果和蔬菜的保鲜痛点,如何利用一些诸如保鲜膜、保鲜剂和保鲜箱等创新的保鲜技术和保鲜方法,来达到草莓、香蕉、橘子、苹果、芒果、梨、桃等水果和菠菜、油菜、生菜、油麦菜、黄瓜、西红柿等蔬菜的保鲜,应该有很多的创业项目机会。

7. 食用菌种植技术应用

食用菌具有较高的附加值,利用食用菌种植技术来创业也是不错的方向。据媒体报道,蘑菇有 1000 多个品种,人们最常食用的菌类包括平菇、猴头菇、白灵菇、杏鲍菇、茶树菇、鸡腿菇、金针菇等,选择一种或几种蘑菇开展种植和销售,会为创业项目带来很多机会。

8. 林下经济

开展林下经济建设是我国农业发展方向之一,在林下经济概念下有很多的创业机会,如开展林下种植,可以在林下种果,可以在林下种花,可以在林下种菜,可以在林下种菌,可以在林下种药;开展林下养殖,可以在林下养鸡,可以在林下养鹅,可以在林下养鸭,可以在林下养蚯蚓,可以在林下养甲鱼;开展林下旅游,可以在林下建摄影基地,在林下建拓展基地,在林下建骑马场,在林下建儿童乐园,在林下建动物园,在林下搞花卉展,在林下建徒步大道。

4.3.4 金融项目

近年来,金融科技发展得也很迅速,涌现出很多金融服务新业态。在金融项目中,可以重点关注以下方向。

1. 在线支付

现在大家对支付宝和微信支付已经不陌生了,每天不带钱包只要带个智能手机就可以实现购物。我们可以围绕在线支付研究一下可以做什么创业项目,通过移动支付、手机钱包、超市购物车(扫码支付)、便利购物柜(地铁、图书馆、药房)等服务形式,能否设计出一个创业项目。

2. 消费一卡通

消费一卡通现在很多地方都在用,像超市一卡通、校园一卡通、图书馆一卡通、医院一卡通、公园一卡通、影院一卡通、团购一卡通、社区一卡通等。围绕一卡通这种便捷消费支付活动,能否设想出一个新的消费场景,也使用一卡通来实现消费支付,做一个消费一卡通创业项目。

3. 产品股权众筹

众筹也是金融科技的一种新的服务模式,围绕众筹应该可以设计出不少创业项目,如在图书销售、音乐创作、影视出版、空气净化器、智能机器人、智能家居等方面开展产品或股权的众筹创业项目。

4. 互联网保险

随着互联网和移动互联网的快速发展,互联网保险应该存在很多的市场机会,诸如旅游险、交通险、大病险、人寿险、意外险和教育险等,我们可以研究一下围绕互联网保险会有哪些创业项目。

4.3.5 商业项目

商业类项目就是七个字"吃、喝、玩、乐、住、教、行",这类项目与百姓生活息息相关,围绕这七个字,会发现有很多市场服务需求,每个服务需求都有可能成为你的创业项目。

1. 吃

民以食为天,每个人都离不开吃。目前大学生做与"吃"有关的创业项目较多,如开一家有文化特色、历史特色或宗教特色的餐馆,开一家有机食品、菌汤或骨头汤的主题养生餐厅,开一家花宴、水果宴、猪蹄汤或五谷粥的美容餐饮店,开一家清真类、海鲜类或干锅类的主题餐厅,开一家快餐店为上班族提供快餐服务等。我们可否围绕"吃"这个思路,结合市场服务需求,设计一些适合我们做的创业项目。

2. 喝

近年来,大学生做与"喝"有关的创业项目也不少,如在校园内或校园周边开一家主题咖啡厅,开一家有特色的水果吧,开一家休闲奶茶吧,开一家音乐茶室,开一家水吧等。我们可否围绕"喝"这个思路,结合市场服务需求,设计一些适合我们做的创业项目。

3. 玩

每个人都喜欢玩,玩的种类也十分多。像旅游、摄影、攀岩、登山、徒步、打球、健身、垂钓和棋牌等,都有很多的爱好群体,针对这些爱玩的人群,我们可否围绕"玩"这个思路,结合市场服务需求,设计一些适合我们做的创业项目。

4. 乐

目前,我国经营环境不太理想,市场竞争加剧,再加上房价涨、物价涨,生活成本日益增大,每个人的工作压力和生活压力都较大,但还是要不断地去寻找快乐解压,尽可能去享受生活。唱歌、跳舞、看电影、打游戏和看演出等,都是常见的娱乐形式,且每种娱乐都有大量的消费人群。我们可否围绕"乐"这个思路,结合市场服务需求,设计一些适合我们做的创业项目。

5. 住

百姓生活离不开住,和"住"有关的项目很多。如智能家居、建筑材料、建筑家装、婚房设计、大学寝室设计、节能建筑、节能建材、防火建材、墙体涂料、家装异味检测与处理、建筑垃圾处理等,我们可否围绕"住"这个思路,结合市场服务需求,设计一些适合我们做的创业项目。

6. 教

我国的教育市场十分大,很多人都在做教育类项目。如针对 K12 和老年人的专题培训,高考辅导班、书法培训班和英语培训班,各种主题的夏令营、冬令营和训练营,定制的游学培训和拓展训练活动等。我们可以围绕"教"这个思路,结合市场服务需求,设计一些适合我们做的创业项目。

7. 行

出行也是我们生活中的重要组成部分。目前大城市都存在交通拥堵、行车难和停车难的问题,共享单车的出现又带来了车辆停放和有序管理的问题,乘坐飞机和高铁出差已经成为常态,用双脚行走的运动诸如马拉松、徒步和爬山也吸引越来越多的爱好者。我们可以围绕"行"这个思路,结合市场服务需求,设计一些适合我们做的创业项目。

4.3.6 地产项目

随着政府对我国房地产行业的规范和管理程度日益加深,现在很多人都在围绕科技地产、文化地产、创业地产和农业地产做概念,以期实现传统房地产的转型和升级。地产领域有很多的创业机会需要我们去深入挖掘。

1. 科技地产

科技产业是我国重点发展的领域,国家和地方陆续出台和配套了相应的扶植政策。科技地产包括科技园区、科技孵化器、工业园区和产业园区等园区的建设与服务。围绕园区内企业的服务,搭建公共服务平台和专业化服务平台,或许会找到适合你的创业项目。

2. 文化地产

文化创意产业也是我国重点发展的领域,国家和地方也都陆续出台和配套了相应的扶植政策。文化地产包括文化创意园、主题公园、艺术博物馆、收藏博物馆和美术画廊等项目建设与服务。针对园区的规划和建设，园区内的企业服务，园区资源的管理与运营，或许可以找到适合你的创业项目。

3. 创业地产

自 2015 年国家提出"大众创业、万众创新"以来，双创活动已经成为一种趋势，创业地产也火爆起来。创业地产主要包括创客空间、创业谷、创业坊和创客社区等。开展创业地产规划与建设，整合资源为招商入驻的创客企业提供综合性和专业化服务，或许可以找到你的创业项目。

4. 农业地产

习近平总书记在党的十九大报告里提出要实施"乡村振兴计划"，我国农业又迎来新的发展机遇，农业地产将是创业的风口。诸如农家院、农场、林场、鸡场、鸭场、鱼塘和现代农业种植基地将会成为新的创业机会。我们可以围绕这些农业地产方向，研究一下适合我们的创业项目。

5. 快捷酒店

现在人们越来越注重旅游和短期度假，性价比高的快捷酒店和分时度假公寓迎来了新的市场机会。像七天假日酒店、如家酒店、汉庭酒店和桔子酒店等这样的快捷酒店在三、四线城市和一些旅游景区并不多见，还存在很大的发展空间。我们可以围绕这个方向，去设计一下适合我们的创业项目。

6. 商务会所

可以满足一些小型活动的商务会所和商务公寓也比较适合作为创业项目。近些年来大学生做的"轰趴馆"创业项目就类似商务会所和商务公寓，不仅可以满足举办培训、会议、交友、娱乐、过生日等活动，还可以提供餐饮和网络影视服务。商务会所包括创客之家、创意梦工场、导师俱乐部和投资人俱乐部等多种形式，围绕这个方向，我们也可以设计一些适合我们的创业项目。

4.3.7 公益项目

这些年来，随着我国公益事业的宣传和号召，吸引了越来越多的人做公益类项目，这类项目在弘扬我国精神文明和物质文明的同时，也在潜移默化的扶贫救困和绿化生态，为创建和谐社会奠定基础，贡献价值。

1. 精准扶贫

习近平总书记在党的十九大报告中强调要做好精准扶贫工作。精准扶贫的形式可以包括教育扶贫、创业扶贫、文化扶贫、旅游扶贫、环保扶贫和网络扶贫等，围绕这几个方面，都可以找到创业的机会，并通过创业项目开展精准扶贫。

2. 养老助残

针对养老助残做一些公益服务是很多人都愿意参与的。我们经常可以看到很多志愿者利用休息时间到养老院去慰问老人,陪他们说话,为他们唱歌跳舞,给这些老年人带去一些快乐。随着我国向老年龄化社会迈进的步伐加快,越来越多的老人住进了养老院和养老公寓,他们的子女由于工作忙或生活在国外等原因不能经常来陪伴,导致他们内心都比较孤寂,十分需要社会的温暖与关怀。做这类公益项目有很多形式,可以好好研究一下细分市场,选择适合自己的公益项目。

3. 山区助学

在我国贫困山区还有很多人由于家境穷苦没有较好的上学读书环境。我们经常可以看到媒体报道有组织或个人捐助书本和文具给这些地区的学校和孩子。不妨思考,自己可以做什么,应该怎么做,才能更好地帮上这些山区里的孩子,让他们多读书、读好书,增长知识。围绕贫困山区助学可以做出很好的公益项目。

4. 生态环保

保护生态环境,促进生态发展也是公益行为。围绕节能降耗、废气减排、污水治理、垃圾丢放、噪声治理、绿色生态建设,我们可以做很多公益的服务。结合我们自身的优势,可以好好设计一下什么样的生态环保类公益项目最适合我们去实施落地。

5. 动物保护

大熊猫、金丝猴、长臂猿、白鳍豚、中华鲟、猕猴、黑熊、金猫、马鹿、黄羊、天鹅、玳瑁、文昌鱼、犀牛、食蟹猴等属于我国一级或二级重点野生保护动物,开展野生动物保护也属于公益行为。我们可以设计一下拟采用什么样的形式,注入什么样的内容,来开展有关野生动物保护的公益项目。

4.3.8 咨询项目

现在很多大学生想利用在学校里学到的专业知识做咨询类创业项目。我国咨询服务的市场很大,且涉及的咨询内容也门类繁多。说到咨询项目,我们可以重点围绕政策咨询、融资咨询、营销咨询、规划咨询、游学咨询、信息咨询、IT 咨询等,提供有针对性的咨询服务。

【问题与训练】

(1) 如果你想创业,你认为你具备哪些能力和优势?

(2) 你觉得自己适合做什么样的创业项目?

(3) 请按照项目筛选的六大原则,提出三个比较适合你的创业项目。

(4) 请根据项目筛选原则进行上述三个项目的优劣势比较,筛选出最适合你的创业项目。

第**5**章

编写创业计划书

【学习目标】

(1) 了解创业计划书的概念和重要性；

(2) 了解和掌握创业计划书的编写模块；

(3) 了解和掌握创业计划书的编写要点；

(4) 学会如何突出项目特色；

(5) 学会如何包装创业团队；

(6) 学会使用 SWOT 和 PEST 分析工具；

(7) 了解创业项目常用的市场营销策略；

(8) 了解创业项目的风险分析与控制方法。

5.1　创业计划与创业计划书

创业计划是创业者为达到创业目标，实现创业梦想，精心构思、设计和制作创业策划方案的过程，是一项系统性的工作。

5.1.1　创业计划的概念

创业计划是创业者对创业项目从市场宏观和微观环境、市场服务需求、市场竞争态势、创业项目筛选、服务产品研发、商业盈利模式、公司发展战略、市场营销策略、创业团队建设、项目融资筹划、项目财务分析、项目风险分析与控制等内容的全面描述、分析、思考和规划。

创业计划既是创业项目策划，也是创业商业策划；既是公司战略策划，也是营销策略策划；既是融资策划，也是风控规划；既是过程计划，也是流程计划。创业计划涵盖创业环境分析、创业团队组建、创业项目筛选、创业项目战略规划、创业项目实施、创业项目财务分析、创业融资以及创业风险控制等全过程。

5.1.2 创业计划书的含义及存在的问题

创业计划书就是我们的创业策划方案,它不仅是创业者的创业指南和实施路径,也是叩响投资者大门的"敲门砖"。创业计划书既是给自己看的,也是给创业合伙人和投资人看的。给合伙人看,是为了向对方描述清楚该创业项目的未来发展前景和盈利性,邀约对方加盟一起创业;给投资人看,是为了获得投资人对项目的认可,争取创业融资。近年来,创新创业大赛如火如荼,一浪高过一浪,创新创业大赛评审的主要材料就是创业计划书,所以,学会编写一本高质量的创业计划书对于取得创新创业大赛的好名次十分重要。

目前,我国绝大部分的创客都没有接受过创业计划的专业培训,创业者不知道该如何进行创业策划,不了解创业策划的过程,不清楚创业策划的重点,不明白创业策划的重要性。从近年来我国高校组织的大学生创新创业大赛中,可以发现很多大学生的创业计划书模块不完整,项目内容分析不透彻,市场策划不到位,项目风险分析不全面,编写的创业计划书质量普遍不高。因此在参加创新创业大赛时,取得的成绩不是很理想。从参赛的创业计划书中发现主要存在以下十个方面问题:

(1) 不会提炼创业项目的产品服务特色与优势;

(2) 不能清楚地描述市场容量与竞争态势;

(3) 不会用 SWOT、PEST 等管理工具;

(4) 不会组建和包装优秀的创业团队;

(5) 不会制定公司发展战略和市场策略;

(6) 不会采用创新的商业盈利模式;

(7) 不会估算和筹措创业项目启动资金;

(8) 不会制定创业项目前三年发展规划;

(9) 不会完整地分析创业项目存在的风险;

(10) 不会制定有效的风险控制措施和预案。

5.1.3 创业计划书的作用

创业者为什么要写创业计划书呢?因为创业计划书对于创业者能否创业落地,能否顺利实施项目,能否获得创业融资,能否在创业中生存下去,并最终获得创业的成功具有至关重要的作用。创业者编写创业计划书的过程,实际上相当于一次在沙盘上模拟创业的实践过程。

创业者制定策划方案的过程,其实就是不断地梳理创业项目思路,审视创业项目的成熟性、完整性和创新性,凝练产品与服务的特色和竞争优势,创新商业盈利模式,预测创业实施目标,分析创业中可能存在的风险,研究需要制定的风控措施,评估创业项目的可行性的过程。

编写创业计划书的过程实际上也是对创业项目的内检和审视过程。当你把项目全部了解清楚了,知道了项目的服务市场在哪里,市场需求在哪里,项目风险在哪里,项目的创新点在哪里,产品和服务优势在哪里,项目瓶颈门槛在哪里,项目的赢利点在哪里,项目的竞争对手在哪里,项目的投入和产出是多少,就可以尝试落地创业实践了。

编写创业计划书是创业者开展创业项目的重要工作和关键环节。创业策划可以帮助创业者梳理创业思路,发现创业项目存在的问题和不足,并及时纠正和完善项目设计和规划中的缺陷。一个成功的创业项目,离不开一个好的创业策划。如果你想自主创业,并获取创业成功,一定要制定出一个完美的创业策划方案,编写一份高质量的创业计划书。

5.2 创业计划书编写模块

为了提高创业策划质量,将创业计划书的内容编撰得更全面,创业思路梳理得更清晰,创业计划的重点内容和亮点凝练得更突出,我们在编写创业计划书时,可以按照下面的编制模板,逐步开展创业策划工作过程,并在各模块部分重点加以描述。编写创业计划书主要包括以下十三个重点模块。

5.2.1 计划摘要模块

创业计划书的创业计划摘要是对整个创业计划书的概括与精华提炼,一般字数不能太多,篇幅控制在 2 页 A4 纸即可。计划摘要的重点是围绕创业项目的社会和经济环境背景情况、市场痛点和市场需求、市场空间容量、产品与服务的内容、创业团队情况、创业项目的优势与特色、创业项目的商业盈利模式、创业项目的投资与回报、创业项目的风险分析以及创业融资计划等主要内容的概括描述,要让读者从 2 页纸的计划摘要中,就能清楚地了解创业项目的全貌。

计划摘要是创业计划书全部内容的精华凝练,撰写难度十分大。由于文字描述有篇幅限制,如何把项目的主要内容和项目亮点完整清晰地描述出来就十分关键。一般投资人和专家评委在审阅创业计划书时,会先看计划摘要,如果创业计划书的计划摘要表述得不完整、不新颖、没有项目亮点,不能吸引眼球,就会给投资人和专家评委留下不好的印象,就会影响到项目的融资和创业大赛的比赛成绩。

5.2.2 公司介绍模块

公司介绍就是要将创业公司的概况介绍清楚。在对创业公司的描述中,要让投资人和大赛专家评委了解清楚创业公司的基本情况,如公司主营业务是做什么的;公司是哪年成立的;公司的注册资金是多少,注册资金是实缴还是认缴;公司注册地点在哪里;公司目前有多少员工,有几名股东;公司的产品是什么;公司提供的服务是什么;公司都有哪些自主知识产权,正在申请的和已经授权的各有多少;公司近三年的财务状况如何,年销售收入和利润是多少万元;公司客户有多少家,都有哪些主要客户;公司业务已经拓展到哪些领域和地区,是否已经将业务延伸到境外;公司是否获得过融资,如果获得过融资那么融资额是多少万元,进行的是哪轮融资;公司已经取得哪些资质和荣誉;公司是否存在法律纠纷和官司等。

在介绍公司概况时,要描述清楚创业公司的成立时间、注册资金数额,在工商注册时是实缴还是认缴,公司人员数量(其中本科、硕士、博士各种学历人员分布情况,初级、中级、高级技术职称人员分布情况),公司的主营业务有哪些,公司的定位是什么,公司的宗旨和经营理念是什么,公司的目标愿景是什么,公司的组织架构是怎样的(在外省市是否设立分公司或办事处),公司有哪些主要客户,公司已经获得哪些资质、信誉、称号和奖励等。

在介绍公司硬件情况时,要尽可能描述清楚公司的办公面积和厂房面积,陈述清楚公司已经有的科研仪器数量及型号,反映出公司的研发生产能力。

在介绍公司的软件情况时,要将公司的研发队伍情况和知识产权情况以及渠道资源情况讲清楚;描述知识产权情况时,要把公司正在申报和已经授权的专利、软件著作权、商标注册等情况描述清楚,讲明正在申请的有多少项,已经授权的有多少项,这样可以反映出公司的技术创新能力和技术壁垒。

在介绍公司的国际化竞争能力时,要将公司在境外设立的办事处和与境外高校建立研发中心的情况描述清楚,将每年境外贸易实现创汇情况描述清楚。

如果创业公司还没有注册,还只是个创业团队,那也要介绍情况创业团队的概况,如创业团队的成员数量多少,成员都是来自哪里的,都是哪个高校毕业的、学什么专业的,都掌握哪些专业知识和服务技能。

5.2.3 产品与服务模块

产品与服务是创业计划书描述的重要内容,是投资人和创业大赛评委关注的重要指标。我们在描述项目产品时,不仅要围绕产品材料、产品技术、产品工艺、产品设计、产品质量、产品功能、产品外形、产品尺寸、产品包装等方面进行描述,还要围绕产品的技术水平、产品特色,所取得的知识产权以及参加展览比赛所获奖项等内容来描述。产品与服务的介绍实际上就是要描述清楚产品是什么,可以用在哪些地方,有哪些性能和功能,可以解决什么问题,要尽可能全方位的介绍清楚你的创业项目产品,向投资人和大赛评委描述清楚产品形象。在产品介绍中,可以围绕以下几个方面的内容重点加以描述。

1. 技术水平

一个项目的技术水平的高低可直接反映出该项目的技术先进性。现在很多创业项目涉及新材料、电子信息、智能制造、节能环保、生物医药、电动汽车、文化创意、航空航天等诸多领域,都属于具有一定科技含量的科技创业项目。对于这类科技项目,技术水平的描述就显得十分重要。为了清晰地描述项目的技术水平,你可以按照项目产品的技术水平是否处于国际领先、国际先进、国内领先、国内先进等四个不同的等级去陈述,如果该项技术填补了国际空白或国内空白,也请一定补充进去。如果产品已经过相关权威部门技术成果鉴定,也要描述清楚,鉴定部门的级别越高,技术成果的含金量也越高,如国家级权威部门鉴定的成果就要比省市级鉴定的有分量,省市级权威部门鉴定的科技成果就要比区县级鉴定的有分量。在描述产品的技术先进性时,产品的技术查新描述也十分重要,通过技术查新可以帮助你判断技术的先进性如何。技术成果鉴定证书与查新报告的复印件,一定要作为创业计划书的附件附在创业计划书的后面。

2. 自主知识产权

项目的知识产权反映项目的创新性,自主知识产权在一定程度上可以起到项目保护的壁垒作用。知识产权的种类较多,包括发明专利、实用新型、外观设计等三种专利权,还可以包括软件著作权、公司商标权、版权、工业品外观设计权、集成电路布图设计权、植物(动物)新品种、未披露过的信息(商业秘密)专有权等。创业项目中常见的知识产权有专利权、商标权和著作权等。自主知识产权是创业项目的竞争优势,也是为项目的跟进者和模仿者设置的门槛。

创业项目中如果有自主发明的专利和软件著作权等知识产权,将会对创业项目的技术创新性和技术竞争力加分。如果创业项目拥有自主知识产权,一定要在创业计划书中加以介绍,描述清楚专利名称和专利号,对于已经授权和正在申报的专利一定要说清楚。一个发明专利可以相当于6个实用新型专利或外观设计专利的权重,如果拥有发明专利,那么技术创新性更高。对于大学生的创业项目,有些专利是属于学校和老师的科研成果专利,并不属于创业团队的,为了避免知识产权纠纷,一定要请学校和老师给创业公司或创业团队一个专利使用授权,签订一份专利使用授权协议。

3. 产品设计与生产

对于生产制造类的创业项目,要围绕原辅材料采购、产品设计、生产制造、检测检验、包装运输、产品销售、售后服务等不同环节进行详细描述,如图5-1所示。

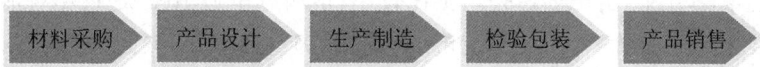

材料采购 → 产品设计 → 生产制造 → 检验包装 → 产品销售

图5-1 产品生产流程图

产品设计可以围绕产品图纸设计、制造工艺设计、加工模具设计、工业设计、概念设计等方面去描述。在设计中会采用哪些设计软件,设计师的专业背景如何,设计师有哪些代表作品,设计师是一个人还是一个团队,设计平台的硬实力和软实力是怎样的,以及是否采用了类似"猪八戒网"所用的分包设计模式等。产品的设计方案中所选用的材料是什么,是采用了新型材料、复合材料还是功能材料;产品结构是如何设计的,有哪些特点;产品的外观、轮廓和颜色是如何设计的,有哪些新颖的地方;产品的设计是否在满足功能性方面外,还突出了时尚性、美观性、安全性、便利性和环保性等。在产品的设计中,是否还利用了虚拟现实和增强虚拟现实设计(VR/AR)。

产品生产制造可以重点围绕生产流程、生产工艺、产品检测检验、产品打标、产品包装与交付发货等方面去描述。由于创业项目大多处于创业初期,资金十分有限,实施批量化的产品生产,资金难以保证,且前期投入大,生产成本高,项目建设周期长。所以,建议产品设计与生产可以更多地考虑采用 ODM(original equipment manufacturer,原始设备制造商,找第三方代加工生产的方式)或 OEM(original design manufacturer,原始设计制造商,找第三方代为设计的方式)来实现生产制造过程。在这部分策划中,一定要描述清楚 OEM 的具体做法。实际上,策划本部分内容,就是帮助创业者思考创业产品是如何设计出来的,由谁来设计,设计的技术水平如何,设计的创意如何,以及如果开展批量化设计,那么设计平台如何搭建。同时,考虑产品设计出来之后,如何保证小批量生产,又通过策划的生产流程,进一步去验证生产模式是否可行,是否可以顺利实施产品的生产制造;去思考生产中所需要的生产原辅材料、生产设备、生产工艺、生产线、生产厂房、生产能力、技术工人、电水气网络等关键条件要素。

很多大学生创业项目,都是想到了第一步,设计出一个产品,而没有想好如何实现产品的生产,是定制化生产还是小批量生产,定制化生产怎么做,小批量生产又该怎么做。一旦订单量增加,现有的生产能力无法保证,又该采取什么样的措施和办法,以保证提供给客户质量满意、交货期满意和售后服务满意的产品。对于涉及生产性的项目,由于创业公司没有强大的资金实力,不建议公司自己去租厂房、买设备、建工厂,而应该更多地去考虑如何通过与现有的具备生产能力的公司合作,借助他人现有的厂房、生产加工设备和熟练的技术工人,帮助自己完成产品的生产环节,尽可能实现借鸡下蛋,借力发展。

4. 产品销售服务

产品销售是项目经营中的重要环节,需要重点描述,特别是要重点围绕市场策略、价格策略、渠道策略、销售策略、宣传策略等进行全面和深入的描述。

在市场策略方面,由于创业公司都比较小,市场竞争力不强,建议尽可能采用蓝海战略而不要采用红海战略,积极寻找市场的缝隙和空白点,不要过多地与竞争者发生正面冲突,利用公司自己的技术优势和商业盈利模式,迅速占领和拓展市场,形成自己的品牌影响力。

在价格策略方面,要确定公司的产品定位,明确产品的销售对象——是面向高端客户、中端客户还是低端客户,针对不同的销售客户,结合生产成本、市场需求和竞争对手来确定采用什么样的产品价格定位。

在销售策略方面,要考虑采用什么样的销售手段;采取什么样的销售形式;我们自己有哪些销售数据作为销售辅助分析;我们有哪些销售渠道,可以使用的线上和线下销售渠道是哪些;有哪些媒体促销平台可以整合利用,如电视媒体、网络媒体、平面媒体(报纸、杂志、海报、小广告);利用媒体进行广告宣传促销的做法是什么样的;预计可以将产品信息传递给多少人,产生多少直接客户,其中大客户可能会有多少,中客户可能会有多少,小客户可能会有多少;媒体的宣传会发展多少潜在客户,如何对这些潜在客户做进一步的跟进促销服务。

在营销策略中,还要尽可能结合一些销售的理论工具,如"4P""4C""4R"和"4S"理论,以及"销售＋互联网"的新服务模式,利用微信公众号、微博、QQ 群、网上直播等互联网和移动互联网手段,形成组合营销工具的优势,这样才有可能提高产品的销售能力。

5. 产品与服务特色

仅进行产品与服务的基本画像描述还不够,还需要进一步提炼和描述产品与服务特色和优势有哪些。产品与服务特色是最应引起重视的关键内容,能否具有特色的产品和创新的特色服务,是项目盈利的关键,也是衡量创业项目质量好坏的一个重要评价指标。我们在描述产品与服务时,要尽可能突出产品特色是什么,产品优势是什么,核心竞争力是什么;服务的创新盈利模式是什么,服务特色是什么,这些特色与市场的同类产品服务有什么不同,都有哪些竞争优势。

产品的特色可以从产品的功能多样性、科技含量性、价格低廉性、使用便利性、节能环保性、安全舒适性和美观时尚性等多个方面去加以描述,如图 5-2 所示。例如,产品的应用面是否足够宽,覆盖面是否足够广,适合哪些不同的领域、人群和消费环境;产品的价格较市场国内同类性能的产品价格是否低廉,比国外同类价格低多少;产品在使用时操作是否便利,通过产品说明书和简单的培训是否就可以学会使用;产品是否具有节能减排的特点,使用后会不会对生态环境造成污染;产品在使用时是否具有舒适性、健康性和安全性,会不会对人身造成伤害;产品的结构和外观设计是否具有时尚、美观、新颖、大方等特点;产品是否采用了一些具有特殊性能的诸如纳米、碳纤维或石墨烯等新型材料;产品的功能性是否足够强大,可以满足不同人群和地域的需要;产品的技术含量是否较高,具有自动化、智能化和信息化等特点;产品是否具有技术壁垒,已经申请并被授予专利权、软件著作权等自主知识产权。

| 功能性 | 环保性 | 便利性 | 安全性 |
| 廉价性 | 舒适性 | 美观性 | 时尚性 |

图 5-2　产品与服务特色

产品的服务特色要围绕创新服务模式和特色服务模式去描述,说清楚你的服务是什么样的,你的服务和别人的服务有什么不同,你的服务有哪些特色,有哪些服务的创新性。描述清楚你如何围绕产品定位、价格定位、服务定位开展服务,如何整合优质资源,如何建立渠道去开拓市场获取用户,以前传统的服务模式是怎么做的,现在借助互联网思维的模式又是怎么做的,是否采用了跨界融合的思想来提升服务能力,是否采用了分享和共享的理念来提高运营服务能力,你能提供哪些增值的服务和高附加值的东西,并采用什么办法来保持住客户的忠诚度和黏性。

5.2.4 创业团队模块

创业团队是创业项目能否顺利实施的关键,创业团队对于能否有效运营创业项目,实现创业成功至关重要。投资人和大赛评委在评价一个创业项目时,往往更看重创业团队运营项目的能力,他们认为没有优秀的创业团队,再好的创业项目也不可能运营成功。所以,在创业计划书中,创业团队的描述就显得十分重要。那么该如何完整的介绍创业团队,以便把创业团队的优势尽可能展现出来呢?对于大学生的创业项目,除了创业团队在价值观、经营理念上保持一致外,还要保证团队在专业知识、个人能力、社会经验、脾气性格等方面保持互补。创业团队的描述可以重点围绕以下几个方面进行。

1. 学历、专业与技能情况

创业团队创始人和合伙人的专业技术背景、学历背景和个人能力是需要重点描述的内容。在介绍创业团队时,一定要将创业团队成员的姓名、性别、年龄、学校、专业、年级、技能、学历等基本情况描述清楚,明确谁是项目负责人,每个成员各自负责哪些工作,他们分别都有哪些专业特长,包括技术研发能力、软件编程能力、产品设计能力、项目策划能力、信息查询能力、市场营销能力、广告宣传能力、项目执行能力、组织协调能力、财务管理能力、融资筹资能力等。如果有些学生已经毕业工作了几年,最好还要将他所就职的公司描述一下,包括他所从事负责的工作和取得的成绩。特别是如果在BATJ和大国企等知名大公司工作过,一定要着重说明,做个工作经历背书。

2. 曾经获得的荣誉与奖励情况

创业团队成员以往获得的奖励与荣誉对于反映成员的素质情况也十分重要,如果创业团队成员中有人曾经获得过某些类别的竞赛荣誉或奖励,应尽可能多地介绍一下。包括:曾经获得"挑战杯""创青春"大学生创新创业大赛或"互联网+"中国大学生创新创业大赛名次,获得过学校授予的三好生荣誉,获得过"学习优秀标兵",获得过数学竞赛名次,获得过演讲比赛名次等。

3. 参加社会实践与社团活动情况

投资人和创业大赛评委更看好有过社会实践背景的大学生,他们认为参加过社会实践和社团活动的同学,活动能力和组织能力会更强一些。所以,在介绍创业团队时,每个成员参加社会实践与社团活动的情况尽可能详细描述,包括曾经参加过的重大社会实践活动。如参加过什么社团组织,组织过什么活动,甚至当过志愿者参加过什么活动等。

4. 团队合作与组织协调情况

团队成员的共同价值观和经营理念,充满朝气的拼搏和合作精神,善于配合的工作态度及组织协调的工作能力,是创业团队坚强的战斗力。对于一个初创的公司,成员之间价值观理念的认同、性格的磨合、工作的协同,工作能力的互补,都需要团队成员之间的有效配合。所以,这部分内容可以更加全面地反映出创业团队的情况。除此之外,投资人更喜欢投资创业团队具有"三老"的特征,即老同学、老同事、老朋友。

5. 专业知识与个人能力互补情况

创业公司成立后会遇到很多跨学科领域的工作,如技术、管理、营销、策划、人力资源、生产、财会、法律等,每个成员不可能完全掌握所有的专业知识和技能。所以,在描述创业团队时,要尽可能地将每个成员的专业知识和专业技能呈现出来,从而可以更好地评估创业团队是否具备专业互补、能力互补、优势互补的特点,能否达到梦幻组合的状态。理想的创业团队一定是在专业上互补,减少短板。很多大学生创业的公司都是技术型人才出来创业,这些人只懂技术,不懂市场,不懂营销,不懂管理,更不懂财务和法律,导致创业团队的运营项目能力很弱,实际上创业风险很大,投资人一般不会投资这样的团队。

6. 抗挫折能力情况

大学生创业不是一件容易的事,创业过程中不仅会遇到诸多的风险和工作压力,还会遇到诸多的阻力和障碍,这对创业者是一种心理上的挑战。投资人最看好的就是那些具有强烈的创业激情和创业梦想,具有坚强毅力,具有好的心理素质,不畏惧创业失败,不服输不认输的创业者。所以,在介绍创业团队时,每个人的抗挫折能力也应该加以描述,从而可以看出创业团队是否坚强,是否可以面对困难与挫折百折不挠,是否可以经受住创业失败的打击。例如,有过两次或多次创业经历的队员,一定要把这些经历补充进去。

7. 创业激情和创业梦想

大学生创业一定要有创业激情与创业梦想,每个创业成员的激情加在一起就是一簇火焰,就可以燃烧激情的岁月,就可以书写出美丽绚烂的生命诗篇。有激情做事和没激情做事的结果是不一样的,有梦想就会有目标,有目标就会有动力,有动力就会积极思考,有思考就会有思路,有思路就会有实践的方向,就有可能通过行动和努力获得成功。所以,在介绍创业团队时,团队成员的激情与梦想最好也描述一下。

5.2.5 技术分析模块

创业计划书一定不要遗漏技术分析。现在很多创业项目都属于技术类项目,对于技术类的项目我们一定要做客观的技术分析,才能确定这个项目技术水平高不高,技术附加值大不大,技术的创新性强不强,技术的延伸性长不长,技术的扩展性宽不宽,技术的兼容性好不好,技术的门槛性高不高。技术分析可以从以下几个方面去描述:

1. 技术水平

投资人和创业大赛评委最关心创业项目的技术水平是怎样的。一般来说,评价一个项目的技术水平的高低可以用国际领先、国际先进、国内领先、国内先进这四个指标去衡量和比较,看看这个技术处于哪个技术水平阶段。有些技术可能创新性比较强,要做技术查新,查询一下该项技术是否属于填补了国外或国内的空白;有些技术迭代很快,要说清楚该项技术属于第几代技术;有些技术应用面很宽,要说清楚都能延伸扩展应用在哪些领域。对于项目中涉及的关键技术、关键工艺和关键技术参数,没必要描述得很具体,以免泄露技术秘密。

2. 项目的创新性

既然是科技公司,就离不开技术,离不开科技创新。投资人和创业大赛评委也最关心创业项目的创新性在哪里,创新点有哪些。但是,很多创业者对于项目的科技创新点说不清,不知道该如何去分析去陈述。一般来讲,项目的创新性可以围绕技术创新、产品创新、工艺创新、设计创新、应用创新、集成创新、原理创新、模式创新、管理创新、金融创新、组织创新、知识创新、组合创新等创新方面去分析和描述。项目每增加一个创新性,就会给创业项目的创新竞争力增加一分,项目的创新性越多、创新点越多,科技竞争力也越强,创业项目的创新性也就越好。

3. 自主知识产权

现在我国十分重视属于原创的自主知识产权的技术,如果创业项目拥有自主知识产权,无论是正在申报还是已经拿到国家授权的,一定要在创业计划书中注明。具有自主知识产权的创业项目,在技术准入上设置了一定的技术壁垒,项目的技术竞争力更强。知识产权包括:发明专利、实用新型和外观设计等三种专利权,还可以包括软件著作权、版权、公司商标权、商业秘密等。有些技术成果已经处于申报专利过程中,但是还没被授权,也一定要在项目书中描述清楚。

一般发明专利较实用新型和外观设计的含金量更高,投资人和创业大赛评委更关注项目的发明专利数量和已经授权情况。对于存在知识产权模糊或容易引起知识产权纠纷的情况,在项目书中一定要避免。特别是很多大学生的创业项目所使用的技术是指导老师的技术成果,技术成果的知识产权属于学校或属于老师,一定要说清楚。在创业过程中使用技术成果,需要学校和老师出示一个使用技术的授权证明资料作为创业计划书的附件资料。

4. 技术研发的基础条件

创业项目的技术研发基础条件可以从一个侧面反映出创业公司和创业团队的研发能力和研发实力。创业项目的技术研发基础条件主要包括用于技术研发的实验室的面积,用于产品研发的设备仪器型号和数量,研发团队成员、学历、职称和曾经承担课题研究及获奖情况,技术研发所产生的专利、软著等知识产权数量、类别、名称和编号,已经在著名专业刊物上发表的论文数量,每年用于研发的经费投入情况,已经研发出来的技术成果情况等。

5. 技术的成熟度

很多创业者并不了解技术成熟度的概念,以为有了一个技术就可以研制出满足市场需求的产品，可以乐观地为客户提供产品服务。其实，技术的成熟有一个漫长的研发、实践、完善、改进的过程。技术的成熟度一般分为：实验室阶段、样品和样机阶段、小试和小批量生产阶段、中试阶段和大批量化生产阶段。目前，高校的大部分技术成果都处于实验室阶段，个别的技术成果经过研发已经生产出了样品和样机，但是产品性能还不够稳定，还需要通过小批量生产测试。有些成果与外面的公司开展横向合作，借助企业的生产设备实现了小批量生产，但还存在工艺不稳定、性能指标不稳定的问题，还需要进一步完善技术和工艺。高校由于只有实验室的研发条件，可以说其技术成果根本达不到产品中试阶段。所以，对于创业项目技术成熟度，一定要客观真实地描述研发成果处于什么阶段，是否已经研制出样品或样机，研制的样品或样机的数量是多少，是否已经达到小批量生产能力。

5.2.6 市场环境分析模块

市场环境分析是创业计划书的重要模块内容。创业者在创业项目启动前一定要做好前期的市场调研工作，要通过门户网站、微信、微博、电视、广播、报纸、杂志、广告、会议、展览等各种渠道收集信息，并对项目产品进行全面和认真的市场分析。市场环境分析的主要内容如下。

1. 政策环境分析

创业项目是否符合国家政策扶持方向。一个好的创业项目必须要和国家产业扶持政策和地域发展政策相吻合，要借国家和地区的政策之力去发展，就像要借势这股东风一样，看看自己的项目是否在风口上，能不能让风吹上天。项目启动前，要充分调研创业项目所处领域和行业的发展政策，是可以获得政策支持呢，还是受到政策的限制，是否有发展扶持资金或税收减免优惠政策。如果你的创业项目属于文化创意项目，而国家政策大力扶持文创产业发展，就有机会借国家政策这股东风，做大自己；如你的项目属于智能机器人研制，而国家在大力发展中国工业4.0，出台了支持高端装备制造的政策，那你就有机会搭乘这班政策的船出海；如你的项目属于健康养老领域，而国家发布了很多促进我国健康养老产业发展的政策，那么就有很多的市场发展机会。但是，如果你的创业项目会带来废气排放、会带来高耗能、会对水资源带来严重的污染，项目与国家政策发展方向相抵触，就不适合开展。

2. 市场容量分析

创业项目的市场空间是否足够大。创业项目启动前，除了研究国家和地区的产业扶植政策外，还一定要研究分析一下市场痛点在哪里，市场需求在哪里，市场空间有多大。如果市场容量不大，需求不足，这个项目就做不大，也容易遇到天花板。例如市场空间只有1亿元，而同时有10家竞争对手在做类似项目，平均来说，每家也就做到1000万元。所以，你一定要深入分析一下市场痛点在哪里，市场需求在哪里，有多少属于刚性需求，有多少属于潜在需求，目标客户和潜在客户大概能有多少，这个项目每年能产生多少销售额，每年的市场容量有多少，每年能增长多少。一般来说，投资人投资的项目市场空间不低于 10 亿元,随着互联网和移动互联网的广泛应用,投资人更看好市场容量在 30 亿元或 50 亿元甚至 100 亿元以上的项目。很多创业项目会涉及教育培训、文化旅游、健康养老、农村电商、智慧城市、智能机器人和智能家居等领域。对于你的项目市场空间情况,需要认真分析一下,弄清细分市场领域到底有多大的市场空间。

3. 竞品分析

市场竞争对手情况如何。除了政策分析和市场空间分析外,第三个最重要的分析要点就是竞争对手分析。项目产品目前的市场的竞争对手有多少家,都分布在哪些地区,他们推出的产品技术是处于什么样的情况,产品质量和服务如何,产品的售价是多少,他们采用什么样的产品促销方式,他们的商业模式是怎样的,他们的强项在哪里,优势是什么,他们的弱点和不足是什么,他们的资金、人才、技术、品牌、服务、渠道到底是一个什么样的情况,我们的产品和这些竞品对比有哪些优势,有哪些不足,有没有可能我们会超越他们,我们需要采用哪种市场战略和营销策略才能战胜竞争对手。

如果创业项目进入了竞争激烈的红海,公司提供的服务产品市场已经形成,且有很多很强的竞争对手,那就要从对方的产品、技术、研发、质量、服务、物流、价格、交货期、市场策略、品牌宣传等多方面进行考察,从而制定出适合自己的市场战略。如果公司进入的是竞争很少甚至还是一片空白的蓝海市场,那么你需要采用哪种价格策略和营销策略,需要设计什么样的商业盈利模式,需要制定什么样的蓝海战略来尽快地占有市场,培育公司品牌。在竞品分析中,可以围绕项目的技术水平、知识产权、设计能力、研发能力、生产成本、功能性能、产品质量、产品寿命、生产周期,以及产品的环保性、安全性、便捷性、廉价性和品牌性等方面进行比较。

4. 产品定位分析

创业项目一定要有清晰的产品定位。产品定位要聚焦目标客户定位和价格定位,项目产品的目标客户定位分析十分重要,属于精准营销的重要内容。对于不同的客户群体,需要制定一套组合价格策略。

1)客户定位

客户定位分析可以围绕年龄、性别、收入、受教育程度等几个方面去分析:从年龄上可划分为:20 后、10 后、00 后、90 后、80 后、70 后、60 后、50 后、40 后、30 后;从受教育程度上可以划分为:初等教育、中等教育、高等教育;从性别上可以划分为:男、女;从消费差异上可以划分为:低端消费、中端消费、高端消费、奢侈消费;从收入差异上可以划分为:蓝领、白领、金领、钻石领;从地域方面可划分为:国内客户,境外客户;从销售平台可划分为:线上客户,线下客户。

2)价格定位

项目产品价格定位策略的制定也十分重要,是获得客户提高市场竞争力的重要手段。

价格定高了产品卖不出去,顾客全都绕行;价格定低了影响公司利润收益,甚至可能赔本。所以,在制定产品价格前,一定要提前了解一下市场上类似产品的价格,做个横向的比较。针对项目产品的质量、功能、材料、特色和服务价值,确定目标客户群,制定相对应的价格策略。

如创业项目属于教育培训类项目,则可能要更多地从客户定位去分析。如果是幼儿教育培训,培训产品是什么,培训形式是什么,培训的师资队伍是谁;如果是中小学生的教育培训项目,应该设计什么样的培训课程,培训体系该如何建立;如果是出国游学的培训项目,该设计什么样的培训内容与培训形式,能提炼出哪些培训特色。这些培训服务是由谁来买单,是学生本人还是学生家长;培训课程的销售价格应该定多少钱合适;是零售卖课还是卖套餐课程;是卖课程次卡、月卡、季卡还是年卡;如果同时开展线上线下培训,那么线下培训怎么开展、课程如何销售,线上培训怎么开展、课程如何销售。对自己的培训项目描述的越细致,越全面,越透彻,越完整,对自己项目的认识也就越清楚。

如创业项目属于健康养老项目,则可能更多地面向 60 岁以上的老年人,那么老年人需要什么样的产品服务,是慢病健康管理,还是健康医疗;是家政服务,还是老人情感陪护;是老年健康旅游,还是老年人保健品;是老年人心理咨询,还是老年的理疗按摩。这些老人是中高收入人群还是低收入人群,他们能接受哪些服务产品,售价多少可以接受,是老人自己买单,还是子女为老人买单,我们针对不同的销售对象应该采用何种价格策略。

如创业项目属于服装设计类项目,那么对应不同性别和年龄的人群,对应不同购买力的人群,应该采取哪些产品策略和销售策略。针对男装、女装、童装,需要设计什么样的服装款式,使用什么样的服装面料,有没有可能使用一些新型功能的纤维纺织材料或碳纤维纺织材料;针对春夏秋冬不同季节,需要设计什么样的时尚产品,主打什么样的主题元素;是只设计制作生产正装,还是只设计制作生产休闲款,这些服装是采用标准化设计生产还是采用定制化设计加工,是所有服装款式都做,还是只做某些特定的产品。服装项目通过客户定位,确定产品定位,再根据市场策略,确定价格定位。如何操作,如何实施,都需要认真思考。

5. 销售渠道分析

产品销售是创业公司遇到的最头疼和最困难的问题。特别是大学生创业,同学们一直在学校内学习和生活,对社会了解体验很少,既没有较多的人脉关系,也没有合适的销售渠道,就算有再好的产品也不容易卖出去。而一个创业公司如果只有成本投入而没有销售收入,现金流肯定不理想。公司长时间没有利润,一旦创业资金烧光了,又融不到后续资金,就很难长期支撑下去,会面临倒闭的危险。所以,创业公司一定要想好产品如何去销售,有哪些人脉关系和销售渠道,有哪些可以利用的销售平台,如何快速建立起分销渠道,如何搭建自己的销售平台,应该采用哪些有实效的创新销售模式。

6. 公司选址分析

创业项目一旦落地就需要注册一个实体公司,而公司办公地点的选址对于公司的业务发展也十分重要,你需要结合办公地址的客流量、地区扶植政策、人才流动性等进行充分的调研和综合性分析。如果你的创业项目属于餐饮类的商业项目,老话说要找"金边银角"的地方,那最好选择在客流量大的地段办公,如交通便利繁华的商业街,人口多的居民区或学生数量多的校园附近等;如果你的创业项目属于科技类的公司,则最好选择科技氛围较浓,科技人才较多且能够享受到科技扶植政策的地段,如科技孵化器、众创空间、大学科技园、高校创业园、国家高新技术园区、产业集聚区等;如果你的创业项目属于文化创意类的公司,最好选择文化创意产业集聚的地段或商业写字楼,如文化产业园、文化科技园、文化产业集聚区等。

5.2.7 竞争态势分析模块

创业策划过程中一定要对创业项目的竞争态势进行分析,这样才能综合分析创业项目的情况,评估创业项目实施的可行性。竞争态势分析常用到的管理工具有SWOT分析、PEST分析和波特五力分析等三种分析工具。

1. SWOT 分析

SWOT 分析实际上就是将对公司内外部条件各方面内容进行综合和概括,进而分析组织的优势、劣势、面临的机会和威胁的一种方法,见图 5-3。通过 SWOT 分析,可以帮助创业者更加全面、客观地认清自己的创业项目优势在哪里,劣势在哪里,机会在哪里,竞争在哪里,真正做到知己知彼,练好内功,减少创业失败。SWOT 分析工具包括四个关键的分析要素。

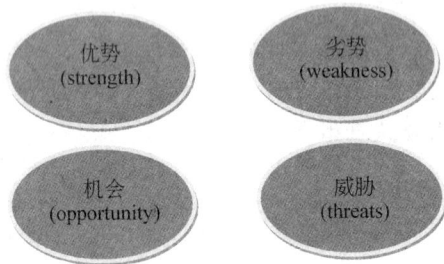

图 5-3　SWOT 分析模型

1) 优势(strength)

优势分析的重点是要突出介绍项目的优势,尽可能找出创业项目的优势与特色。在编写创业计划书时,可以围绕创业项目的政策优势、技术优势、产品优势、价格优势、团队优势、渠道优势、品牌优势、服务模式优势、资源优势和知识产权优势等多个方面来进行分析和描述。

政策优势的描述:项目的政策优势在哪里,国家是否已经颁布了扶持项目领域的相关优惠政策,是否有资金或税收减免的扶持;地方政府是否制定和发布了扶持项目领域的相关实施政策和措施,是否有资金或税收减免的扶持;行业协会是否制定和发布了扶持项目领域的相关实施政策和措施,是否有进一步的配套支持的做法。如创业项目属于智能制造领域,属于电子信息领域,属于云计算、大数据领域,属于电动汽车领域,属于新型材料领域、属于节能减排领域,属于文化创意领域,属于健康养老领域,属于现代物流领域,属于新兴服务业态领域,属于现代农业领域,属于航空航天领域,那么该项目就属于符合国家政策扶持的方向,这个项目就是朝阳项目,就在政策的风口上。

技术优势的描述:项目的技术优势有哪些,是否是国际或国内领先技术;是否填补了国际或国内空白;是否已经申报并获得专利授权,专利是什么类型,是发明专利还是实用新型,或是外观设计;专利数量有多少,哪些专利是在国内申报和已经获得授权的,哪些专利是属于在国外申报或获得授权的。技术优势是创业公司的竞争壁垒,可以在一定时期内抵御跟进者和竞争者的模仿和复制,可以显著提高创业公司的市场竞争力。

产品优势的描述:项目的产品优势在哪里,是否采用了纳米、碳纤维、石墨烯、高温合金等新型材料;是否跨界融合使用了人工智能、物联网、传感器、大数据分析、云计算等多种技术;是否在创意设计的新颖性、时尚性、功能性、美观性、环保性、便利性、安全性等方面上具有特色;是否采用了先进的生产和制造工艺来提高产品质量,缩短生产周期;是否配备了先进的工装卡具和检测仪器来保证产品精度;是否通过精益生产显著降低了生产成本;是否已经制定了生产标准和生产规范,保证产品生产的一致性和标准性。

2) 劣势(weakness)

劣势分析是要尽可能找出项目中存在的不足有哪些,存在哪些问题,找出薄弱环节,制定应对预案。尽可能地消除和改善项目存在的劣势,有利于做好创业前的准备。一般初创公司存在的劣势主要存在以下方面。

(1) 项目产品市场空间小。创业公司的产品和服务可能只是为小众群体服务,市场容量也就几百万元或几千万元,项目规模可能做不大。

(2) 技术不够先进。创业公司采用的技术往往属于第一代、第二代的传统技术,距离新一代的技术有显著的差距,技术竞争优势很弱。

(3) 创业团队磨合还不到位。由于创业公司成立时间较短,团队人员之间文化程度不一样、专业背景不一样、社会工作经验不一样、性格秉性不一样、办事风格不一样等,都需要一个不断磨合的过程,才能达到团队的协同和默契,形成团队协作能力。

(4) 市场营销能力不强。大学生创业很多学生没有工作经验,没学过市场营销理论,营销经验很少,营销策划能力较弱,市场运营能力较差。

(5) 产品的市场竞争力不强。创业公司新研发的产品属于刚刚上市,还处于样品、样机或小批量生产阶段,会存在产品不成熟、质量不稳定、技术水平还不够高、售后服务不到位的问题,市场竞争能力较弱。

（6）竞争对手较多。创业公司选择的创业项目可能属于红海项目,市场上存在很多相似的产品和服务,竞争对手很多,无论是在产品价格、产品质量还是供货能力,都是创业公司的巨大挑战。

（7）销售渠道少。大学生创业由于工作时间短,积攒的人脉主要是父母和亲戚、同学和老师、朋友和网友,有用的渠道资源十分有限,会在一定程度上影响公司的销售业绩。

（8）社会诚信度低。初创公司由于刚刚成立,社会上还不十分了解公司的产品和服务,公司还需要经过开展一段时间的诚信服务,才能形成社会诚信度。

（9）品牌形象弱。初创公司成立时间不长,客户不了解你,社会不了解你,公司的品牌度在社会上还没有形成,品牌形象较弱。

（10）创业资金少。一般来说,大学生成立的创业公司创业启动资金都比较少,在运营前期,公司的大部分资金都用于了产品的研发和市场营销渠道建设和销售平台的搭建上,公司是支出多、进账少,没有多少销售和利润,公司运营经过半年至 1 年后,资金就花得差不多了。这个时候,资金短缺是公司面临的最大问题。

3) 机会(opportunity)

机会分析是要客观的看待创业项目存在哪些商业机会。在国内外大的政治和经济环境和形势下,要能够充分调动每一根神经,睁大敏锐的眼睛,发现和捕捉住商业机会,才有可能获得一次成功的借势借力创业机会。一般来说,创业机会来自国家和地方政治经济环境的大变革,来自有影响力的突发事件,来自历史性的技术革命,来自爆发性的市场需求等。2014 年 9 月,李克强总理在夏季达沃斯论坛上提出了"大众创业、万众创新"的倡议。2015 年全年,我国掀起来一波"大众创业、万众创新"的浪潮,从国家到地方,从高校到各个行业,各种主题的创业大赛一浪高过一浪,众创空间如雨后春笋在我国很多省市和地区快速成长,科技部、教育部、人社部、发改委和很多高新技术园区都陆续出台了与双创配套的扶植政策和实施细则,创新创业的风口不断吹向移动互联网、物联网、大数据、云计算、人工智能、工业 4.0、节能减排、电动汽车、精准医疗、健康养老、快速消费、文化创意、航空航天等领域,创新创业的大势已经到来,可谓是商业机会无处不在。对于大学生创业来讲,哪里有痛点,哪里有服务需求,哪里就有商业机会;哪个领域和方向是国家政策重点扶植和支持的,哪里就有商业机会;哪里是资金投资的风口,哪里是资金密集扎堆的地方,哪里就有商业机会。

4) 威胁(threats)

威胁分析是创业者必须认真去做的功课,其主要内容就是找出会对创业项目产生威胁和不利的影响有哪些,并制定应对的策略和解决方案。一般来说,创业公司的主要威胁可以从以下几个方面去分析。

（1）产业政策的限制。创业者启动一个创业项目前,一定要分析一下这个项目是否能获得国家产业政策的扶植。如果创业项目属于国家政策限制发展的领域,或是国家已经明令禁止发展的领域,那在政策上就存在很大的威胁,公司就不容易做大,不容易生存。所以,你要躲避政策限制和禁止发展的领域和地区去开展项目。如北京市在疏解城市功能,限制和禁止会造成环境排放污染的企业发展,如你的公司是从事具有大气排放污染物的项目,那劝你千万不要在北京建厂生产。

(2)竞争对手的威胁。来自竞争对手的威胁是创业者必须深刻思考和重视的,竞争对手的数量、产品质量、产品价格、创新服务模式、销售策略、技术优势、社会品牌和知名度、市场占有率、资金实力、研发实力等,都可能会给创业公司带来致命的打击。

(3)创业资金的不足。由于在创业初期大量的资金用于产品研发、市场销售和企业宣传上,公司的正向现金流很少,大部分都是支出,而创业公司的创业资本一般都不多,创业公司能否坚持经营到半年或一年的时间都不好说,公司面临巨大的资金压力。

(4)管理经验不足。由于很多创业者没有学过工商管理知识,而创业公司中处处都存在着项目管理、财务管理、人事管理、团队管理、时间管理、成本管理、会议管理、生产管理、科研管理、合同管理、制度管理、渠道管理、采购管理、品牌管理等诸多管理问题,管理不善是创业公司面临的最大威胁之一。

2. PEST 分析工具

PEST 分析工具也是一种常用的宏观环境下的分析工具。宏观环境又称一般环境,是指影响一切行业和企业的各种宏观力量。对宏观环境因素作分析,不同行业和企业根据自身特点和经营需要,分析的具体内容也会有差异。PEST 分析工具主要包括四个分析要素,见图 5-4。

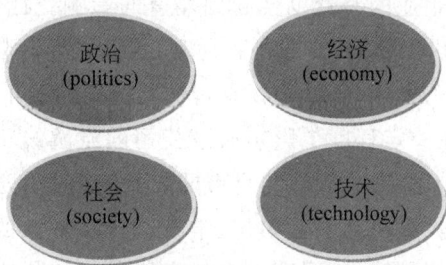

图 5-4　PEST 分析模型

1)对政治环境的分析

政治环境分析的内容主要包括政府领导人的人事调整,政府部门机构改革和组织结构变化,国家和地方产业新政策的调整和颁布,国家出台新的法律和法规等。如特朗普当选美国新一届总统,英国退出欧盟,韩国出现"亲信们"干政事件,我国颁布《"十三五"战略性新兴产业发展规划》,国务院印发《"十三五"国家科技创新规划》,商务部颁布《商贸物流发展"十三五"规划》,工信部提出《中国制造 2025》规划,北京市颁布《北京市"十三五"时期文化创意产业发展规划》,北京市提出"政治中心、文化中心、科技中心与国际合作中心"四个中心的建设等,这些国际和国内的政治环境变化,都会对行业和企业的经营行为产生重大的影响。

2）对经济环境的分析

国内外经济环境的变化会对企业的经营和产业的发展产生较大的影响。经济环境分析的内容主要包括：国际经济环境和国内经济环境的变化。如国际经济环境分析，2018 年国际经济形势变化扑朔迷离，美国总统特朗普上台后以维护美国安全为由，对我国、欧盟、墨西哥和加拿大大幅增加关税，美国为了遏制我国实施《中国制造2025》战略，以中兴公司违规为借口对中兴公司实行严厉制裁，要求美国所有与中兴公司有高端芯片技术产品业务来往的公司停止供货并终止合同，致使中兴公司一度处于休克状态。美国通过制裁中兴公司，重创了我国芯片和通信产业的发展，击中了我国科技创新能力弱的软肋。2018 年，特朗普政府对外贸易政策高举关税大棒，对所有国家豪取掠夺收割韭菜，搅得世界经济秩序一片混乱，不仅严重影响到制造业产业的健康发展，也严重影响到金融市场、证券市场、期货市场和保险市场的良性发展，同时也导致汇率市场的反复波动。由世界经济贸易的摩擦引起的世界经济的持续下滑可能会导致新一轮国际金融危机，目前这种蝴蝶效应的作用越来越显著。美国联合欧盟对我国实施进一步的技术和贸易壁垒，美元升值逼迫人民币不断贬值，他们试图挑破我国房地产泡沫，从而破坏我国的经济改革、政治改革和体制改革。国内经济环境，如出口贸易顺差减少，国内 GDP 增速减缓，房地产行业进一步宏观调控，国内家电、建材、钢铁等诸多行业产能过剩、需求不足，中小微企业资金紧缺，城市铁路建设快速发展，环保节能产业增速势头强劲等。

3）对社会环境的分析

社会环境的变化对企业的经营也会起到显著的影响。社会环境分析的主要内容包括：当地的社会治安状况如何，交通是否便利，水、电、气、网络、通信设施是否完备，医疗卫生、教育文化、娱乐休闲、餐饮购物是否便利等。如近年来国外发生多起针对华人游客的抢劫事件，会在一定程度上影响旅游公司的旅游线路经营业务；北京市疏解城市功能区限制外来人口会影响到在北京市的相关的企业经营和居民生活；北京市城市副中心建设会导致一大批机关事业单位、学校、医院、餐饮的搬迁，原有的物理空间是"腾笼换鸟"还是重新规划建设；国家提出的京津冀一体化协同发展战略，促进了产业集聚、公司扩展、人才流动、技术转移、资本汇集，为企业发展带来了新的机遇，同时也带来了新的挑战；随着我国医疗水平的不断提高和物质文化生活的日益丰富，老年人的群体总量逐年增大，健康养老已经成为未来一个重要的产业发展方向。

4）对技术环境的分析

技术环境的变化可能对企业经营发展的影响更直接。技术环境分析的内容主要包括：当前有哪些技术发明和主流技术在主导和影响着社会发展和生活形态。如：计算机三次浪潮带给人类生活方式的巨变，城际高铁的发展改变了我们出行的方式，互联网技术的普及使我们已经离不开网络生活，4G 技术的出现丰富我们的移动数字生活，GPS 卫星遥感信息技术的成熟促进了驾车出行的便捷。随着我国宽带和 5G 基础设施建设的不断完善，互联网的发展将带来新的突破；人工智能（AI）的发展将产生一大批服务机器人和工业机器人；无人机的快速发展将对影视拍摄、土质勘探、道路交通产生新的服务模式；移动互联网的高速发展，将变革自媒体新的服务业态。通过对这些可以改变人类生活的技术分析，就可以发现商业机会，寻找公司的业务方向。

3. 波特五力分析模型

波特五力分析模型是迈克尔·波特（Michael Porter）于 20 世纪 80 年代初提出的，对企业战略制定产生全球性的深远影响。将其用于竞争战略的分析，可以有效地分析客户的竞争环境。五力分别是：供应商的讨价还价能力、购买者的讨价还价能力、潜在竞争者进入的能力、替代品的替代能力、行业内竞争者现在的竞争能力。

1）供应商的讨价还价能力分析

当你要做一个创业项目时，一定要考虑清楚哪些原辅材料需要采购，哪些零部件需要拿去外协加工，哪些东西需要拿出去检测，对应的服务商都有哪些，这些供应商的议价能力如何，能否以最优惠的价格谈成合作意向。例如你想在杯子设计印制上特殊图案来做高校毕业季纪念品，你需要了解这些茶杯的进货渠道在哪里，批发价格可以是多少，在北方拿货和在南方拿货价格能差多少。如果设计工作忙不过来委托给有经验的专业设计师和在上学的学设计专业的学生来设计的价格分别是多少，能否谈成一个比较理想的委托设计的外包价格。

2）购买者的讨价还价能力分析

当你要做一个创业项目时，一定要从谁是你未来客户的角度去考虑分析，谁会购买你的产品或服务，这些购买者数量估计有多少，哪些是刚性的客户，哪些是潜在的客户，哪些是高端客户，哪些是低端客户，他们的购买能力如何，每年能购买产品的数量和金额是多少，他们的讨价还价能力如何，采用零售或团购的价格策略该如何制定。

3）潜在进入者能力分析

当你向市场投放了一款新产品或提供了一项新服务后，市场信息很快就会扩散，一旦别人发现你做的这个项目有市场机会，可以比较容易地赚到钱，拥有雄厚资金的跟随者就会模仿你的产品和服务模式。不久，市场上就会增加很多新的市场潜入者，你的竞争对手数量会显著增加，你一定要有所防备。例如，你在学校周边想做一个"轰趴"项目，可能没多久你就会有不菲的收入，别人看到你的项目产品赚钱效果不错，就会模仿你的做法，也做类似的"轰趴"项目，并且在服务内容、服务形式、服务特色与服务价格上加以调整，从而形成了与你的市场竞争，分割你的市场份额。由于现在的人们的复制能力太强，市场机会又不是很多，一旦发现有好的项目市场机会，很多人会复制你的服务模式。所以，你还需要设置一下你的项目准入门槛，提高复制准入的难度，特别是那些技术类的项目，要尽可能使用申报专利和软著等知识产权建立保护池，建立项目的壁垒。

4）替代品的替代能力分析

当你想做一个项目时，一定要分析一下市场上是否有可替代的产品或服务。如果没有，那么可以进一步考虑项目的实施；如果市场上有类似的产品可以替代你的产品与服务,那你可就要多个心眼,好好想想市场是否只认你的产品与服务,你是否是市场唯一的产品选择。例如,你想做一款境外旅游用的随身携带的具有听说阅读功能的翻译器,可以解决游客在境外语言交流不畅的问题,市场应该有不小的需求。但是,你一定要思考一下市场上是否有类似的产品可以替代你的产品应用,如市场上已经有的讯飞翻译器以及像"谷歌翻译 App""有道翻译 App"等这些语言翻译 App,你的产品是否比他们的产品性价比好,是否比他们的产品使用感受好。

5)行业内竞争者现在的竞争能力分析

当你想做一个项目时,一定要了解一下目前市场的竞争态势,要调研清楚目前市场上都有哪些竞争者,竞争对手的数量是多少,竞争对手的实力如何,排在前 5 位或前10 位的竞争对手都是谁,他们的技术研发能力、产品生产能力、质量和成本情况、公司品牌情况、知识产权情况、人员规模情况、上年销售额情况、上年利税情况以及公司的短板情况等,这样你才能做到心中有数,知道自己的项目产品是否可以和这些竞争者开展竞争,是否具有一定的竞争能力。

5.2.8 风险分析与控制模块

创业计划书中对风险分析和风险控制的描述十分重要,它可以帮助创业者清楚地看到创业项目的风险在哪里,风险性多大,应该如何规避风险,如何制定相应的风险应对预案来控制创业风险。但是,很多创业者不知道该如何进行创业风险分析。一般来说,创业者可以围绕以下六种创业中最容易遇到的风险来进行分析和描述:

1. 政策风险

创业中最重要的风险是政策风险。一旦创业项目存在较大的政策风险,即使有再好的技术和团队,也很难把项目做好做大。对于政策风险的分析,重点是要对比一下创业项目是否与国家产业发展政策相背离,是否属于国家不支持发展的夕阳产业或限制性发展的行业。如果创业项目的定位和方向与国家产业和环境发展政策相抵触,那就存在相当大的政策风险,这时候就要十分谨慎小心了,必须要认真研究一下实施该创业项目是否可行。政策风险是创业项目中最重要的、最大的风险,一旦发现创业项目存在政策风险,一定要慎重启动。因为,你的项目是和国家政策扶植方向相违背的,是和国家和政府对着干的,一个弱小的创业公司和一个无比强大的政府唱对台戏,胜败不言而喻。比如说你所选的创业项目属于能耗较大并且还产生很多对大气有污染的排放物,会对环境造成很大的不良影响,而我们国家一直都在大力提倡节能减排,提倡绿色生产,提倡生态环境建设,提倡蓝天大气治理。那么,这样的创业项目就存在很大的政策风险,或许会被地方政府执法部门的强制关闭,要求停产整顿或受到严厉处罚。所以,针对存在政策风险的创业项目,一定要保持警惕,尽可能去规避政策风险。

2. 技术风险

技术风险是科技创业公司面对的主要风险,必须认真分析和重点描述。对于技术风险的分析,关键是要看创业项目的技术水平如何,是否处于国内或国际领先地位;是否申报了专利或软件著作权等自主知识产权,申报的数量有多少;是否已经获得授权,获得的授权数量有多少;这个关键技术是否能对跟进者设置较高的技术门槛等。当今社会技术迭代更新十分快,有些技术可能 1 年至 2 年就迭代一次,有些技术甚至半年就迭代一次,评估创业项目的技术生命周期有多长十分重要,一定要有清醒的认识和判断。一般来说,比较理想的创业项目技术的生命周期最好能维持 5 年至 10 年甚至更长时间。另外,能否保持技术研发持续投入也十分重要。一般成长性的创业公司技术研发策略都是研发一代、生产一代再储备一代。所以,要想保证技术产品领先,就要保证不断地投入资金进行科技研发。

3. 人才风险

人才风险是创业公司必须重视的风险。创业公司的关键人才一旦流失,创业也会遇到极大的问题和困难,创业公司也会受到致命的打击。在目前市场竞争日益激烈的社会,类似 BAT 公司高价猎取高端技术人才的现象比比皆是。创业公司关键技术人员和骨干人员往往经不住高薪的诱惑,跳槽离职现象比比皆是。另一方面,有些创业公司的关键技术或销售人员,在掌握了公司的核心技术和销售渠道后,也想另起炉灶,自己当老板,这种现象也十分普遍。在创业中,人才是最宝贵的,但是能称作人才的人也是最难搞定的,人才流动的风险随时存在。所以,为了控制人才风险,创业公司一定要设计好针对关键技术人才和关键骨干人才合理的、有诱惑性和激励性的股权制度,同时还要制定好公司的技术保密制度。否则,一旦关键技术人才和骨干人员流失,会对创业公司的产品研发、设计生产和市场销售带来巨大的影响和损失。

4. 市场风险

市场风险是最应该引起创业公司关注的风险。一项新技术的出现,一个新政策的颁布,一个巨无霸的侵入,都有可能改变现有的市场格局。当市场上出现了一种新技术,它可以替代原有的传统技术,就有可能改变人们的消费习惯,严重地影响市场需求情况。例如,数码技术出现后,数码相机改变了传统的胶片相机的使用模式,相片的存储量不再受胶卷的限制,人们开始普遍使用数码相机而不使用胶片相机。柯达公司没有及时地认识到数码技术对胶片市场的冲击性,导致公司业务逐年大额亏损。又如,随着互联网技术的发展,移动支付技术越来越成熟,支付宝、微信支付已经渗入金融业务范围,对银行业带来了巨大的冲击,不断涌现的互联网金融新业态在慢慢地侵入银行领域,瓜分银行的市场空间和份额。随着国家领导人明确提出"房子是用来住的,不是用来炒的",北京、上海、广州、深圳、南京、杭州、苏州、郑州等一二线城市陆续推出限制购房的政策。我国房地产市场受到一定程度的影响,楼房销售量稳中有降。例如,2016 年 10 月初,北京、上海、南京等 6 个市和地区政府陆续出台对房市严厉的限购政策和措施,很有效地抑制了我国房地产市场泡沫。随后,央行、证监会和银监会对商业银行加杠杆的调控政策以及对房地产上市公司发行企业债的调控措施,进一步让房地产开发商和销售公司及房屋中介公司嗅到了房地产市场面临的风险。所以,针对市场风险,创业者一定要认真进行分析,并提前制定好风险应对预案。

5. 管理风险

管理风险是创业公司普遍存在的风险。创业公司和创业团队都属于新加盟创业公司的新人,每个人在学历背景、专业技术、工作经验、工作能力、思考方式等方面都有所不同,团队之间在工作的配合中会存在很多问题,团队协作能力需要相当长的一段时间去磨合。由于创业公司属于新组建的组织,公司人数较少,经常是一人多岗、一人多职、一专多用,很容易出现由工作跨岗越位引起的冲突与矛盾。初创公司不像大公司那样有完善的规章制度,容易产生任务不到位、责任不到位、权力不到位、工作不到位、激励不到位的现象,给外人的感觉是管理混乱和不规范。所以,创业公司要认真围绕公司制度管理、文件管理、项目管理、信息管理、战略管理、策略管理、研发管理、设计管理、生产管理、成本管理、价格管理、渠道管理、售后管理、财务管理、薪酬管理、品牌管理、人力资源管理、供应商管理等方面进行风险分析。同时,制定出切实可行的管理措施和应对风险预案,这样才能使创业公司向着规范化、程序化、标准化、健康化和可持续化方向发展。

6. 资金风险

资金风险是创业者必须高度重视的风险。资金是公司运营的血脉,没有充盈的资金作为支撑,创业公司很快就会倒闭。因此,资金风险是创业策划中需要认真思考的问题。如有的创业项目启动资金规模很大,但是能够募集到的资金又不多,很难保证项目的顺利开展;有的创业项目可能需要经过半年、一年甚至两年以上的时间才会盈利,但是自有资金又不足,导致公司经营很难维持下去;有的创业公司在初创期不注意开源节流,不善于控制成本,各方面支出都很大,业务收入又不理想,造成很大的财务亏空,导致创业很快失败。此外,我国三角债拖欠货款的现象也很严重,应收账款不能及时回款也会影响到公司的良性经营。针对公司可能出现的资金风险,创业者一定要从项目融资、项目运营、项目回款等方面进行全面分析,想好如何应对可能存在的资金风险,提出应对措施和预案。

5.2.9　市场营销策略模块

创业公司成立后就面临着如何把产品顺利销售出去,如何为客户提供产品和服务的问题,这就涉及公司的市场营销策略。很多想创业的大学生没有学过企业管理与市场营销,不知道市场营销策略都包含哪些内容,不清楚应该如何制定产品的市场营销策略。为了更清晰更系统地梳理市场营销策略,创业者可以围绕市场营销活动的内容,将公司的市场营销策略按照产品价格策略、渠道建设策略、市场销售策略、销售服务策略、市场宣传策略、竞争情报策略、知识管理策略、产权保护策略、品牌建设策略等分别设计和制定。在市场营销中,有"4P""4S""4C""4R"等许多现代营销理论可以借鉴和使用,创业公司也可以将这些营销管理工具组合起来使用。

1. "4P"理论

"4P"营销理论(the marketing theory of 4Ps)产生于20世纪60年代的美国,是随

着营销组合理论的提出而出现的。1953年,尼尔·博登(Neil Borden)在美国市场营销学会的就职演说中创造了"市场营销组合"(Marketingmix)这一术语,其意是指市场需求或多或少的在某种程度上受到所谓"营销变量"或"营销要素"的影响。为了寻求一定的市场反应,企业要对这些要素进行有效的组合,从而满足市场需求,获得最大利润。

"4P"分别指产品(product)、价格(price)、地点(place)和促销(promotion)。产品(product)是指公司的产品是什么,产品的质量、功能、寿命是怎样的;价格(price)是指产品的价格如何制定,是定位高端客户,还是定位中低端客户;地点(place)是指产品销售的地点选择在哪里,那里的购买力是否足够强;促销(promotion)是指产品的促销手段有哪些,可以采用的促销方式是什么。

"4P"理论是最常用的市场营销工具,分别对应产品策略、价格策略、渠道策略和促销策略这4种营销策略。

产品策略重点围绕产品采用什么样的原辅材料,设计成什么样的结构和轮廓外形,能够为客户提供哪些功能的服务,为客户提供什么样的产品性能指标,生产的产品达到什么样的质量要求,产品的使用周期和寿命是多少,产品的安全性、便利性和环保性如何设计和保证,并针对产品设计、生产、检验检测、包装物流等不同环节制定不同的产品策略。在制定产品策略时,除了要考虑针对目标客户的产品功能、性能和外观的定制,还要考虑到未来产品的迭代和升级,以期达到研发一代、生产一代、销售一代和储备一代的产品战略。

价格策略主要是针对不同的客户定位采用不同的销售策略,对高端客户、中端客户和低端客户,往往会采用不同的价格策略。高端客户一般都有很强的购买力,产品价格可以高一些,但是产品的品质和性能、包装就要好一些,要上档次。他们不差钱,只是需要有好的产品。所以针对高端客户的价格策略,是尽可能提供优质的产品与较高的价格、中端客户一般有一定的购买力,但是对于产品价格与产品质量会综合考虑,比较喜欢性价比高的产品;对于中端客户就需要制定比较适中的产品价格,既能满足中端客户的产品服务需求,又能让客户觉得花的钱物有所值;低端客户一般手头都不是很富裕,购买力不强,对产品价格比较看重。因此,产品质量只要能够满足基本使用就行,价格低廉最重要,优惠的、打折的、促销的产品往往是他们这个群体最关注的。根据产品的批发与零售、团购与零买的不同,还可以分别制定不同的价格策略。

渠道策略是指在销售产品时都有哪些可以利用的渠道,是人脉关系渠道,还是客户关系渠道;是通过某些平台销售,还是通过找产品代理来销售。销售渠道是否需要发展销售代理商,建立销售代理的销售体系。销售是搞线下销售,还是也发展线上销售;是仅利用自己公司的线上销售平台,还是与其他线上销售平台进行战略合作,增强销售能力。随着互联网和物联网技术的普遍应用,合理利用在线销售、网红销售、体验销售、培训销售、代言销售、广告销售、活动销售等方式,是否还能增强销售能力。立体化的销售体系和销售平台建设策略需要好好研究,认真思考,并不断完善。

促销策略是指在销售产品与服务时,计划采用哪些促销的手段。目前,创业公司比较常用的做法是借助电视媒体、平面媒体、网络媒体、广告媒体、户外媒体等宣传公司产品与服务。如通过百度和搜狐等门户网站,通过头条、抖音等粉丝量大的 App,通过基于微信的微信公众号、微信朋友圈和微信群发布信息,通过基于 QQ 的 QQ 群和 QQ 聊天室发布信息,通过新浪微博发布信息等,来进行公司的产品与服务信息发布与宣传。所以,针对自己的创业项目,你要考虑如何将不同的促销手段结合起来组合应用,以实现最佳促销策略。

2. "4S"理论

"4S"营销理论强调从消费需求出发,打破企业传统的市场占有率推销模式,建立起一种全新的"消费者占有"的行销导向,要求企业综合消费者满意指数和消费者满意度,对产品、服务、品牌不断进行定期定量的测评与改进,以达到服务品质最优化,消费者满意度最大化,进而达到消费者忠诚度持久化。同时,上述做法也强化了企业抵御市场风险、经营管理创新和持续稳定增效的"三大能力"。"4S"分别指满意(satisfaction)、服务(service)、速度(speed)和诚意(sincerity)。

满意(satisfaction)是指顾客满意度,强调企业要以顾客服务需求为导向,以顾客满意为中心;要站在顾客立场上考虑和解决问题,要把顾客的需要和满意放在一切考虑因素之首,要以他人利益为重;要想赢得顾客,必先投之以情,用真情服务感化顾客,以有情服务赢得无情的竞争。

服务(service)是要为顾客营造一个温馨的服务环境,随时以笑脸相迎,提供微笑服务。企业营销人员要精通业务,满足顾客的服务需求,为客户解答问题,提供更多的商品信息,并能经常与顾客联系;将每位顾客都视为特殊和重要的人物,顾客是我们的主人,不是我们的佣人。顾客是上帝,我们只有与之友好相处,才能生存发展。

速度(speed)是指在为客户服务时能快速反应,不让顾客久等;能迅速地接待和办理相关业务,提供快捷服务。在接到客户的意见和建议后,要能及时地给客户反馈意见。比如,在客户提出缩短交货周期的要求后,要尽可能地满足客户要求,缩短交货周期。

诚意(sincerity)是指以虔诚的服务、善意的微笑和快速的反应来服务顾客,对客户表示出诚心和诚意,真诚地对待客户,通过诚意取得客户的信任。

"4S"理论在市场营销策略中,更多体现的是在销售服务理念上,要求我们始终秉承为客户提供高品质的产品,让客户满意;努力为客户提供快速反应的服务,解客户燃眉之急;诚心诚意地为客户提供高质量的服务,不仅要让客户满意,还要让客户感动;不仅要让客户感动,还要让客户感动地流泪。

3. "4C"理论

随着市场竞争日趋激烈,媒介传播速度越来越快,以"4P"理论来指导企业营销已经"过时","4P"理论越来越受到挑战。20 世纪 80 年代,美国劳特朋针对"4P"存在的问题提出了"4C"营销理论。"4C"理论的基本原则是以顾客为中心,进行企业营销活动的规划设计,包含了从产品到如何实现顾客需求(consumer's needs)的满足,从价格到综合权衡顾客购买所愿意支付的成本(cost),从促销的单向信息传递到实现与顾客的双向交流与沟通(communication),从通路的产品流动到实现顾客购买的便利性(convenience)。"4C"分别指消费者需求(consumer's need)、消费者愿意支付的成本(cost)、消费者的便利性(convenience)和与消费者沟通(communication)。

消费者需求(consumer's needs):首先要了解、研究、分析消费者的需要与欲求,要了解清楚消费者的痛点在哪里,消费需求有哪些,而不是先考虑企业能生产什么产品。

消费者所愿意支付的成本(cost):首先了解消费者为满足需要与欲求愿意付出多少钱(成本),消费者的消费底价是多少,而不是先给产品定价,即向消费者要多少钱。

消费者的便利性(convenience):首先考虑在购物等交易过程中如何给顾客提供方便,如何为消费者提供购物的金融支付便利性和包装物流的便利性,而不是先考虑销售渠道的选择和策略。

与消费者沟通(communication):以消费者为中心实施营销沟通是十分重要的,通过电话、传真、微信、邮件、视频等多种沟通方式,将企业内外营销不断进行整合,把顾客和企业双方的利益无形地整合在一起。

"4C"理论更多的是从消费者的角度去考虑用户的消费体验,如产品如何满足客户的服务需求,能否给予客户更好更优惠的价格,能否为客户提供更多的便利性,是不是能保证与客户的及时沟通。目的是通过及时了解客户对产品使用体验的反馈意见,来不断地完善产品与服务,为客户创造更大的价值。

4. "4R"理论

"4R"营销理论是由美国学者唐·舒尔茨在"4C"营销理论的基础上提出的新营销理论。"4R"理论以关系营销为核心,重在建立顾客忠诚。该营销理论认为,随着市场的发展,企业需要从更高层次上以更有效的方式在企业与顾客之间建立起有别于传统的新型的主动性关系。"4R"分别指关联(relevance)、反应(reaction)、关系(relationship)和回报(reward)。

关联(relevance):强调企业与顾客在市场变化的动态中应建立长久互动的关系,以防止顾客流失,赢得长期而稳定的市场。

反应(reaction):面对迅速变化的顾客需求,企业应学会倾听顾客的意见,及时寻找、发现和挖掘顾客的渴望与不满及其可能发生的变化,同时建立快速反应机制以对市场变化及时作出反应。

关系(relationship):企业与顾客之间应建立长期而稳定的朋友关系,从实现销售转变为实现对顾客的责任与承诺,以确保顾客再次购买并维持顾客忠诚度。

回报(reward):企业应追求市场回报,并将市场回报当作企业进一步发展和保持与市场建立关系的动力与源泉。

"4R"理论更多的是强调要与客户建立长期紧密的联系,通过情感和诚信与客户建立起相互信任的朋友关系。及时地倾听客户的意见和建议,不断地了解客户的服务需求并创造有价值的服务,为客户提供增值服务和高额回报。

近年来,随着市场竞争越来越激烈,营销策略也向纵深发展,除了可以使用"4P""4C""4S""4R"等常用的市场营销管理工具外,市场上还出现了许多具有实战效果的营销策略,如情感营销策略、体验营销策略、植入营销策略、口碑营销策略、事件营销策略、比附营销策略、饥饿营销策略、会员营销策略、互联网+销售策略、衍生营销策略十大营销策略。我们在进行项目的市场营销策划时,也可以把这些营销策略组合起来进行应用。

5. 情感营销策略

情感营销就是把消费者个人情感差异和需求作为企业品牌营销战略的情感营销核心,通过借助情感包装、情感促销、情感广告、情感口碑、情感设计等策略来实现企业的经营目标。在情感消费时代,消费者购买商品时所看重的已不是商品数量的多少、质量的好坏及价钱的高低,而是为了一种感情上的满足,一种心理上的认同。情感营销从消费者的情感需要出发,唤起和激起消费者的情感需求,诱导消费者心灵上的共鸣,寓情感于营销之中,用有情的营销赢得无情的竞争。情感营销在实战中就是和客户拉近关系,讲交情,建立感情,从情感上打动客户,从感情上开展促销。在实战中,约客户一起吃饭聊天,约客户外出郊游,约客户去娱乐消遣,逢年过节给客户送点礼物,不断地增进与客户的感情,所有这些都属于情感营销的内容。

6. 体验营销策略

体验营销是 1998 年美国战略地平线 LLP 公司的两位创始人 B.Jose Phpinell 和 James H.Gilmore 提出的。他们对体验营销的定义是:"从消费者的感官、情感、思考、行动、关联五个方面重新定义、设计营销理念。"他们认为,消费者消费时是理性和感性兼具的,消费者在消费前、消费中和消费后的体验是研究消费者行为与企业品牌经营的关键。体验营销通过看(see)、听(hear)、用(use)、参与(participate)的手段,充分刺激和调动消费者的感官(sense)、情感(feel)、思考(think)、行动(act)、关联(relate)等感性因素和理性因素,重新定义、设计营销理念的一种思考方式。这种思考方式突破传统上"理性消费者"的假设,认为消费者消费时是理性与感性兼具的,消费者在消费前、消费中和消费后的体验才是购买行为与品牌经营的关键。现在很多产品的销售都在用体验营销,如建立体验店,让准客户试用产品,感受产品的功能,享受产品的服务,体验产品的效果,在产品的体验中增加产品销量。在大型超市里见到的体验营销更多,你会经常见到促销员拿着可以免费品尝的食品让你体验,你可以免费试吃饼干,你可以免费品尝红酒,如果你的体验效果好,自然就会购买一些,商家也自然会增加销售量。现在很多诸如瑜伽、声乐、舞蹈等培训项目也开展体验营销,可以让你免费试听几次课或花很少的钱去体验一两次课,感受一下课程的效果,然后再决定是否购买课程。

7. 植入营销策略

植入式营销是指将产品或品牌及其代表性的视觉符号甚至服务内容策略性融入电影、电视剧或电视节目等各种内容之中,通过场景的再现,使观众在不知不觉中对产品及品牌留下印象,继而达到营销产品的目的。从所见各种媒体内容的植入方式,我们可以将植入式营销分为4种运作模式:场景植入、对白植入、情节植入和形象植入。植入营销在电影、电视剧中用到得最多,用得最普遍。如通过一个建筑场景,就把银行、酒店或餐厅的牌子植入进来;通过演员的座驾,就把新款的轿车或豪车品牌植入进来;通过演员的服装穿戴,就把某些大牌的服装首饰品牌植入进来;通过演员逛商场,就把某些香水、鞋包的品牌植入进来;通过演员喝酒,就把某些酒的品牌植入进来。通过电影、电视剧以及微视频这些媒体展示,可以把植入营销发挥得淋漓尽致。

8. 口碑营销策略

口碑营销是指企业在调查市场需求的前提下,为消费者提供需要的产品和服务,同时制定一定的口碑推广计划,让消费者自动传播对公司产品和服务的良好评价,从而让人们通过口碑了解产品,进而树立品牌,加强市场认知度,最终达到企业销售产品和提供服务的目的。口碑是指公众对某企业或企业产品相关信息的认识、态度、评价,并在公众群体之间进行相互传播。口碑的内容包括三个层面,首先是体验层面,即公众对企业或组织相关信息的认识、态度、评价;其次是传播层面,即传播过程中的事例、传说、意见等传播素材;最后是公众对其的认可层面,即好恶。良好口碑的建立主要基于产品的质量、服务、环境等带给用户的良好的使用体验。口碑营销现在应用得也十分广泛,如对电影的网评、对图书的网评、对美食的网评、对餐饮的网评、对旅游的网评等,都属于口碑营销。

9. 事件营销策略

事件营销在英文里叫作 event marketing,国内有人把它直译为"事件营销"或者"活动营销"。事件营销是指企业通过策划、组织和利用具有新闻价值、社会影响以及名人效应的人物或事件,吸引媒体、社会团体和消费者的兴趣与关注,以求提高企业或产品的知名度、美誉度,树立良好品牌形象,并最终促成产品或服务的销售的手段和方式。事件营销是国内外十分流行的一种公关传播与市场推广手段,是集新闻效应、广告效应、公共关系、形象传播、客户关系于一体,并为新产品推介、展示创造机会,建立品牌识别和品牌定位,形成一种快速提升品牌知名度与美誉度的营销手段。随着互联网和移动互联网的飞速发展,事件营销迎来了巨大契机。通过电视媒体,通过网络媒体,通过微博、微信、微信朋友圈和微信直播,一个事件或者一个话题可以很轻松地进行传播并引起关注。事件营销成功的案例比比皆是。例如,冬运会、奥运会、世界杯足球赛、汤姆斯杯羽毛球比赛等大型体育赛事,由于电视受众和网络用户十分多,商家就会利用各种形式的广告来进行促销。

10. 比附营销策略

比附营销是一种比较有效的巧借东风的营销手段,能让目标受众迅速完成对企业营销标的物从认识到感兴趣,甚至到购买的过程。其操作思路是想方设法将自己的产品或品牌与行业内的知名品牌发生某种联系(即攀附知名品牌),并与其进行比较,但承认自己比其稍逊一筹,其核心思想如下。

(1)攀附知名品牌,但承诺自己稍逊一筹,让受众会觉得商家诚信可靠,没有夸大其词,从而容易产生信任。如果商家的知名度没达到第一而硬说自己就是第一,那么即使你的品质和服务真是第一,也几乎没人会相信。

(2)当自己的品牌与知名品牌出现在同一个广告里,加上精心设计的广告语的引导,受众会自然将你的品牌与知名品牌产生联系,并不知不觉地将对知名品牌的信任感转嫁到你的品牌上,从而让对你的品牌没认知或缺乏信任的受众产生认知和信任感,直至完成购买。在实战中,比附营销策略就是把自己的产品与大品牌和名牌产品放在一起宣传,把某个拟包装打造的明星人物与社会著名人士放在一起炒作和宣传。

11. 饥饿营销策略

饥饿营销是指商品提供者有意调低产量,以期达到调控供求关系、制造供不应求的假象、维持商品较高售价和利润率的目的。饥饿营销就是通过调节供求两端的量来影响终端的售价,从而达到加价的目的。实际上,饥饿营销的操作很简单,定个叫好叫座的惊喜价,把潜在消费者吸引过来,然后限制供货量,造成供不应求的热销假象,从而提高售价,赚取更高的利润。但"饥饿营销"的终极作用还不是调节价格,而是使品牌产生的附加值。这些年来,饥饿营销在苹果等品牌手机销售、特斯拉等品牌汽车销售和碧桂园房地产楼盘销售中发挥得淋漓尽致。

12. 会员营销策略

会员营销是一种基于会员管理的营销方法。商家通过将普通顾客变为会员,分析会员消费信息,挖掘顾客的后续消费力,汲取终身消费价值,并通过客户转介绍等方式,将一个客户的价值最大化。会员营销就是企业通过发展会员,提供差异化服务和精准的营销,提高顾客忠诚度,长期增加企业利润。例如通过梳理一个企业的会员,根据地域、年龄、性别、职务、收入、消费偏好等多个维度进行分群,在促销时针对不同群体进行不同内容的传播。诸如像大型超市、康体中心、美容美发店、电影院、旅行社等,都有自己的会员客户,深入挖掘这些会员所需要的共性服务和个性化服务,可以创造出许多商业盈利机会。

13. 互联网＋销售策略

随着互联网技术的快速发展与应用,网络和智能手机已经是人们生活中重要的组成部分。互联网让传统营销插上翅膀,使销售的地域和范围越来越广。这几年,线上＋线下的O2O互联网销售模式已经十分普遍,线下体验结合线上销售已经成为一种销售服务的常态。运用互联网思维来开展市场销售，提高用户的点击率，保持住客户的黏性，扩大粉丝群体数量，实现线下和线上的有机结合，已经是互联网＋销售策略常用的手法。例如农产品销售，以前都是在线下进行销售，因此地处偏远山区和交通不便利地区的商家，销售量一直不理想。自从互联网网络技术和基础设施成熟后，网上销售农产品的网店和农产品电商平台越来越多，互联网＋为农产品销售插上了互联网的翅膀。再比如餐饮销售，以前大多都是线下实体店销售，有了互联网后，以"美团""饿了么"为代表的外卖平台起到了很好的线上外卖示范效果，使得越来越多的咖啡厅、餐厅、饭馆和食品店开展网上外卖，如今互联网＋销售已经成为餐饮业的销售策略标配。

14. 衍生营销策略

衍生营销是近年来发展较快的一种营销模式，其基本的营销思路就是"羊毛长在猪身上，让狗买单"。也就是说，在产品销售时，不直接挣你的服务客户的钱，而是可以挣这项服务衍生出来的钱。例如，做一场健康养生培训，不收学员的培训费，但是可以在会场摆放一些与授课相关的健康养生的书籍和保健品，通过免费培训将学员召集过来的机会，顺便销售书籍和保健品来获利。这种衍生销售比直接销售还容易操作，利润可能还比收培训费来得高。再比如现在做境外旅游项目，收取游客团费只是一个收入来源，从游客的商业购物和景点自费项目中，都有机会获取新的收入。再比如现在做诸如烘焙、插花、泥塑、科普、益智培训等亲子游的项目也很多，只要把孩子和家长吸引来了，就可以针对孩子和家长开展衍生营销，围绕他们可能喜欢的消费项目做一些衍生营销的服务。

5.2.10　三年发展规划模块

据媒体统计数据显示，创业公司能存活三年的比例不到5％。初创公司能否存活下去，三年是个坎，是个重要的时间节点。创业公司首先应该想到的是要如何存活三年，如何尽快完善产品，如何扩大生产和销售，如何尽快摸索出可行的商业盈利模式，如何产生稳定和持续的现金流。有一句话：大企业做大做强，小企业做精做专。作为创业公司，就是需要深耕自己的产品与服务，打磨好商业模式，形成市场竞争力。所以，大学生创办企业，一定要制定好公司的短中长期发展规划，特别是企业的前三年发展规划。要规划企业的发展愿景，设计企业发展蓝图，完善公司管理制度，打好创业基础。

1. 加强团队建设，提高团队执行力

在前三年，公司要尽快磨合好创业团队，统一思想，统一观念，统一价值观，明确公司发展目标，规划公司发展愿景，培育公司的企业文化。加强团队建设规划，提高团队沟通、团队协同和团队协作能力；要加强公司骨干人才培养规划，加强培训关键技术研发人员、主要软件编程人员、核心创意设计人员、骨干市场销售人员、优秀项目策划人员,不断提升团队人员的综合素质与工作能力,提升团队的执行力和战斗力。

2. 加强公司制度建设,提高公司管理能力

在前三年,公司要加强内部制度建设,建立必要的公司考勤制度、合同管理制度、公章使用制度、财务管理制度、绩效考核制度、档案管理制度和客户管理制度等。要加强公司岗位管理、任务管理和员工绩效考核方面的规划和设计,通过制定公正、公开、公平、合理的绩效考核评价体系和评价标准,对公司人员实行物质奖励和精神奖励,以充分调动员工的工作热情和工作积极性,通过制度建设强化公司管理的标准化、程序化和规范化。

3. 加强公司战略与策略制定

在前三年,公司要制定和及时调整公司发展战略,特别是对差异化战略、知识产权战略和诚信战略的使用。要加强公司产品策略的研究,针对市场需求不断升级迭代产品;要加强技术研发战略的研究,实现研究一代、使用一代、储备一代、瞄准一代;要加强营销策略的研究,在产品策略、价格策略、渠道策略、促销策略和宣传策略上做好布局;要加强公司经营定位研究,如公司的功能定位、服务定位、产品定位和价格定位等;要加强渠道建设规划,如采购渠道、销售渠道、政府渠道、媒体渠道、融资渠道等。

4. 创新商业盈利模式,提高市场竞争力

在前三年,要不断完善创业项目,摸索创新商业服务模式,提升公司市场核心竞争力;要不断提高市场占有率和市场覆盖率;要加强人脉关系与销售渠道建设;要加强企业诚信管理,加强公司品牌培育与形象宣传;要不断整合、优化和配置资源,让资源成为市场竞争力和生产力。

5. 要较强内部沟通,做好公司内部管理

要加强信息沟通规划,如通过工作例会、专题研讨会、OA 办公信息平台、微信办公群、QQ 办公群等形式实现公司内部的即时信息交流与沟通;要加强公司内部管理规划,做好项目管理、流程管理、会议管理、信息管理、文件管理、档案管理、知识管理、风险管理、资金管理等工作。

我们知道,创业公司麻雀虽小,但五脏俱全,公司具有基本的架构设置和职能部门设置,涉及的业务内容也很多。所以,一定要提前做好公司规划,为公司的业务开展和健康发展打好坚实的基础。

在公司发展方面,创业公司可以根据不同的项目内容,按照年度时间进度,设定预期完成目标。如公司研发产品的品种是多少,每年产品生产的数量是多少,销售数量是多少,每年产品销售额预计多少,每年实现的利税是多少,市场占有率和市场覆盖率是多少,销售渠道发展多少,客户数量发展多少,知识产权计划申请哪类,申请几项等。公司未来三年发展规划可以参考表 5-1 去设计和制定。

139

第5章 编写创业计划书

表 5-1　××公司三年发展规划

序号	科目名称	第一年	第二年	第三年	备注
1	产品研发品种(个)	1	2	3	样品或样机
2	产品生产数量(件)	1000	5000	20000	
3	产品销售数量(件)	1000	5000	20000	
4	产品年销售额(万元)	100	500	2000	
5	产品年利润额(万元)	30	150	600	
6	产品年缴税额(万元)	0	1	7	
7	产品市场占有率(%)	1%	3%	5%	
8	产品市场覆盖率(%)	1%	4%	6%	
9	销售渠道数量(个)	10	20	30	
10	客户数量(个)	1 2 6	3 6 15	5 15 40	大客户 中客户 小客户
11	知识产权数量(个)	0 2 2 1 1	1 4 4 2 2	2 5 8 5 3	发明专利 实用新型 外观设计 软件著作权 商标,LOGO

5.2.11　项目融资与筹措模块

从 2015 年开始,国家和地方陆续出台了许多与"大众创业、万众创新"相配套的扶植政策,在我国掀起了一场轰轰烈烈的"大众创业、万众创新"的运动,科技孵化器和众创空间如雨后春笋般地在我国各地不断涌现,各种主题的创新创业大赛此起彼伏,一浪高过一浪,从国家到地方,从科技园区到科技孵化器,从行业协会到大型企业,都在培育和建设"双创"的生态发展环境。大学生创新创业已经成为一种时尚,很多年轻人都想借助这个"双创"的风口,来实现和成就自己的创业梦想,实现自己的社会价值。

但是,创业不是仅有技术和创意就可以,还需要有创业资金,有创业资本。我们都知道资金就像是企业的血液,用来维持着企业的正常运营。如果没有足够的资金,企业就很难维持正常的业务开展,就很有可能倒闭。大学生要想自主创业,需要有足够的创业资金。创业者在启动创业项目前,一定要估算一下到底需要多少创业资金,然后再想清楚有哪些筹措资金的渠道或途径,需要通过什么方法和手段去筹措到创业资本。

1. 创业资金估算

通常大学生的创业项目所需要的启动资金从几万元,到几十万元甚至上百万元不等,需要上千万资金的大项目并不多见,也不太适合大学生去做。创业资金需要多少,主要取决于创业项目在运营过程中可能会发生哪些科目的资金支出。一般来说,创业公司的资金支出主要包括以下十项费用,这十项费用之和,就是创业项目启动资金的金额。

1）房租费用

房租费用是创业公司很大的一部分费用支出,是创业公司主要的费用支出。特别是在北京、上海、深圳、广州等一线城市创业,房租价格十分高昂,可以占到公司成本支出的四分之一到三分之一,创业公司如果能在高校创业园、众创空间或科技孵化器里面办公,房租会相对低一些。无论如何,房租都是创业公司必须考虑的经营支出费用。

2）人员费用

人员费用是创业公司必须考虑的费用支出。人员费用是创业公司的主要成本支出,有时候会占到公司成本支出的三分之一。人员薪酬一般包括基本工资和五险一金,专职人员和兼职人员的费用是不一样的,都要统筹考虑进去。有些创业公司还聘请了专家顾问和创业导师,专家劳务费也要考虑进去。至于创业合伙人的薪酬费用,股东会上可以协商讨论一下,是拿薪酬加分红,还是不拿薪酬只参与分红。

3）设备费用

创业公司开始创业后,可能需要购置一些生产设备、研发设备、检测仪器和工卡量具等,这些设备仪器费用支出较多,一定要想清楚哪些设备是必须购置的,哪些设备是可以租赁借用的。对于初创公司,只要这些设备和仪器能满足科研生产,原则上能省就省,尽可能借助外面的资源,通过外协加工检测完成。

4）材料费用

创业公司的研发和生产活动离不开原辅材料的采购。原辅材料的价格不仅与原材料的供应厂家生产的材料的规格、型号、性能、指标、质量有关,还与厂家供货物流方式、供货周期长短、供货包装等有关,也与产品价格周期的涨跌有关。所以,原辅材料的费用需要全面的考虑和估算,在选购原辅材料时,一定要货比三家。

5）办公费用

一般来说,创业公司成立后就会产生办公费用。主要的办公费用涉及电脑、电话、打印机、复印机、饮水机等办公设备的采购;办公桌、办公椅、会议桌、文件柜等办公家具的采购;办公文具、打印纸、墨盒、公文纸、公文袋、信封、公司宣传页的制作等。

6）通信费用

创业公司开展业务,通信联络是必不可少的。通信费用主要包括电话费、手机费和网络费。目前,国内很多地区的办公场所都有宽带接入,宽带计费按照包年、包月、包季等不同的标准收费。创业公司可以根据公司人员数量、业务量及宽带使用情况估算通信费用。

7）差旅交通费用

公司开展业务,少不了交通出行和差旅住宿,交通费和住宿费是一笔不小的开支。

交通费涉及乘出租车、地铁、火车、飞机、轮船等费用,公务出差还会涉及宾馆或酒店的住宿费和员工的伙食补助费。创业公司需要根据每年开展的业务做好差旅费和交通费的预算。

8)公关业务费用

创业公司从零开始做起,需要整合人脉,疏通渠道,维持好客户关系,这就需要开展一些公关活动。请客吃饭、品茶、喝咖啡、唱卡拉 OK、钓鱼、打球锻炼、郊游、送礼等,都是业务公关常用的手段。一年下来,公关费用是一笔不小的开支。

9)公司注册费

公司注册成立后,要建立单独的财务和税务账户,还要刻制公司公章和财务章,还要购买发票,还要向工商税务主管部门提交上报很多资质文件资料,这些都会涉及一定的费用。

10)不可预见费

公司开展业务后,可能还会参加一些产品展览会、技术交流会、项目路演会、新产品发布会等不同主题的活动,可能有些工作自己干不了会委托第三方开展服务。为了扩大公司品牌影响可能还会联系媒体做一些广告活动等,很多属于不可预见的费用会发生。故对不可预见费也应该有个估算才好。

由于很多新成立的创业公司产品不成熟,还需要进一步开发和完善,可能会在 6 个月甚至 12 个月的时间里公司都没有收入,全部是资金投入而没有产出。所以创业资金估算还是要从更恶劣更悲观的情景中去设想,尽可能估算多一些,留出一点富裕。

2. 创业资金筹措途径

近几年,随着创新创业的生态环境越来越好,大学生筹措创业资金的渠道也越来越多,初创公司筹措创业资金可以重点考虑以下几个途径。

1)创始人自筹资金

创业团队自筹创业资金是最常用的做法,也是最容易实现的融资途径。创业项目合伙人可以按照创业启动资金的总额,根据各自的出资能力进行出资,认购股份。寻找筹资的对象可以是父母、亲戚、老师、同学、朋友等。现在一般城里的大学生家庭条件都还不错,学生平时自己积攒的零花钱,再加上父母支持孩子创业的钱,凑齐 2 万元至 5 万元不是什么太困难的事情。5 个创业合伙人每个人平均出资 2 万元,就可以凑齐 10 万元。

2)大学生创业信用贷款

现在学校和银行联合起来为有志创业的大学生设置了大学生创业信用贷款。大学生可以根据国家颁布的大学生创业信用贷款政策,向学校和银行提交相关创业资料,申请创业贷款,筹到第一笔创业资金。目前,大学生创业贷款根据省市地区的不同,贷款额度可以从 5 万元到 40 万元不等,中关村园区还成立了大学生贷款专项基金。目前,有些高校校友会联合已经毕业的校友,设立了高校大学生创业发展基金,用于支持在校学生和毕业 3 年内的同学自主创业。高校大学生创业发展基金也是大学生创业筹资的一个渠道。

3）创新创业大赛奖金

目前，很多高校每年都会组织大学生参加创新创业大赛，并对获奖的团队给予一定的奖金支持，有志创业的大学生可以积极参加高校组织的"挑战杯""创青春"和"互联网＋"等创新创业大赛，争取比赛名次，获得大赛组委会和高校的大赛奖金。一般奖励的金额从 5000 元到 25 万元不等。此外，社会上不同组织和机构举办的创新创业大赛也邀请大学生创业团队参赛，获奖的团队会获得大赛 5000 元至 15 万元的奖金。

4）天使投资

这几年，随着"双创"的火爆，国内成立了很多天使投资机构，这类机构主要寻找早期的创业项目。对大学生的创业项目，无论是已经落地注册公司的创业项目，还是没有落地只是建立创业团队的优秀项目，天使投资都会关注。特别是投资种子轮和天使轮的天使投资，是大学生寻找创业投资的重要途径。一般来说，天使投资的种子期投资可以在 100 万元以内，天使轮投资可以在 2000 万元以内。创业公司和创业团队的创业项目都处于早期，可以重点接触和联系投资种子轮和天使轮的天使投资机构，争取得到他们的投资支持。为了争取到与投资人面对面的项目交流机会，创业团队一定要做好创业策划，制作一份高质量、高水准的创业计划书，一定要在创业计划书中描述清楚你的产品与服务是什么，你的项目特点和竞争优势是什么，你的核心竞争力是什么，你的商业盈利模式是什么，你的技术壁垒门槛是什么，你的创业团队是什么情况，你的股权机构设置是否清晰合理，你的融资需求和资金使用计划等。

3. 天使投资的投资哲学

目前，我国天使投资机构倾向于投资早期项目。早期投资包括种子轮和天使轮两个阶段，这对于大学生创业获得天使投资是个机会，但是一定要清楚天使投资的投资风口在哪里，天使投资重点关注的投资领域在哪里，天使投资的投资哲学是什么。

天使投资业界的投资人有个共识，就是再好的项目也是靠人来运营，如果创业团队能力不行，创业团队的领头人不行，那么再好的创业项目也可能做不好，也就很难成长为独角兽公司。但是，如果创业的创始人很优秀，那么即使这个创业项目没有做好，经过创业指导和创业咨询后，创始人也能够及时转型调整产品机构和技术方案，研发出有竞争力的创新性产品和服务。所以，天使投资的投资哲学是投资创业团队，投资创业项目的创始人，投资精英创客。

5.2.12 项目财务分析模块

创业项目的财务分析在创业策划中属于十分重要的内容。资产负债表、利润表、现金流量表是三张重要的财务报表。

资产负债表也叫财务状况表，表示企业在一定日期的财务状况，它反映的是企业资产、负债、所有者权益的总体规模和结构，可以让所有阅读者于最短时间内了解企业经营状况。资产负债表反映了公司在特定时点的财务状况，是公司的经营管理活动结果的集中体现。通过分析公司的资产负债表，能够揭示出公司偿还短期债务的能力，公司经营稳健与否或经营风险的大小，以及公司经营管理总体水平的高低等。资产负债表利用会计平衡原则，将符合会计原则的资产、负债、股东权益等交易科目分为"资产"和"负债及股东权益"两大区块，再经过分录、转账、分类账、试算、调整等会计程序后，以特定日期的静态企业情况为基准，浓缩成一张报表见表 5-2。

表 5-2　资产负债表

单位：万元

项　　目	第一年	第二年	第三年
流动资产			
库存现金			
银行存款			
交易性金融资产			
应收账款			
流动资产合计			
非流动资产			
固定资产			
减：累计折旧			
固定资产净值			
无形资产			
减：累计摊销			
无形资产净值			
资产合计			
负债及权益			
流动负债			
应收账款			
短期借款			
负债合计			
所有者权益			
实收资本			
盈余公积			
未分配利润			
所有者权益合计			
负债及所有者权益合计			

利润表也叫购销损益账或动态报表,它反映的是某一期间公司的盈利状况。利润表是反映一定会计期间的经营成果的报表。通过利润表,可以了解企业在一定会计期间收入、费用、利润的数额、构成情况,全面地了解企业的经营成果,分析企业的获利能力及盈利增长趋势,为企业作出经济决策提供依据,见表5-3。

表 5-3　利润表　　　　　　　　　　　　　单位:万元

时间 项目	第一年	第二年	第三年
一、主营业务收入			
减:营业成本			
营业税金及附加			
二、商品销售利润			
三、主营业务利润			
加:其他业务利润			
减:销售费用			
管理费用			
财务费用			
四、营业利润			
加:投资收益			
营业外收入			
减:营业外支出			
五、利润总额			
减:应交所得税			
六、税后利润			

现金流量表也叫账务状况变动表,表达的是在某一固定期间(通常是每月或每季)内,一家公司的现金(包含现金等价物)增减变动情形。现金流量表的主要作用是判断公司短期生存能力,特别是缴付账单的能力。它是反映一家公司在一定时期现金流入和现金流出动态状况的报表。其组成内容与资产负债表和损益表相一致。通过现金流量表,可以综合反映经营活动、投资活动和筹资活动对企业现金流入流出的影响,对于评价企业的实现利润、财务状况及财务管理,要比传统的损益表提供更好的基础。现金流量表提供了一家公司经营是否健康的证据。如果一家公司经营活动产生的现金流无法支付股利与保持股本的生产能力,因而它得用借款的方式满足这些需要,那么这就得出了一个结论,这家公司从长期来看无法维持正常情况下的支出。现金流量表通过显示经营中产生的现金流量的不足和不得不用借款来支付无法永久支撑的股利水平,揭示了公司内在的发展问题,见表5-4。

表 5-4　现金流量表　　　　　　　　　　　　　　　　单位：万元

项目 \ 时间		第一年	第二年	第三年
加：现金流入	期初余额			
	提供商品、提供劳务产生的现金流入			
	其他现金流入			
	投资活动产生的现金流入			
	现金流入合计			
减：现金流出	材料采购支出			
	直接人工支出			
	销售费用支出			
	管理费用支出			
	财务费用支出			
	购置设备支出			
	营业税金及附加			
	现金支出合计			
	所得税支出			
现金流量净额				
加：银行借款				
减：偿还银行借款				
期末余额				

很多创业者没学过财务专业知识，不懂得如何填写财务报表，最好能请懂财务的专业人士帮助完成填写。创业者在进行创业项目的财务分析时，要将公司未来三年主要的财务指标描述清楚，如项目的投资总额是多少，公司预计每年的产品销售额是多少，产品的年毛利率能达到多少，每年的净利润有多少，项目投资回收期需要多长时间，项目的内部收益率是多少等。

创业者通过开展项目的财务数据统计和分析，可以全面的了解创业项目的财务指标情况，了解创业项目的经营状况，掌握创业项目的投入与产出效果如何，并且可以通过参考财务数据的分析结果，来完善产品研发和生产管理，控制各项费用成本支出，知道哪些钱该花，哪些钱不该花，哪些钱可以少花；通过分析财务数据，可以知道我们的创业项目的盈利性好还是不好，附加值高还是不高，值得不值得去做这个创业项目；通过分析财务数据，可以看出公司经营业绩发展情况，需要多长时间公司可以盈利，需要多少时间公司营业收入可以达到 50 万元、100 万元，甚至 500 万元；通过分析财务数据，可以清楚知道投资回收期是多长时间，知道何时可以收回投资；通过分析财务数据,按照设定的市盈率,就可以计算出未来公司的估值是多少,对于后面的项目融资也十分有帮助。

一个创业项目好不好,通过产生的现金流就可以看出来。如果公司能够持续的产生正现金流,并且增长率也很高,说明这个项目盈利能力较强,应该不错;如果公司不能产生正现金流,一年甚至两三年都是负现金流,从现金流量表中看到的全部是公司的资金投入而没有收入产出,那么这个创业项目就有点问题,就存在财务盈利风险,投资这个项目就要慎重。

所以,学会财务分析十分重要。财务数据可以清晰地告诉你这个创业项目的经营情况,以及投资这个项目后,是否有高附加值的收益,是否能在短期内收回投资,是否存在财务风险。

5.2.13　创业团队股权结构模块

创业团队的股权结构包括公司的股东人数和每个股东的股权比例。大学生在组建创业项目团队时,股东人数和股权比例要提前考虑清楚。创业合伙人的选择十分重要,合伙人之间一定要在价值取向上达成一致,在专业能力上达成互补,在资源配置上达到合理优化,这样才能形成合伙人在一起做事的合力,才能实现 1 加 1 大于 2 的效果。一般来说,股东数量从 2 人至 10 人都可以考虑,但是股东人数不易太多,以免在召开股东会时众说纷纭,各持己见,意见不统一,最后延误公司决策,影响正常运营。

股权分配是公司稳定的基石。一般而言,创业初期股权分配比较明确,结构比较单一,几个投资人按照出资多少分得相应的股权。但是,当公司运作后,各种内部矛盾凸现,在矛盾中股东维护自身利益的依据就是股权比例和股东权利。股权比例关系到股东的决策权力和分配利益权利。随着公司的发展,股东之间必然会在公司决策方面和利益分配方面发生不同程度的冲突,这个时候,股权比例就发挥作用了,决策行权将按照股东的权重进行表决,分红也将按照股东的股权比例进行分成。所以,在创业初期,为了将创业事业做大做长久,创始人股东和联合创始人股东一定要共同设计好股权结构,以保证创业公司稳健发展。

对于创业公司的建立,股权平均和一股独大是最不可取的。如果一个公司有 5 个股东,每个人股份平均都占到 20%,则在公司决策时,每个股东的投票权重一样大,很难形成确定最后的决策,容易形成扯皮现象,办事拖沓。一股独大也是比较忌讳的股权设置。很多创始人都想控股,恨不能一股独大才好。同样,一旦形成一股独大的格局,就变成所有人给你打工了,公司获取的大部分利益是你的,同样,公司所承担的风险也全是你的。这种股权结构下,小股东没有什么利益和责任,也就会变得对公司的业务发展不上心和不关心,达不到所有股东齐心协力的局面,实际上是为公司的发展埋下了一颗地雷。例如公司有 5 个股东,一个股东的股份占到 90%;其他 4 个股东的股份分别为 2%、2%、3%、3%,合计加起来为 10%。大股东绝对控股,一个人说了算,想怎么干就怎么干,其余 4 个股东成了给大股东打工的了。所以,我们不建议创业公司股东一股独大,最好成立董事会,公司决策按人头投票,股东之间形成一种权力的制衡,这样就容易形成民主集中制,走共同决策的道路,达到有责共担、有利共享、有难共扛的局面。

股权投资,包括有形资产和无形资产投资,用于公司的投资可以是现金,可以是具有较高科技含量的专有技术,可以是专利、软件著作权或版权等知识产权,也可以是房产、汽车、设备等资产,还可以是管理经验、销售渠道等特殊资源资产。合伙人股东在商谈投资划分股权比例时,可以协商确定。

为了公司的壮大和可持续发展,目前很多创业公司还都留出 20% 左右的股权作为奖励池,拿出一定比例的股份奖励骨干人员以便留住人才。同时,也用来吸引和招募一些优秀的人才加盟。

【问题与训练】

(1) 如果你想做一个乡村旅游项目,请编写一份创业计划书。

(2) 如果你想做一个面向 K12 提供益智教育培训的创业项目,请编写一份创业计划书。

(3) 如果你想做一个服饰设计的创业项目,请编写一份创业计划书。

(4) 如果你想做一个无人机景区安防预警的创业项目,请编写一份创业计划书。

(5) 如果你想做一个奶茶吧项目,请编写一份创业计划书。

(6) 如果你想做一个电商服务平台项目,请编写一份创业计划书。

(7) 请将你做的创业项目的创业团队股权结构情况填入表 5-5 内。

表 5-5　创业项目的创业团队股权结构情况

股东姓名	投资金额(万元)	股权比例(%)
A		
B		
C		
D		
E		

第**6**章

备战创业大赛

【学习目标】

(1) 了解我国都有哪些具有影响力的创新创业大赛赛事；

(2) 了解创新创业大赛评审的七个要点；

(3) 了解我国创新创业大赛常见的八个问题；

(4) 了解参加创新创业大赛应该注意的九个方面；

(5) 了解参加项目路演时，创业 PPT 制作与汇报技巧。

6.1 我国创新创业大赛概况

2014 年 9 月 10 日，李克强总理在夏季达沃斯论坛上首次发出"大众创业、万众创新"的号召，要在 960 万平方公里土地上掀起"大众创业""草根创业"的新浪潮，形成"万众创新""人人创新"的新态势。2015 年 6 月 16 日，国务院发布《国务院关于大力推进大众创业万众创新若干政策措施的意见》(国发〔2015〕32 号)(以下简称《意见》)。《意见》提出：要营造创新创业文化氛围，支持创新创业公共服务，鼓励科技人员和大学生创业，坚持创新引领创业，创业带动就业。

为贯彻落实《意见》有关精神，共同推进大众创业、万众创新蓬勃发展，国务院同意建立由原发展改革委牵头的推进大众创业万众创新部际联席会议制度。各级政府、省市和地区积极贯彻落实中央精神，推动创业教育、传播创业理念、提升创业技能、促进创业就业，各种主题的创新创业大赛如雨后春笋，层出不穷。大赛一浪高过一浪，声势浩大，蓬勃开展。

6.1.1 团中央"挑战杯"竞赛

1998 年 5 月，清华大学首届创业计划大赛正式拉开了我国高校大学生创业计划大赛的序幕。这次大赛中,清华大学某个创业团队获得5250万元风险投资,在全国高校学生中引起了强烈反响。此次大赛的成功举办引起了教育部、团中央等有关部门的高度重视。

1999年1月,国务院在批转教育部《面向21世纪教育振兴行动计划》的通知中,首次提出要"加强对教师和学生的创业教育,鼓励他们自主创办高新技术企业"。

为了引导和激励高校学生实事求是、刻苦钻研、勇于创新、多出成果、提高素质,培养学生创业精神和实践能力,并在此基础上促进高校创业活动的蓬勃开展,发现和培养一批在创业方面有作为、有潜力的优秀人才,1999年3月,由团中央、教育部、中国科协、全国学联联合主办,每两年举办一次的大学生"挑战杯"创业计划竞赛正式启动。"挑战杯"创业计划竞赛在我国共有两个并列项目,一个是"挑战杯"中国大学生创业计划竞赛,另一个则是"挑战杯"全国大学生课外学术科技作品竞赛。这两个项目的全国竞赛交叉轮流开展,每个项目每两年举办一届,该项比赛是全国目前最具有导向性、示范性和权威代表性的全国大学生竞赛活动。"挑战杯"竞赛采取学校、省(自治区、直辖市)和全国三级赛制,分预赛、复赛、决赛三个赛段进行。

1. "挑战杯"大学生创业计划竞赛

"挑战杯"中国大学生创业计划竞赛,简称为"小挑",又称商业计划竞赛。创业计划竞赛是20世纪80年代在美国高校兴起的以推动成果转化为目标的活动,它借助风险投资运作模式,要求参赛者组成学科交叉、优势互补的竞赛团队,提出一项具有市场前景的技术产品或服务,并围绕这一技术、产品或服务,完成一份完整的创业计划书,以获得风险资本的投资。"挑战杯"中国大学生创业计划竞赛被誉为中国大学生创业创新类比赛的"奥林匹克"盛会,是目前国内大学生创业创新类最热门最受关注的竞赛。

1999年,由共青团中央、中国科协、全国学联主办,清华大学承办的首届"挑战杯"中国大学生创业计划竞赛成功举行。竞赛汇集了全国120余所高校的近400个创业项目,在全国高校掀起了一轮创新创业的热潮,产生了良好的社会影响。在社会各界的关心和支持下,一批创业计划进入了实际运行操作阶段,技术、资本与市场的结合向更深的层次推进。大学生创业计划竞赛使大学校园创新意识、创业能力的教育与培训工作得到了进一步发展,成为共青团、学生会组织参与素质教育的新载体,成为学生科技活动的新形式。

2. "挑战杯"中国大学生创业计划竞赛历届情况

1)第一届竞赛于1999年在清华大学举办

1999年,由共青团中央、中国科协、全国学联主办,清华大学承办的首届"挑战杯"和讯网中国大学生创业计划竞赛在北京成功举办,竞赛由和讯网赞助,汇集了全国120余所高校近400个创业项目。大赛的举办使"创业"的热浪从清华园向全国扩散,在全国高校掀起了一轮创新创业的热潮,孕育了视美乐、易得方舟等一批高科技公司,产生了良好的社会影响。

2）第二届竞赛于 2000 年在上海交通大学举办

2000 年，由上海交通大学承办的第二届"挑战杯"万维投资中国大学生创业计划竞赛在上海成功举办，竞赛由万维投资网赞助。大会共收到来自全国 24 个省 137 所高校的 455 个创业项目。在社会各界的关心支持下，一批创业计划进入实际运行操作阶段，技术、资本和市场的结合向更深的层次推进。

3）第三届竞赛于 2002 年在浙江大学举办

2002 年，由浙江大学承办的第三届"挑战杯"天堂硅谷中国大学生创业计划竞赛在杭州成功举办，教育部成为竞赛主办单位，杭州市人民政府作为承办单位参与了竞赛，并提供了全部经费支持。竞赛成为 2002 西湖博览会的重要活动之一，致力于打造创业天堂的杭州市甚至提出要将中国大学生创业计划竞赛永远留在杭州。竞赛组委会共收到来自全国 29 个省、市、自治区 244 所高校的参赛项目共 542 项。竞赛受到社会各界尤其是企业界和风险投资界的关注。据统计，一些参赛作品开赛前就吸引了部分风险投资，金额达 10400 万元，其中签订合同的项目 6 件，签约金额 4640 万元。决赛期间，正式签约项目 4 件，金额达 5760 万元。其中，南京大学的"格霖新一代绿色环保空气净化器"商业计划获得了高达 2595 万元的风险投资。

4）第四届竞赛于 2004 年在厦门大学举办

2004 年，第四届"挑战杯"中国银行中国大学生创业计划竞赛在厦门大学成功举办，把大学生创业浪潮推向了新的高峰。竞赛由中国银行和"亚礼得"集团赞助，来自全国 29 个省、市、自治区 276 所高校的 603 个创业项目参加了竞赛，其中 100 个创业项目进入了终审决赛。台湾省首次派队参加，香港和澳门的大学也应邀观摩。参加终审决赛的参赛学生达 1000 余人，参加观摩的媒体、企业、投资者等各界人士近 2000 人，使"挑战杯"创业计划竞赛在短短 4 届、5 年的时间里就达到了空前的规模。

5）第五届竞赛于 2006 年在山东大学举办

2006 年，第五届"挑战杯"飞利浦中国大学生创业计划竞赛在山东大学成功举办，部分作品在赛前就受到社会各界尤其是企业界和风险投资界的关注。据统计，赛前共有 13 个参赛项目与 25 家企业达成投资意向，获得了 5921.35 万元的风险投资。在终审决赛期间的投资意向洽谈会上，共有 3 个项目与 4 家企业正式签约，风险投资金额达 2225 万元。山东省人民政府首次作为比赛所在地主办单位出现在挑战杯竞赛中，充分体现了省级地方政府对挑战杯活动开展的重视和对大学生创新创业工作的支持。飞利浦公司大力赞助该届比赛，对来自包括港澳台在内的 22 个赛区的 129 个创业项目进行了评审。该届"挑战杯"做了很多有意义的尝试和探索，为进一步加大服务参赛团队创业的力度，主办单位邀请了国内 12 个高新技术园区作为"中国大学生创业园"。为更好地指导"挑战杯"获奖团队进行创业，主办单位还邀请了包括柳传志、刘永好在内的社会知名人士担任中国大学生创业导师。本次竞赛成为"挑战杯"中国大学生创业计划竞赛办赛以来参赛高校数量最多、作品数量最多，港澳台地区全部参赛，自主创新比例明显提高，与现实生活密切相关的服务类项目明显增多的一届比赛。

6）第六届竞赛于 2008 年在四川大学举办

2008 年,第六届"挑战杯"中国大学生创业计划竞赛决赛开幕式在四川大学举行,这项被誉为中国大学生科技创业"奥林匹克"的赛事,首次在中国西部地区高校举办。经过预赛、复赛的严格审核,全国 356 所高校选送的 600 个创业项目中,有 150 件进入终审决赛。来自内地的 109 所高校的 150 支大学生团队及港澳地区的 18 支大学生团队参加了金银铜奖角逐。

7）第七届竞赛于 2010 年在吉林大学举办

2010 年,第七届"挑战杯"中国大学生创业计划竞赛活动由共青团中央、教育部、中国科协、全国学联共同主办,长春市政府、吉林大学共同承办。本届竞赛共收到来自全国 374 所高校(含港澳台)的 640 个创业项目,参赛学生达 6000 多名。可谓汇集了大学生中的精英,并层层精选了领先的研究成果。比赛不仅要用展板、实物、资料、幻灯片和答辩等形式展示自己的设计成果,而且还要进行项目计划书评审、秘密答辩和"创业之星"网络虚拟运营竞赛。其中,"创业之星"网络虚拟运营竞赛是本届"挑战杯"新增的环节,它标志着这项全国性的大学生实践大赛已经开始由单纯的创业计划的撰写与答辩向创业计划如何有效实施转变。

8）第八届竞赛于 2012 年在同济大学举办

2012 年,第八届"挑战杯"中国大学生创业计划竞赛活动由共青团中央、教育部、中国科协、全国学联、上海市人民政府共同主办,同济大学承办、复星集团协办。本届参赛作品首次被分为"已创业"和"未创业"两类,并实行校、省、全国逐级报备制度,力求进一步突出竞赛设计的科学性与竞赛作品的实用性,即在主体赛事中,对于已创业类作品的考察,将更加注重商业运营效果;而对于未创业类作品的考察,则更加注重市场发展潜力。根据已创业作品的实际运营情况,在其实得总分基础上给予 1%～5% 的加分,这项规则的出台将有利于调动"已创业"项目参赛团队的积极性,同时也鼓励更多创业项目踏入实战领域,以此推动"挑战杯"由学术导向型向实战导向型转变。评审专家都聘请风险投资专家,不再聘请高校专家。除传统的赛事活动之外,本届"挑战杯"在第七届竞赛增设的参赛团队网络虚拟运营环节的基础上,设立了网络虚拟运营专项赛,面向进入决赛的团队,按照自愿原则参加比赛,奖项单设。

3."挑战杯"全国大学生课外学术科技作品竞赛

"挑战杯"全国大学生课外学术科技作品竞赛,简称"大挑"。"挑战杯"全国大学生课外学术科技作品竞赛是由共青团中央、中国科协、教育部、全国学联和地方政府共同主办,国内著名大学、新闻媒体联合发起的一项具有导向性、示范性和群众性的全国竞赛活动。

"大挑"和"小挑"比赛侧重点不同,"大挑"注重学术科技发明创作带来的实际意义与特点,而"小挑"更注重市场与技术服务的完美结合,商业性更强;"大挑"设置特等奖、一等奖、二等奖、三等奖,而"小挑"奖项设置为金奖、银奖、铜奖;"大挑"发起高校可报六件作品,其中三件为高校直推作品,另外三件要与省赛组织方协商推荐,而"小挑"

只能推荐三件作品进国赛;"大挑"有学历限制而"小挑"没有,"大挑"将专本科组、硕士组、博士组分开评审;"大挑"国赛最多可以报 8 人,而"小挑"最多可以报 10 人;"大挑"比赛证书盖共青团中央、中国科协、教育部、全国学联、举办地人民政府的章,而"小挑"证书只盖共青团中央、中国科协、教育部、全国学联的章。

4. "挑战杯"全国大学生课外学术科技作品竞赛历届情况

(1)第一届竞赛于 1989 年在清华大学举办。1988 年,清华大学首次设立校内"挑战杯"竞赛。次年,在国家教委的支持下,清华大学等 34 所高校和全国学联、中国科协及部分媒体联合发起举办了首届"挑战杯"大学生课外科技活动成果展览暨技术交流会。清华大学获得"挑战杯"。

(2)第二届竞赛于 1991 年在浙江大学举办。本届竞赛由共青团中央、中国科协、全国学联主办。"挑战杯"全国大学生课外学术科技作品竞赛名称自此正式确定并沿用至今。这届竞赛初步建立了选拔、申报、评审的竞赛机制;确立组委会和评委会各自独立运作的竞赛机构;形成了两年一届、高校承办的组织方式。上海交通大学获得"挑战杯"。

(3)第三届竞赛于 1993 年在上海交通大学举办。通过本届竞赛的举办,"挑战杯"竞赛的各项机制得到进一步完善和加强。北京大学获得"挑战杯"。

(4)第四届竞赛于 1995 年在武汉大学举办。本届竞赛获得周光召、朱光亚等 100 名著名科学家寄语勉励。复旦大学获得"挑战杯"。

(5)第五届竞赛于 1997 年在南京理工大学举办。本届竞赛中香港地区大学生首次组团参与竞赛活动。清华大学获得"挑战杯"。

(6)第六届竞赛于 1999 年在重庆大学举办。本届竞赛重庆市政府成为主办方之一,这是省级政府首次参与赛事主办。香港地区 9 所高校的 40 件作品直接进入终审决赛。竞赛协议项目 43 个,转让总金额超过 1 亿元,转让金额超过前五届的总和。

(7)第七届竞赛于 2001 年在西安交通大学举办。本届竞赛首次在西北地区举行终审决赛。西安外事学院成为第一所参加"挑战杯"竞赛的民办高校。本届竞赛还首次实现了内地(大陆)和港澳台地区大学生的同台竞技交流。

(8)第八届竞赛于 2003 年在华南理工大学举办。本届竞赛有来自中国内地(大陆)31 个省、市、区和香港、澳门、台湾地区,以及新加坡等国高校的师生代表及企业界、新闻界人士近万人参加了开幕式。共有 18 件"挑战杯"参赛作品成功转让,总成交额达到 1300 万元。其中单件作品最高成交额为 800 万元。清华大学获得"挑战杯"。

(9)第九届竞赛于 2005 年在复旦大学举办。本届"挑战杯"竞赛成为前九届竞赛中参赛高校最多、参赛作品最多的一届,共有 1107 件作品入围复赛。台湾地区高校首次正式组团参赛。设立飞利浦科技多米诺大赛,成为国内大学生校际之间的首次多米诺正规赛事。首次以公开答辩的方式进行最后的评审。复旦大学获得"挑战杯"。

(10)第十届竞赛于 2007 年在南开大学举办。本届竞赛有来自内地和港澳台地区及国外的 300 多所高校 3000 多名师生参加了决赛。东南大学夺得"挑战杯"。全体参赛学生向全国大学生发出"努力成为推动创新型国家建设的生力军"的倡议。决赛期间,举办了学生学术科技作品展、创新型人才培养系列论坛、天津滨海新区开发开放报告会、学生科技成果转化洽谈会、港澳台高校学生座谈会。109 位两院院士在内的 161 位海内外知名人士为竞赛题词。

(11) 第十一届竞赛于 2009 年在北京航空航天大学举办。本届竞赛有 1106 件作品(其中文科 616 件,理科 490 件)进入终审决赛,入围高校达 432 所。竞赛信息化是本届挑战杯竞赛的特点之一,组委会邀请专家组开发竞赛官方网站、完善全国大学生科技成果信息服务平台,第一次在"挑战杯"引入网络申报、网络评审的机制,全程实现网络信息化服务。

(12) 第十二届竞赛于 2011 年在大连理工大学举办。本届"挑战杯"自 3 月启动后,相继开展了校级、省级、全国级三级竞赛,并首次采用了逐级报备制度。截至当年 6 月底,共有 1900 多所高校的近 5 万件作品实现了网络报备。经全国评委会预赛、复审,最终有来自 305 个高校的 1252 件作品进入终审决赛。港澳地区 12 所大学的 55 件作品也参加了比赛。

(13) 第十三届竞赛于 2013 年在苏州大学举办。2013 年 10 月 18 日,由共青团中央、中国科协、教育部、全国学联、江苏省人民政府主办,苏州大学、苏州工业园区共同承办的第十三届"挑战杯"全国大学生课外学术科技作品竞赛结束。本届竞赛共有包括港澳地区高校参赛团队在内的 531 所高校的 1464 件作品进入全国复赛,最终有 454 所高校的 1195 件作品进入终审决赛。经过公开展示、封闭评审等竞赛环节的角逐,竞赛评审委员会最终评出 34 件特等奖作品、104 件一等奖作品、288 件二等奖作品和 710 件三等奖作品,同时评出"累进创新奖"金奖作品 15 件、银奖作品 35 件、铜奖作品 50 件和"交叉创新奖"一等奖作品 20 件、二等奖作品 30 件、三等奖作品 50 件。

(14) 第十四届竞赛于 2015 年在广东工业大学举办。2015 年 11 月 21 日,由共青团中央、中国科协、教育部、全国学联、广东省人民政府主办,广东工业大学、香港科技大学共同承办的第十四届"挑战杯"全国大学生课外学术科技作品竞赛结束。经过网络初评、集中复评、决赛答辩,第十四届"挑战杯"全国大学生课外学术科技作品竞赛全国竞赛评审委员会最终评出特等奖作品 38 件、一等奖作品 124 件、二等奖作品 318 件、三等奖作品 759 件。本届竞赛期间,主办单位进行了"累进创新奖"评选,评出"累进创新奖"金奖 5 件、银奖 12 件、铜奖 16 件。

(15) 第十五届竞赛于 2017 年在上海大学举办。2017 年 11 月 18 日,由共青团中央、中国科协、教育部、中国社会科学院、全国学联和上海市人民政府共同主办,开幕式以"青春新动能·挑战创未来"为主题,生动演绎在党的十九大胜利召开之际,在习近平新时代中国特色社会主义思想指引下,青年大学生响应国家创新驱动发展战略和"一带一路"倡议,勇于挑战、科技报国的志向和情怀。经过网络初评、集中复评、决赛答辩,本届赛事竞赛评审委员会最终评出 1229 件获奖作品。其中,特等奖作品 39 件、一等奖作品 102 件、二等奖作品 315 件、三等奖作品 773 件。上海交通大学获得"挑战杯"。第十五届"挑战杯"竞赛启动后,全国 2000 多所高校的 200 多万大学生参加了校级竞赛。经过省级比赛、全国初评和复审,共有 314 所高校的 755 件作品进入终审决赛。本届"挑战杯"竞赛开创了自 1989 年举办以来的多个"首次":首次构建了"1+2+X"的综合赛事体系,在主体赛基础上,举办"一带一路"国际专项活动、海峡两岸大学生创新挑战营,以及科技创新系列配套活动;首次将台湾地区 26 所高校纳入"挑战杯"竞赛框架内开展创新创业活动;首次系统梳理近 30 年来"挑战杯"的育人成果、办赛机制和综合效益;首次开辟优秀项目创业落地绿色通道、举办创新人才招聘会;首次组织"挑战杯"宣讲团走进中小学宣讲,设立高中生展台展示中小学生创新风采。决赛期间,还将举办创新人才专场招聘会、创新创业成果交易会、社会开放日、"紫荆谷"青年创新创业训练营、创新创业高端论坛、"一带一路"青年沙龙等活动。

时任团中央书记处常务书记贺军科在讲话中指出,"挑战杯"竞赛的应运而生和发展壮大契合了党和国家对科技创新的战略关注。自 1989 年至今,竞赛已走过十六届发展历程,孕育了优秀青年科技人才,展示了中华学子的创新风采,被誉为当代大学生科技创新的"奥林匹克"盛会。

5. "创青春"全国大学生创业大赛

2013 年 11 月 8 日,习近平总书记向 2013 年全球创业周中国站活动组委会专门致贺信,特别强调了青年学生在创新创业中的重要作用,并指出全社会都应当重视和支持青年创新创业。为贯彻落实习近平总书记系列重要讲话和党中央有关指示精神,适应大学生创业发展的形势需要,在原有"挑战杯"中国大学生创业计划竞赛的基础上,共青团中央、教育部、人力资源社会保障部、中国科协、全国学联决定,自 2014 年起共同组织开展"创青春"全国大学生创业大赛,每两年举办一次。"创青春"全国大学生创业大赛的总体思路,是以党的十八大和十八届二中、三中全会精神为指导,以"中国梦,创业梦,我的梦"为主题,以增强大学生创新、创意、创造、创业的意识和能力为重点,以深化大学生创业实践为导向,着力打造权威性高、影响面广、带动力大的全国大学生创业大赛。以大赛为带动,将大学生的创业梦与中国梦有机结合,打造深入持久开展"我的中国梦"主题教育实践活动的有效载体;将激发创业与促进就业有机结合,打造整合资源服务大学生创业就业的工作体系和特色阵地;将创业引导与立德树人有机结合,打造增强大学生社会责任感、创新精神、实践能力的有形工作平台。

6. "挑战杯——彩虹人生"全国职业学校创新创效创业大赛

2014 年,"挑战杯"组委会首次将职业学校(含高职、中职)纳入竞赛中。"挑战杯——彩虹人生"全国职业学校创新创效创业大赛由共青团中央、教育部、人社部、中国科协、全国学联、省级人民政府共同主办,每两年一届。大赛继承"挑战杯"传统好做法的基础上,结合职业学校的实际,开拓创新,赛出新风格。

6.1.2 中国"互联网+"大学生创新创业大赛

2015 年 5 月 21 日,教育部发布关于举办首届中国"互联网+"大学生创新创业大赛的通知,拉开了中国"互联网+"大学生创新创业大赛的帷幕。

1. 首届中国"互联网+"大学生创新创业大赛

首届中国"互联网+"大学生创新创业大赛,以"'互联网+'成就梦想,创新创业开辟未来"为主题,由教育部会同国家发展和改革委员会、工业和信息化部、人力资源和社会保障部、共青团中央和吉林省人民政府共同主办。大赛旨在深化高等教育综合改革,激发大学生的创造力,培养造就"大众创业、万众创新"的生力军;推动赛事成果转化,促进"互联网+"新业态形成,服务经济提质增效升级;以创新引领创业、创业带动就业,推动高校毕业生更高质量创业就业。

首届参赛项目分为四大类:

(1)"互联网+"传统产业,包括新一代信息技术在传统产业(含一、二、三产业)领域应用的创新创业项目;

(2)"互联网+"新业态,包括基于互联网的新产品、新模式、新业态创新创业项目,优先鼓励人工智能产业、智能汽车、智能家居、可穿戴设备、互联网金融、线上线下互动的新兴消费、大规模个性定制等融合型新产品、新模式;

(3)"互联网+"公共服务,包括互联网与教育、医疗、社区等结合的创新创业项目;

(4)"互联网+"技术支撑平台,包括互联网、云计算、大数据、物联网等新一代信息技术创新创业项目。

本届大赛共有 1878 所高校、57000 多支团队、25 万名大学生参赛,参赛项目36508 个。比赛共吸引意向性投资 30 亿元,为项目成果转化提供了资金支持。本届大赛中,北京航空航天大学参赛的"unicorn 无人直升机系统"项目和浙江大学参赛的"智能视力辅具及智能可穿戴近视防控设备"项目并列冠军,华南理工大学参赛的"广州优蜜移动科技股份有限公司"项目获得亚军,西安电子科技大学参赛的"Visbody 人体三维扫描仪"项目获得季军。

2. 第二届中国"互联网+"大学生创新创业大赛

为贯彻落实《国务院办公厅关于深化高等学校创新创业教育改革的实施意见》(国办发〔2015〕36 号),进一步激发高校学生创新创业热情,展示高校创新创业教育成果,搭建大学生创新创业项目与社会投资对接平台,教育部定于 2016 年 3 月至 10 月举办第二届中国"互联网+"大学生创新创业大赛。大赛以"拥抱'互联网+'时代、共筑创新创业梦想"为主题,以深化高等教育综合改革,激发大学生的创造力,培养造就"大众创业、万众创新"的生力军为目的,切实提高高校学生的创新精神、创业意识和创新创业能力,以创新引领创业、创业带动就业,推动高校毕业生更高质量创业就业。

参赛项目分为六大类:

(1)"互联网+"现代农业,包括农林牧渔等;

(2)"互联网+"制造业,包括智能硬件、先进制造、工业自动化、生物医药、节能环保、新材料、军工等;

（3）"互联网＋"信息技术服务，包括工具软件、社交网络、媒体门户、数字娱乐、企业服务等；

（4）"互联网＋"商务服务，包括电子商务、消费生活、金融、旅游户外、房产家居、高效物流等；

（5）"互联网＋"公共服务，包括教育文化、医疗健康、交通、人力资源服务等；

（6）"互联网＋"公益创业，以社会价值为导向的非营利性创业。

经过大赛专家委员会评审与组织委员会审定，最终评出大赛冠军1名、亚军1名、季军2名，金奖项目32个、银奖项目115个、铜奖项目448个，单项奖项目4个，参赛鼓励奖项目24个，优秀组织奖10个，先进集体奖22个。此届大赛共有2110所高校、54万名大学生参赛，参赛项目118804个。同时，近400家投资机构和企业参与评审并为大赛提供支持。

本届大赛，西北工业大学参赛的"微小卫星"项目获得冠军，南京大学参赛的"insta360全景相机"项目获得亚军，北京大学参赛的"ofo共享单车项目"和山东大学参赛的"越疆DOBOT桌面机械臂"项目并列季军。

教育部部长陈宝生在第二届中国"互联网＋"大学生创新创业大赛颁奖典礼暨闭幕式上的讲话中指出，中国"互联网＋"大学生创新创业大赛是"双创"活动周的一项重要活动，已成为深化高校创新创业教育改革的重要载体，促进大学生全面发展的重要平台、推动产学研用结合的关键纽带，要继续办下去，办好办强、形成品牌。要把推动高校创新创业教育改革作为服务经济结构转型、发展动能转换的根本需要，作为培养应用型、创新型人才的必然要求，作为高等教育综合改革的突破口和重中之重，抓好培养方案、课程体系、教学方法、制度创新和实践环节，多点突破、纵深推进。希望青年学生坚定理想信念，掌握真才实学，积极投身实践，在创新创业实践中展示才华、服务社会，创造自己的精彩人生。

3. 第三届中国"互联网＋"大学生创新创业大赛

2017年3月6日，教育部发布通知启动第三届中国"互联网＋"大学生创新创业大赛，大赛以"搏击'互联网＋'新时代，壮大创新创业生力军"为主题，参赛项目主要包括以下类型：

（1）"互联网＋"现代农业，包括农林牧渔等；

（2）"互联网＋"制造业，包括智能硬件、先进制造、工业自动化、生物医药、节能环保、新材料、军工等；

（3）"互联网＋"信息技术服务，包括工具软件、社交网络、媒体门户、企业服务等；

（4）"互联网＋"文化创意服务，包括广播影视、设计服务、文化艺术、旅游休闲、艺术品交易、广告会展、动漫娱乐、体育竞技等；

（5）"互联网＋"商务服务，包括电子商务、消费生活、金融、财经法务、房产家居、高效物流等；

（6）"互联网＋"公共服务，包括教育培训、医疗健康、交通、人力资源服务等；

（7）"互联网＋"公益创业，以社会价值为导向的非营利性创业。

大赛采用校级初赛、省级复赛、全国总决赛三级赛制。经过大赛专家委员会评审、组织委员会审定，最终评出大赛冠军 1 名、亚军 1 名、季军并列 2 名。除冠亚军项目外，获得金奖的项目有 43 个、银奖 123 个、铜奖 481 个。本届大赛共有 2241 所高校、150 万名大学生参赛，参赛项目 37 万个。

本届大赛，浙江大学参赛的"杭州光珀智能科技有限公司"项目摘得桂冠，北京航空航天大学参赛的"ULBrain 机器人视觉解决方案"项目获得亚军，南京大学参赛的"分子精准调控的吸波导磁材料及工业解决方案"项目和东南大学参赛的"全息 3D 智能炫屏—南京万事屋科技有限公司"项目分获季军。

2017 年 8 月 15 日，习近平总书记给第三届中国"互联网＋"大学生创新创业大赛"青年红色筑梦之旅"的大学生的回信中提到："得知全国 150 万大学生参加本届大赛，其中上百支大学生创新创业团队参加了走进延安、服务革命老区的'青年红色筑梦之旅'活动，帮助老区人民脱贫致富奔小康，既取得了积极成效，又受到了思想洗礼，我感到十分高兴。实现全面建成小康社会奋斗目标，实现社会主义现代化，实现中华民族伟大复兴，需要一批又一批德才兼备的有为人才为之奋斗。希望你们扎根中国大地，了解国情民情，在创新创业中增长智慧才干，在艰苦奋斗中锤炼意志品质，在亿万人民为实现中国梦而进行的伟大奋斗中实现人生价值，用青春书写无愧于时代、无愧于历史的华彩篇章。"

4. 第四届中国"互联网＋"大学生创新创业大赛

2018 年 3 月 9 日，教育部启动第四届中国"互联网＋"大学生创新创业大赛。大赛背景是为学习贯彻习近平新时代中国特色社会主义思想和党的十九大精神，深入落实习近平总书记给第三届大赛"青年红色筑梦之旅"大学生重要回信精神，贯彻落实《国务院办公厅关于深化高等学校创新创业教育改革的实施意见》（国办发〔2015〕36号），进一步激发高校学生创新创业热情，展示高校创新创业教育成果，搭建大学生创新创业项目与社会投资对接平台。

大赛的目的是深化高等教育的综合改革，激发大学生的创造力，培养造就"大众创业、万众创新"生力军；鼓励广大青年扎根中国大地了解国情民情，在创新创业中增长智慧才干，在艰苦奋斗中锤炼意志品质，把激昂的青春梦融入伟大的中国梦。大赛提出的任务是重在把大赛作为深化创新创业教育改革的重要抓手，引导各地各高校主动服务国家战略和区域发展，积极开展教育教学改革探索，切实提高高校学生的创新精神、创业意识和创新创业能力。推动创新创业教育与思想政治教育紧密结合，与专业教育深度融合，促进学生全面发展，努力成为德才兼备的有为人才。推动赛事成果转化和产学研用紧密结合，促进"互联网＋"新业态形成，服务经济高质量发展。以创新引领创业，以创业带动就业，努力形成高校毕业生更高质量创业就业的新局面。

参赛项目主要包括以下类型：

（1）"互联网＋"现代农业，包括农林牧渔等；

（2）"互联网＋"制造业，包括智能硬件、先进制造、工业自动化、生物医药、节能环保、新材料、军工等；

（3）"互联网＋"信息技术服务，包括人工智能技术、物联网技术、网络空间安全技术、大数据、云计算、工具软件、社交网络、媒体门户、企业服务等；

（4）"互联网＋"文化创意服务，包括广播影视、设计服务、文化艺术、旅游休闲、艺术品交易、广告会展、动漫娱乐、体育竞技等；

（5）"互联网＋"社会服务，包括电子商务、消费生活、金融、财经法务、房产家居、高效物流、教育培训、医疗健康、交通、人力资源服务等；

（6）"互联网＋"公益创业，以社会价值为导向的非营利性创业。

此外，参赛项目不只限于"互联网＋"项目，大赛鼓励各类创新创业项目参赛，根据行业背景选择相应类型。以上各类项目可自主选择参加"青年红色筑梦之旅"活动。

"青年红色筑梦之旅"赛道：

本届大赛增设"青年红色筑梦之旅"赛道，参加此赛道的项目须为参加"青年红色筑梦之旅"活动的项目。各省（区、市）教育厅（教委）、各高校要组织大学生创新创业团队到各自对接的县、乡、村和农户，从质量兴农、绿色兴农、科技兴农、电商兴农、教育兴农等多个方面开展帮扶工作，推动当地社会经济建设，助力精准扶贫和乡村振兴。

国际赛道：

国际赛道旨在打造大赛国际平台，提升大赛全球影响力。由国际赛道专家组会同全球大学生创新创业联盟择优遴选推荐项目。鼓励各高校推荐国外友好合作高校的项目参赛，鼓励各高校推荐海外校友会作为国际赛道合作渠道。

本届中国"互联网＋"大学生创新创业大赛主赛道设金奖 50 个、银奖 100 个、铜奖 450 个。另设港澳台项目金奖 5 个、银奖 15 个、铜奖另定；国际赛道金奖 15 个、银奖和铜奖另定。设最佳创意奖、最具商业价值奖、最佳带动就业奖、最具人气奖各 1 个。获奖项目颁发获奖证书，提供投融资对接、落地孵化等服务。

设"青年红色筑梦之旅"赛道金奖 10 个、银奖 30 个、铜奖 160 个。设"乡村振兴奖""精准扶贫奖"等单项奖若干，奖励对农村地区教育、科技、农业、医疗、扶贫等方面有突出贡献的项目。

设高校集体奖 20 个、省市优秀组织奖 10 个和优秀创新创业导师若干名。设"青年红色筑梦之旅"高校集体奖 20 个、省市优秀组织奖 8 个和优秀创新创业导师若干名。获奖单位颁发获奖证书及奖牌。

6.1.3 "中国创翼"青年创新创业大赛

2015 年 2 月 10 日，中国宋庆龄基金会、人社部联合在中国人民大学举行"中国创翼"青年创业创新大赛启动会。"中国创翼"青年创业创新大赛由中国宋庆龄基金会、人力资源和社会保障部联合主办，以"共圆中国梦、青春创未来"为主题，包括主体赛事：创业创新路演赛；专项赛事："欧格玛"杯大学生营销策划赛。参赛对象为年满 18

周岁但不超过 40 周岁的境内高校青年学生、社会青年、港澳台青年及海外留学青年。大赛分 8 大赛区,覆盖全国 31 个省、市、自治区。

大赛为优秀项目提供资金、政策、融资、众筹、商业合作及宣传推广等支持,组委会为大赛设立数百万奖励基金。

大赛坚持公益原则,通过比赛,发现和选拔一批优秀青年创业创新项目,建立青年创业创新项目库;为优秀青年创业创新项目提供创业培训、创业指导、风险投资、园区孵化等对接服务,加速项目的落地和发展壮大;营造政府鼓励创业、社会支持创业、青年奋发创业的良好环境,推动以创新引领创业,以创业带动就业。

2015 年 10 月 22 日,"中国创翼"青年创业创新大赛总决赛在北京中关村国家自主创新示范区会议中心举行。本次大赛自当年 2 月启动以后,得到了广大青年创业者和社会各方力量的密切关注和积极参与。参赛项目涉及电子商务、节能环保、新能源、新材料、高端装备制造等多个战略性新兴产业,以及金融、旅游、医疗、教育培训等多种现代服务业,其中"互联网+"项目占报名总数的一半以上。大赛参赛团队 3000 多个,参赛项目 5000 多个,最后有 20 个项目进入"中国创翼"青年创业创新大赛总决赛。

首届"中国创翼"青年创业创新大赛的成功举办,具有十分重要的意义。一是创建了公益机构、政府部门、投资方共同参与的高效协同机制,丰富了创业创新活动的组织形式,通过市场有效引导社会资金和金融资本支持创业活动;二是设立奖金,落实帮扶,努力为青年搭建创业创新展示平台,激发青年创业创新热情;三是努力营造青年创业创新的生态环境,带头打造创新的社会模式,为青年融入市场提供创新互动平台,有效地聚集了创业的新动能。

6.1.4 中国青年创新创业大赛

为贯彻落实习近平总书记系列重要讲话和党的十八届三中全会精神,在全社会营造理解、重视、支持青年创新创业的良好氛围,为青年创新创业提供有利条件,搭建广阔的舞台,大力发现、培育、选树青年创新创业人才,共青团中央、工业和信息化部、人力资源社会保障部、农业部、中国邮政储蓄银行、中央电视台决定,自 2014 年起共同策划举办首届"盐商杯"中国青年创新创业大赛,大赛以上海"盐商"集团冠名。

大赛设立领导小组,由主办单位的领导同志组成。大赛成立全国组织委员会,负责大赛组织领导工作,下设秘书处。秘书处设在团中央,负责大赛具体组织协调工作;大赛成立评审委员会,负责参赛项目的评审工作。评审委员会由创投行业著名人士、青年创业导师和有关行业专家学者组成。

大赛采取二、三产业和涉农产业分赛制,即统一赛事名称。二、三产业创新创业项目和涉农创新创业项目采用不同赛制,由团中央城市青年工作部和农村青年工作部分别组织实施。

大赛评出正式创业组一等奖 1 名、二等奖 4 名、三等奖 10 名,奖金分别为 100 万元、30 万元和 10 万元。大赛评出意向创业组一等奖 1 名、二等奖 2 名、三等奖 3 名,奖金分别为 10 万元、5 万元和 2 万元。

1. 首届"盐商杯"中国青年创新创业大赛

2014 年 11 月,首届"盐商杯"中国青年创新创业大赛决赛在美丽的海滨城市天津的滨海新区成功举办。本次大赛涌现出不少优秀的创业案例,不仅为创业者搭建了一个展示成长的平台、投融资对接平台,还为社会建立起青年创新创业项目库、人才库、导师库,进一步优化了青年创业环境,提高了青年创业成功率,并激发起全社会关心青年创业的热情,促进青年创业就业服务体系建设。入围半决赛的项目,得到园区入驻、培训辅导、资金扶植等方面的政策支持,符合工信部、人社部相关要求的项目还会给予优先支持。入围总决赛的项目不仅能够免费入驻"全国青年创新创业示范区"(天津滨海新区),还能进一步享受优惠的创业扶植政策和优质的创业孵化服务,并可以通过大赛合作媒体的立体式宣传,提升项目知名度。为配合本次大赛盐商集团设立了中国青年创新创业产业园,并联合"中国梦·青春创业"专项基金,采取投贷联动、零房租或以房租入股的多元化资金扶持方式,为优秀创业项目和选手提供优质的办公、厂房场地及全方位的物业、服务配套。

2. 第二届"创青春"中国青年创新创业大赛

2015 年 7 月,第二届"创青春"中国青年创新创业大赛启动仪式在北京举行。本届大赛由团中央、中央网信办、工业和信息化部、人力资源和社会保障部、农业部等共同主办。此次大赛旨在搭建青年创新创业日常展示交流、资源对接、项目孵化等平台,引导青年开展创新性强、前瞻性好的创业项目,扶持培育科技含量高、商业模式新的创业团队,在广大青年中传播"创新引领未来、创业改变生活、奋斗成就梦想"的创业理念。

该赛事面向不超过 35 周岁的创业青年和平均年龄 35 周岁以下的创业团队,特别鼓励符合国家产业转型升级的项目报名参赛。本届大赛采用地区赛+全国赛,分组赛+专项赛,创意组+初创组+成长组的方式。在全国赛期间,根据参赛项目所属行业,组委会将分别举办商工组、现代农业组、互联网组的比赛;每组比赛还根据项目所处阶段,举办创意组、初创组和成长组的比赛。

商工组重点关注新能源及节能环保、新材料及装备制造、生物技术及医疗、文化创意及现代服务业等 4 大类产业(组合);现代农业组重点关注种养殖、农产品加工、农业社会化服务等农业相关产业;互联网组重点关注互联网基础服务、应用服务及运用互联网手段改造发展传统行业的产业。

本届赛事除了评选金、银、铜奖并提供奖金及物质奖励、发布创业慕课和政策解读外,还联合中信国安集团和优家青年创业社区提供免费的孵化空间和居住空间,联合 36 氪、法海网、有序网、猎上网提供投融资、法律顾问、财务管理、人力资源管理等免费服务。

时任团中央书记处第一书记秦宜智出席启动仪式并讲话。秦宜智对广大青年创新创业提出了三点希望。一是希望广大青年增强担当意识,在推动国家进步、促进社会发展中追逐青春梦想;二是希望广大青年增强实干意识,弘扬"敢为人先、追求创新、百折不挠"的创业精神;三是希望广大青年增强机遇意识,敏于发现机遇、善于抢抓机遇,发挥年轻人创造力强的优势,在投身大众创业、万众创新中写就精彩人生。

3. 第三届"创青春"中国青年创新创业大赛

2016年6月,第三届"创青春"中国青年创新创业大赛启动。大赛由团中央、中央网信办、工业和信息化部、人力资源和社会保障部、农业部、商务部、国务院扶贫办、全国学生联合会、上海市人民政府、浙江省人民政府、江西省人民政府、湖北省人民政府等共同主办,分商工组、现代农业和农村电子商务组、互联网组和App专项赛4项赛事。在赛事过程中,各地联合相关单位积极部署,开展了丰富多彩的赛事配套活动,整合社会资源,助力青年创新创业。全国31个省(自治区、直辖市)举办省级赛事、200多个城市举办地市级赛事,共吸引了参赛项目2.8万余个。全国赛分创意组、初创组、成长组三个组别进行角逐。为了保证大赛评审工作的公平、公正、公开,大赛组委会邀请了企业家、专业学者、投资机构和创业导师组成大赛专家评委团。

4. 第四届"创青春"中国青年创新创业大赛

"创青春"中国青年创新创业大赛自首届举办以来,共吸引了20余万个创业项目、100多万名青年参赛,共800余个参赛项目与投资机构达成融资意向,累计融资金额20多亿元,带动100余万名青年就业。第四届"创青春"中国青年创新创业大赛由共青团中央、中央网信办、工业和信息化部、人力资源和社会保障部、农业部、商务部、国务院扶贫办、全国学联、陕西省人民政府、浙江省人民政府、江西省人民政府共同主办,西安市人民政府、杨凌农业高新技术产业示范区管委会、共青团陕西省委、共青团浙江省委、共青团江西省委承办。大赛设置商工组、现代农业和农村电子商务组、互联网组和App专项赛。大赛自当年4月启动以后,全国31个省(自治区、直辖市)、新疆生产建设兵团和中央企业举办了地区和行业赛事,广泛开展了路演、培训、投融资对接等赛事服务活动,共吸引近8万个创业项目和30万名青年参与赛事。

6.1.5 中国大学生高分子材料创新创业大赛

中国大学生高分子材料创新创业大赛是由中国石油和化学工业联合会、中国化工教育协会、青岛市科技局和橡胶谷集团有限公司联合主办的我国高分子材料领域的行业大赛,大赛的宗旨是聚焦高分子材料,推动创新人才涌现,促进科研成果转化。大赛的目标是致力于强化全国高分子材料及其相关专业领域应用技术型人才培育,促进高分子材料及其相关产业教育领域"产、学、研结合"成果转化,并充分展示大学生创新和创业实践能力,为高校培养、选拔、激励"创新型人才"和"应用型人才"发挥积极作用。

2013年,第一届中国大学生高分子材料创新创业大赛成功举办,共有来自全国的75所高校的179支队伍参加了比赛,最后有14支团队的项目入围总决赛,大赛作品中有20余个项目成功落地孵化,其中获得大赛一等奖的青岛科技大学的"基于新型高分子导电材料"项目已经实现年收入400万元的好成绩。

2014 年，第二届中国大学生高分子材料创新创业大赛成功举办，共有来自全国和俄罗斯的 130 多所高校的 432 支队伍参加了比赛，最后共计 70 支参赛队伍获奖。其中，北京化工大学、青岛科技大学、东华理工大学、哈尔滨理工大学和广东轻工技术职业学院的 6 支团队分获一等奖，参赛项目中有 12 个项目成功孵化。

2015 年，第三届中国大学生高分子材料创新创业大赛成功举办，共有来自中国、俄罗斯和日本的 80 多所高校的 322 支队伍参加了比赛，最后共计 51 支参赛队伍获奖。其中，四川大学、华南理工大学和河北工业大学等 5 支团队分别获得一等奖。参赛项目中有 5 个项目进行了成功孵化落地，其中华南理工大学的"皮革用新型环保水性聚氨酯消光涂料的研发与推广"项目已实现年收入 3000 万元。

2016 年，第四届中国大学生高分子材料创新创业大赛成功举办，共有来自境内和境外的 104 所高校的 369 支队伍参加了比赛，最后共计 57 支参赛队伍获奖。其中，南京工程学院、青岛科技大学和山西大学的参赛项目分别获得一等奖。目前，有两个项目已经进行产业化生产，另有十几个项目正在与企业和投资机构洽谈合作。

2017 年，第五届中国大学生高分子材料创新创业大赛成功举办，共有来自 106 所高校的 303 支队伍参加了比赛，最后共计 55 支参赛队伍获奖。获得特等奖的青岛科技大学项目"负离子无醛环保乳胶漆的研制与应用"已实现产业化，当时预计年营业额会达到 400 余万元。

6.2 创新创业大赛评审的七个要点

目前，我国每年都有上百万的大学生和青年创客参加各种形式和主题的创新创业大赛，无论是"挑战杯"创业计划竞赛、"创青春"大学生创业竞赛，还是"互联网＋"大学生创新创业大赛等其他创业大赛赛事，都有大赛对参赛项目的评价指标体系和评审要点，如果参赛者不能在赛前清楚的了解这些评审要点，那么就很难获得好的参赛成绩。对于各种主题的创业大赛，一般来说，有七个共性的评审要点，主要包括：项目的创业团队、项目的产品与服务、项目的市场空间、项目所采用的商业模式、项目实施中所运用的营销策略、项目的风险分析与控制手段，以及项目的投资回报情况等，这七个指标是专家评委打分的重点项，是专家评委最关心的项目内容，作为参赛者一定要引起重视并深刻领会评审要点的内涵。

6.2.1 创业团队

创业团队是所有专家评审的重点内容和评审要点，创业团队的能力强弱直接影响到创业项目的顺利实施与创业成败。那么，什么样的团队属于能力强的创业团队？什么样的团队属于能力弱的创业团队？什么样的团队属于优秀的创业团队？什么样的团队属于一般的创业团队？对于这些问题，参赛者一定要心里清楚。在参赛时，你该如何完整和清楚的介绍自己的创业团队？你该如何突出创业团队的亮点？你该如何突出创业团队的优势？你该如何让专家评委眼前一亮？很多参赛者并不清楚该如何做，以下六个方面可以作为包装创业团队的参考问题。

1. 专业性

团队的专业性对于团队能力的评估十分关键。现在很多创业项目属于科技类项目、文创类项目和农业项目，这类项目对于团队成员的专业知识要求较高，如果不能把团队成员的专业知识和专业能力描述清楚，那么就会让专家评委对创业团队实施这个创业项目的专业能力产生质疑。所以，你在团队的专业性方面描述时，一定要把团队成员所在学校名称、正在攻读或已经攻读完成的专业情况描述清楚。如果有的团队成员曾经承担过国家、省市或学校委托的课题研究，开发过某种新产品和新技术，发表过若干论文，申请过一些专利，也要尽可能地介绍一下。曾有北京某高校一个做法务咨询服务的创业项目，团队中六名成员都是学信息专业的，没有一个懂法律法务的，那么对这个项目来说，他们的专业性明显不足。

2. 互补性

团队的互补性是评估一个创业团队的重要指标。创业团队里面的任何一名成员都不可能十全十美，不可能掌握所有专业知识和技能，不可能具备所有的商业运营经验，不可能具备运作项目的所有能力。这样的话，就需要项目团队成员之间要形成互补性，不仅在专业知识、专业技能和工作经验方面形成互补，还要在思维模式、性格脾气、做事风格和为人处世等方面形成互补，用团队中其他人的优势来弥补自己的不足，从而提高团队的整体作战能力。这就好比足球比赛，足球队员上场比赛时有 11 名球员，有的球员擅长奔跑和进攻适合做前锋，有的球员擅长阻击和防守适合做后卫，有的球员擅长组织和调度适合做中场，有的球员擅长接球适合做门卫。通过球员的优势互补组建成梦幻组合的队伍，提高比赛时的作战能力。从专业互补性的角度看，最容易做到的就是团队在技术专业、市场营销专业，再加上财务专业之间的互补。

3. 协作性

团队的协作性是反映创业团队协同能力的重要评估内容。一个创业团队组建后，能否发挥出团队的力量，关键要看团队的协作精神和协同性。企业经常会提到团队精神这个词，实际上就是想通过团队精神来实现团队成员之间的协作和协同，共同努力把事情做好。为了突出团队的协作性，要将团队中每个成员的协作精神、协作能力和协同能力介绍清楚。

4. 创新性

团队的创新性是专家评委重点关注的项目内容。创新是公司发展的不竭动力，一个创业团队能否把项目做好做大，关键的一点是是否有创新能力。那么该如何描述创新性呢？很多参赛者并不十分清楚，不知道该如何去描述。为了比较全面地介绍清楚团队的创新性，我们可以从创新思维、创新方法和获得知识产权等三个方面去描述。在创新思维方面，要描述创业团队的成员是否具有创新思维、创新意识和创新的精神；

在创新方法方面,要描述创业团队成员是否善于利用技术创新、应用创新、产品创新、设计创新和集成创新等创新方法去开展项目的创新的工作;在知识产权方面,要描述创业团队的成员是否有人发表过学术论文、申请过专利、申请过软件著作权、申请过版权,或研制过某些产品和技术。

5. 荣誉性

荣誉性也是反映创业团队能力的一个重要评估指标。创业团队的成员中有些人曾经被评为三好学生,有些人曾经被评为先进标兵,有些人曾经获得过创业大赛的奖项,有些人曾经获得过物理、语文、数学等知识竞赛奖项,有些人曾经被学校或政府部门授予过某些荣誉称号。这些获得荣誉的情况,最好在描述团队时进行介绍。这些团队成员曾经获得过的荣誉,说明他们在某些方面一定很优秀,具有较高的素质和能力。

6. 执行力

执行力是反映创业团队运作项目能力的一个重要评估指标。团队的执行力强,项目就会进展得顺利,任务就会完成得出色;执行力不强,项目就可能推进得十分缓慢,任务可能就做不好。执行力不仅是个人的执行力,反映到团队上面就是团队整体的执行力。一个具有执行力的团队一定会把事情做得又快又好,一定能圆满完成任务。为了清晰地描述出团队的执行力,可以从项目计划、流程管理、关键点控制、资源配置、高效高质、不断完善修正等不同方面有针对性地进行描述,按照"PDCA"的项目管理模型(P—plan 计划,D—do 执行,C—check 检查,A—act 修正),如图 6-1 所示,突出项目的计划性、管理性、监控性、协调性、高效性和高质性。

图 6-1　PDCA 循环图

6.2.2　产品服务

产品与服务是专家评委对参赛项目的重点打分项。在描述项目的产品服务时,一定要完整地描述清楚创业项目内容是什么,服务内容和服务模式是什么,项目有哪些特点和优势,创新商业盈利模式是什么。

1. 内容描述

在参赛的创业计划书中,如果说不清楚创业项目的产品与服务,评委就不容易搞懂你在做一个什么样的项目。所以,在进行产品描述时,你一定要清楚地告诉评委项目的产品是什么,是基于哪些技术,采用了哪些原辅材料,通过什么样的设计和生产方式实现了产品原型,项目产品的使用性能如何,产品质量如何,生产成本如何,安全性如何,环保性如何;要介绍清楚这个产品是为谁提供服务的,能够满足哪些客户的服务需求,服务的质量是怎样的,服务的效率是怎样的,服务的价格是怎样的,服务的预期效果如何,拟采用什么样的商业服务模式。

2. 特色描述

在产品服务描述中,产品与服务的特色是关键。专家评委最关注你的产品特色是什么,服务特色有哪些,这些特色与其他产品有什么不同之处。产品与服务的特色可以是产品技术特色,也可以是设计特色;可以是质量特色,也可以是功能特色;可以是成本特色,也可以是环保特色;可以是服务特色,也可以是销售特色;可以是外观特色,也可以是体积重量特色。所以,在介绍产品与服务时,可以从产品的技术特色、设计特色、环保特色、成本特色和服务模式特色等不同维度去提炼、梳理和分析。

3. 优势描述

在产品服务描述中,仅仅介绍产品与服务内容,描述了产品与服务特色还不够全面,还应该把项目产品的优势介绍清楚。市场上同类项目产品不少,你的产品优势在哪里,是在研发技术上有优势,还是在制作工艺上有优势;是在设计水平上有优势,还是在团队设计协同能力上有优势;是在原辅材料购买渠道和价格上有优势,还是在生产能力上有优势;是在服务内容上有优势,还是在服务模式上有优势;是在专利和版权等知识产权方面有优势,还是在企业品牌方面有优势;是在团队能力方面有优势,还是在整合资源能力方面有优势。在产品与服务的优势描述中,要尽可能围绕产品和服务的不同维度和不同层面去梳理提炼,看看都有哪些项目优势。

6.2.3 市场空间

市场空间是专家评委重点关注的内容。如果项目的市场空间大,项目就有可能做得很大;如果项目的市场空间小,再好的项目也不可能做得很大。所以,要全面和完整地描述清楚你的项目市场空间到底有多大。

1. 市场在哪里

什么是市场?市场就是具有能力购买你的产品与服务的那个人群。在描述项目市场时,一定要说清楚你的市场在哪里,你提供的产品与服务是给谁的,是给哪些人群定制的,是给哪个地区或哪个行业的,服务的目标群体是谁。例如,你做的是一个无人机培训项目,你的市场是在小学还是在中学;是在一个学校内,还是在几个学校内;是在某个社区内学校,还是在全市的学校;是在本省市学校,还是在其他几个省市的学校;是在国内所有学校,还是包括境外学校。再例如,你做的项目是一款无人机勘察项目,你是只做灾情勘察,还是也做农业种植勘察;你是只做水面捕捞勘察,还是也做森林防火勘察;你是只做某一个行业应用,还是同时做好几个行业应用。很多参赛者因为没有认真思考过自己创业项目的"市场到底在哪里"这个问题,在回答评委对此项的提问时表述很不清楚。

2. 市场空间多大

在描述了市场在哪里后,就可以大致估算一下项目市场空间有多大。企业每年的市场需求是在 1000 万元呢,还是在 5000 万元;是在 5 亿元呢,还是在 10 亿元;是在 30 亿至 50 亿元呢,还是在 100 亿元以上。对于市场空间只在千万元级别的项目,一般天使投资认为项目市场太小,不会投资。如果市场空间可以达到 20 亿元以上,或许会让天使投资关注一下。像互联网的项目因为是跨地域跨国界的,想象空间都十分大,容易做成几十个亿上百亿的大项目。所以,在策划项目时,在可能的情况下尽量给项目插上互联网的翅膀,扩展项目的市场空间。

3. 同行业竞争对手情况

创业项目如果进入红海市场,那么将面临众多竞争对手间的激烈市场竞争;如果进入蓝海市场,竞争对手没这么多,但也不会是只有你一家独揽天下。无论是进入红海市场和蓝海市场,同行业竞争者都在瓜分这个市场,所以要弄清凭目前的实力,自己的创业项目究竟能占到多少市场份额。因此,有必要对目前市场上的主要竞争对手情况做介绍,描述一下目前他们的市场占有情况,从而进一步估算出你的项目的在市场中大致能占多少份额。

4. 竞品分析

竞品分析是专家评委和投资人重点关注的项目内容。在现有的项目市场情况下,参赛者不仅要介绍清楚目前主要的竞争对手情况,还要把行业或地域内排名前 5 至前 10 的竞品情况与你的项目进行横向对比。通过把项目产品的诸如技术水平、研发能力、设计能力、生产能力、生产成本、产品质量、功能性能,以及节能性、环保性、安全性、廉价性、便捷性、寿命性等关键指标和竞争对手的进行对比分析,就可以看出你这个项目处于什么样的市场竞争地位了。

市场分析中有几个关键点一定要好好思考,包括你的产品市场定位是什么,市场空间有多大,你面对的竞争对手有多少,哪些竞争对手实力比较强,你与这些竞争对手竞争力对比如何,如图 6-2 所示。

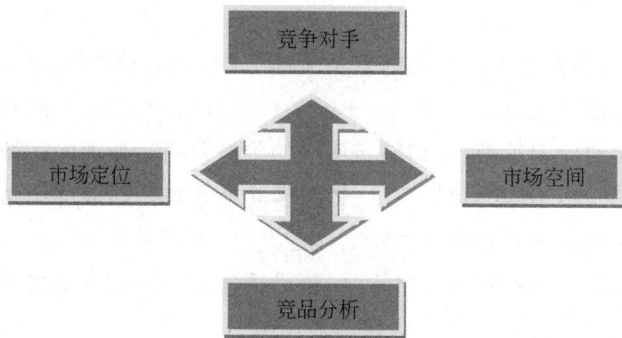

图 6-2　市场分析要点

6.2.4　商业模式

商业模式是专家评委重点关注的项目内容,也是评审项目的关键要点。参赛者一定要介绍清楚自己项目的商业模式,要告诉评委项目的服务模式是怎样的,通过优化配置哪些资源,采用哪些手段去挣钱。比如说,让评委知道你的项目是靠出卖技术挣钱的,或是靠卖产品挣钱的,或是靠卖流量挣钱的,或是靠拉广告挣钱的,或是靠提供咨询服务挣钱的,或是靠卖设计方案和设计产品挣钱的,或是靠转让专利等知识产权挣钱的。在介绍商业模式时,一定要描述清晰让人容易理解,要有创新性,最好能有颠覆性,颠覆原有的商业服务模式,就像"滴滴出行"软件可以实现共享打车那样,要能引爆评审专家的眼球。什么样的商业模式才是好的的商业模式呢?一般来讲,能突出创新性,具有颠覆性的商业盈利模式最好,这种商业模式有可能快速抢占市场,可以持续获得大量的现金流,为公司带来造血功能。

6.2.5　营销策略

营销策略是专家评委重点关注的项目内容。创业项目在实施过程中,离不开营销策划。好的营销策略可以使项目顺利开展和推进,差的营销策略会阻碍到项目的开展。在参加创业大赛时,一定要围绕项目的产品与服务,将所要采用的营销策略描述清楚。一般来讲,创业项目可以采用以下五种常用的营销策略。

1. 产品策略

产品策略是市场营销中最常用的营销策略。产品策略主要是要围绕你的项目产品,做好产品研发规划。不仅要把产品的技术开发、材料选用、产品设计、制造工艺、生产流程、质量检测、成本控制、产品包装、仓储物流等方面计划得很清楚,还要针对产品的技术、功能和规格型号,围绕产品的升级迭代做好详细规划。在公司的发展不同阶段,可以根据产品的功能、型号规格、研发难度、技术迭代及自有资金的实际情况,去做好项目产品的一代产品、二代产品和三代产品的研发规划。

2. 价格策略

价格策略是市场营销中最常用的营销策略。产品的价格策略可以根据不同的客户、不同的产品功能、不同的产品质量、不同的产品规格和型号、不同的产品材料、不同的生产工艺、不同的促销策略,分别制定不同的价格策略。如面向高端客户、中端客户和低端客户,可以采用不同的价格策略;针对多功能和单一功能的产品,可以采用不同的价格策略;使用纳米材料和普通材料制作的产品,可以采用不同的价格策略;对于团购和零售产品,可以采用不同的价格策略;自己销售和找代理商销售的产品,可以采用不同的价格策略。

3. 渠道策略

渠道策略是市场营销中最常用的营销策略。在互联网日益发达的今天,通过线上线下(O2O)渠道来开展公司业务,进行产品推广与销售已经十分普遍。这就需要参赛者把线上和线下的渠道策略描述清楚:在线上是怎么做渠道的,在线下又是怎么做渠道的,通过线上和线下的渠道组合使用,是如何开展产品销售的。例如,在线下有实体店或体验店,可以搞连锁经营发展加盟店,增加线下的销售渠道;线下有人脉关系,可以进一步扩展你的人脉圈子发展销售渠道,搭建销售渠道网络;在线上可以建网站、开淘宝店、开微店,还可以建微信群和 QQ 群,还可以建立网上社区甚至网上销售平台。

4. 促销策略

促销策略是市场营销中最常用的营销策略。产品研发生产出来了,你怎么去做促销,靠什么方法和手段可以把产品和服务卖给客户。目前市场上可以见到的促销策略很多,如淘宝店促销、微商促销、微信朋友圈促销、微信公众号促销、送红包促销、团购促销、月卡年卡促销等,针对自己的项目产品,哪些促销手法可以模仿借鉴使用,哪些可以创新使用,你需要认真思考清楚,然后完整清晰地描述出来。

5. 宣传策略

宣传策略是市场营销中最常用的营销策略。过去我们总说酒香不怕巷子深,现在是再好的产品与服务,也需要加强宣传,让社会知道你、认识你、了解你。目前很多参赛者在描述宣传策略时,介绍的内容都比较简单,不够完整、系统。其实,公司的宣传策略可以围绕电视媒体、网络媒体、平面媒体和户外媒体这四个维度来进行描述。针对电视媒体,如何做促销,如何利用中央台、省市台和卫视频道做产品宣传;针对网络媒体,如何做促销,除了利用微信公众号还有哪些可以利用的网络媒体窗口,能否在"百度"或"头条"上发布信息,能否在"西瓜视频"或"抖音"上做个产品宣传;针对平面媒体这些纸媒如何做促销,除了制作公司产品宣传页和海报外,可否在报纸和杂志上策划一些可以植入软文广告的内容专栏;针对户外媒体,如何做促销,除了制作一些易拉宝外,你还能否想出其他的办法通过户外媒体来加强宣传。现在楼宇媒体发展得也十分普遍,电梯广告随处可见。所以,一定要把针对项目制定的宣传策略全面系统地介绍清楚。

6.2.6 风险分析

项目的风险分析与控制是专家评审时重点关注的项目内容。很多参赛者针对风控部分的描述过于简单,没有比较全面完整地介绍清楚项目都存在哪些风险,没有很具体有效地防控风险的措施。在描述风险分析时,一定要清楚地告诉评委项目的风险都有哪些,你是如何制定防范风险的措施和预案的。一般来讲,风控部分至少要围绕六大风险去描述。

1. 政策风险

政策风险是创业者必须考虑的项目风险,政策风险会显著影响到项目能否顺利实施。筛选项目时要分析创业项目是否符合国家、地方和产业扶持政策,是否属于政策支持的领域方向和范畴,是否有可能获得政策在资金和税收方面的扶持。如创业项目属于大数据、云计算、智能机器人、人工智能、新材料、新能源、生物医药、大健康等领域的项目,这些领域都是国家产业政策重点扶持的方向,有机会获得政策的资金和税收支持,有可能借力政策发展,就不存在政策风险;如创业项目属于对大气、河流和生态环境有污染的项目,与国家大气污染治理与环保政策扶持方向相违背,就不属于政策支持的方向,那么这个项目就存在一定的政策风险。针对政策的风险措施,最好是考虑通过技术创新和服务模式创新向政策扶持方向转型修正,以规避政策风险。

2. 市场风险

市场风险是创业者必须考虑的项目风险,市场风险会严重影响到项目能否顺利实施与项目成败。要分析项目的市场环境可能会有哪些变化,这些环境的变化会对项目市场空间和竞争带来哪些影响。一项新的技术的出现,一种新的商业模式出现,都有可能改变市场原有的环境形态。如"5G"技术的成熟与应用,可能会显著改变原有的无线通信、网络视频娱乐和在线购物形态;"AI"技术的不断创新应用,会影响到银行、保险和证券等金融领域;共享新能源汽车的示范应用和大面积推广使用,可能会显著影响到汽车的销售市场和出租车市场。针对可能出现的各种市场风险,一定要尽可能地去描述和分析,并针对风险制定解决预案。

3. 技术风险

技术风险也是创业者需要重视和认真分析的项目风险。目前很多参赛项目都属于科技类的项目,项目中会涉及一些技术应用。在目前知识创新和技术创新飞快发展的时代,技术的升级和迭代十分快,如果你的项目所采用的技术不能快速跟上时代技术升级的步伐,项目产品的技术竞争力将大大减弱;如果你的产品技术不能快速升级迭代,那么竞争者就很容易超越你,技术的风险是很大的。这就好比你是生产智能手机的,别人的产品已经达到前后内置镜头2000万像素,而你的手机产品还停留在前后内置镜头1300万像素;别人的手机内存已可以达到256GB,而你的手机内存还只有16GB;别人的手机电池已可以待机3天,而你的手机还只能待机1天;别人的智能手机已经附加了"AI+"理财功能,而你生产的手机还没有"AI+"理财功能。很显然,这种技术的差距必然导致产品的竞争力变化。针对技术的风险,就要事先做好防控措施和预案。

4. 管理风险

管理风险对于创业团队是普遍存在的风险。创业企业由于往往是新组建的团队,每个人的思维方式、性格秉性和做事方法都不甚相同,需要经过一段时间的磨合才能让每个人都融入团队中。创业公司起步时规模都比较小,人少事多,一人多岗,在图章管理、考勤管理、财务管理、项目管理、客户管理、渠道管理、绩效考核等方面都会存在不足,表现出管理制度的不健全和不完善,管理水平较差。针对这些管理风险,就需要提前考虑和分析,制定应对风险的措施。如公司成立后没有制定公司合同章和公章借用制度,很容易出现业务合作协议的风险问题;没有制定公司财务管理制度,很容易引起财务管理混乱;没有制定公司绩效考核制度,无法激励员工;没有制定公司项目管理制度,很难保证项目的立项、实施与过程控制。

5. 人才风险

人才风险也是创业公司存在的潜在风险。创业团队在创业过程中,难免发生创业合伙人之间的价值观念和经营理念的冲突,股东之间可能会因为利益和价值观的问题而分道扬镳。团队骨干人员也有可能禁不住外界的高薪诱惑而跳槽,从而导致骨干人才的流失。关键技术人才和市场营销人才的流失还可能带走有价值的公司信息。所以,如何预防合伙人和骨干人员流失的风险,是创业公司必须考虑的风险问题,必须要提前制定防范措施。

6. 资金风险

资金风险是创业公司一定要考虑的风险。我们知道资金是公司运营的血液,没有充裕的资金,创业公司很难存活。一般创业公司的创始资本都不太宽裕,对现有的资金可以维持的运营时间一定要有个合理的预测。很多创业公司的产品都不成熟,需要一段时间进一步开发和完善。由于公司处于初创阶段,在社会上认知度不够,诚信度也不高,又没有自己的品牌,产品和服务被市场接受有一个过程,公司能否把自己的产品与服务变现形成稳定的现金流的不确定性较强。这个时候就一定要考虑公司运营资金可以维持的运营时间,是 6 个月还是 12 个月,如果资金用完了没有钱了怎么办,如何去融资,融资计划如何制订,如何防范资金的风险。

6.2.7　投资回报

投资回报是专家评委关注的重点,也是重点打分项。一个创业项目如果投资回报不够高,即使有一流的技术和团队,即使有创新的服务模式和庞大的市场,也不会获得高分。参赛者在编写项目书时,要尽可能围绕反映投资回报的财务数据去描述,如用项目产品的年销售额、年销售利润率、年销售增长率、年利润增长率、项目投资回收期等财务指标,突出项目的高回报。一般来说,产品的年利润率大于 25% 才好,利润率越大,附加值越高,如果利润率能达到 30% 以上更好;服务产品的年销售额和年利润额的预期递增率能大于 15% 才好,而且数值越大越好,可以突出公司的成长性;项目投资回收周期越短越好,如投资周期在 2 年内或在 1 年内,如果投资回报周期超过 5 年,就不理想了,因为很多创业项目的存活期不超过 5 年。总之,就是要从财务指标上突出项目投资少,收益大,回报高。

项目的财务分析是我们必须要思考的问题。比如,项目产品销售额能达到多少,产生的利润有多少,利润率有多高,每年的销售收入和利润收入增长率能达到多少,投资回收期大概是多长时间,投资回报率能达到多少,如图 6-3 所示。

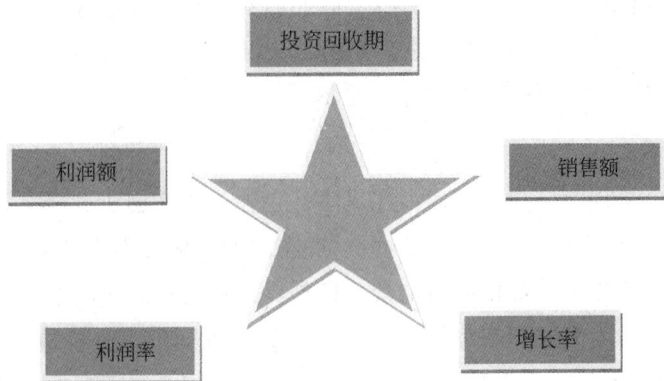

图 6-3　财务分析要点

6.3　创业大赛常见的八大问题

在许多创业大赛参赛作品中,参赛者提交的创业计划书普遍存在项目优势描述不清、项目特色突出不够、创业团队不擅于包装、市场计划规划不全、商业模式模糊不清、创业启动资金过大、三年规划不切实际和风控分析不够全面等八大问题。这些问题的出现,使原本创意还不错的创业项目,很难得到评委的高分,从而使参赛项目无缘大赛奖项。

6.3.1　项目优势描述不清

创业大赛中遇到的第一个问题就是参赛者提交的项目材料中项目优势描述不清晰。很多参赛者的项目还不错,创意新颖,技术先进,但是不注意描述项目的优势,不知道该如何完整地介绍和突出项目的优势。其实,项目的优势可以围绕以下几个方面去描述。

1. 技术优势

如果参赛项目属于科技类的项目,一定要从技术优势方面去考虑,去挖掘和提炼。项目技术水平的高低可以按照国际领先、国际先进、国内领先、国内先进、填补空白等五个等级去判断和描述。如果项目技术水平可以达到国际领先和国际先进,那这个项目的技术优势就相当明显,就一定要在项目材料中注明并表述清楚。为了提供占有技术优势的证据,最好把技术查新报告及已经申报或已经获得授权的专利或软件著作权等知识产权证书名称和编号写上,并在项目材料的附件中附上知识产权证书的复印件。

2. 质量优势

参赛项目的产品和服务都存在质量问题,质量优势是你需要考虑的另一个维度。

那么如何体现质量优势呢？可以从产品的质量精度、使用寿命和使用功能等角度去考虑。项目产品的质量和性能相对同类产品在精度、寿命和功能方面是否具有优势，产品精度较其他同类产品精度高出多少等级，产品使用寿命较其他同类产品的寿命长出多少年限，产品的功能较其他同类产品增加了哪些，这些优势相对梯度有多大，哪些是绝对优势，哪些是相对优势，这些都可以好好的梳理和凝练一下。例如，你的团队研制了一款新型空调，在制冷制热和除湿方面都比市面上见到的产品效果好很多；研制了一款扫地机器人，在清扫房屋死角、躲避障碍物和人机交互对话方面较市面上见到的产品具有更好的质量性能；研制了一款新型墙体涂料，在防菌、防霉、防潮、防虫、防水和防火等方面，比市面上见到的同类产品具有明显的质量优势。

3. 性能优势

如果参赛项目最终为客户提供的服务是一款产品，那么就离不开产品性能。可以围绕产品性能的好坏，产品性能的多少，产品性能的升级迭代等方面加以详细描述和介绍。如你的产品性能处于哪个产品阶段，是属于高性能还是低性能，是属于多性能还是简单性能，是已经有不同性能的产品系列还是为性能的升级迭代预留下空间，这些内容都可以详细介绍。总之，要围绕你的项目产品性能，挖掘出性能的优势。例如，你研发了一款护理机器人，可以帮助住在家里或养老院的半自理和不能自理的老年人。老人通过与护理机器人语音交互，发出指令，就可以让机器人送水送饭，解决卧床吃饭喝水的基本生理问题；二代产品计划在一代产品的基础上开发增加帮助老人翻身和按摩身体的功能，进一步提高老人的生活质量；三代产品计划在二代产品的基础上增加可以帮助老人洗澡的功能，全面提高老人的生活质量。

4. 环保优势

当今社会，企业提供的所有产品服务都十分注重环保，那么也要围绕环保方面分析一下项目的优势如何。比如，产品所使用的材料是否是环保材料，产品加工过程是否是绿色制造，产品包装材料是否是无毒、无害、无污染、可降解，如果产品在这些方面符合环保性，那就一定要重点描述一下，突出产品的环保优势。例如，你研发生产的是一款塑料包装材料，这种材料对人无毒无害，对环境无污染，还可以很快降解，生产过程中也是采用绿色生产工艺，那么这个产品就具有比较明显的环保性。再比如，你研发的是一款可反复使用的快递包装盒，这种包装盒采用纸质和木制两种材料，具有防水、防潮、防压、防冲撞性能，可以多次使用，节省快递包装材料，具有环保优势。

5. 安全优势

如果参赛项目涉及食品、玩具、电子和家居等与人民生活密切相关的产品服务，那么安全性的描述就十分重要，要尽可能突出项目的安全性优势。比如，食品是入口的，是用来吃喝的，那么你的食品项目在食材选用、食品加工过程、食品包装上是否达到食品卫生安全指标就十分重要。如果项目产品能够达到食品安全卫生要求，就具有一定的食品安全优势。玩具是用来玩的，会与人体肌肤接触，你研发的玩具产品所采用的材料是否对人体无毒无害，是否对于儿童没有皮肤刺激感染，如果是则具有一定的安全优势。你研发的电子产品是否防漏电,释放的电磁射线对人体辐射的伤害有多大?是否达到国家生产标准?你研制的家具在生产中是否使用了对人体有毒有害的苯酚类黏合剂和油漆?如果没有使用对人体和环境有危害的黏合剂,那也具有一定的安全优势。

6. 成本优势

产品的制造成本低或许是你需要重点考虑的成本优势。创业者在思考项目创意时,往往是在技术和产品成本方面具有优势。为了更完整清晰地描述你的产品成本优势,你需要围绕设计方案、关键技术、加工工艺、生产流程、生产效率、原辅材料、物流包装、人员工资等方面去介绍项目的生产制造成本,最后再和现在市场上同类产品的成本做个对比分析,以进一步突出成本优势。例如,你研发生产的是一款盲人用的导盲拐杖,通过使用先进的设计工艺和关键技术,采购性价比高的诸如传感器等关键部件,并通过 OEM 进行生产,产品的生产成本较市场上同类产品成本低 30%,那么你的项目产品就具有明显的成本优势。

7. 价格优势

产品销售价格低或许是你的项目价格优势。很多创业项目由于技术先进,服务模式创新,人工成本低,采购成本低,使产品的制造成本很低,这样在销售时,就可以采用薄利多销的低价策略,价格优势就比较明显。如有些大学生做核桃、木耳和野榛子等土特产销售项目,进货时去农村乡下向农民直接采购土特产品,收购价格较低,在进行产品销售时,就可以用比市场同类产品价格低一些的策略去销售,用低价格优势获取市场客户。

8. 服务优势

服务优势也是需要我们考虑的一个维度。很多创业项目都是大学生的创业实践项目,大学生走向社会开展创业实践,都会以真诚、真心、热心和热情的态度,来为客户提供真挚的服务,不仅对客户笑脸相迎,还会态度真挚诚恳;不仅对客户真诚友善,还会为客户创造增值服务;不仅对客户在价格上让利,还会在交付周期上尽可能为客户提供快捷服务,最终赢取客户的信任。如果我们在为客户服务时,能够做到真心、诚心、热心、关心和爱心,能够给客户提供性价比高的快捷服务,能够时时想着为客户创造增值服务,那么我们就有一定的服务优势。

9. 团队优势

团队优势是我们一定要全面、认真思考的一个维度。创业项目开展得是否顺利,很重要的一点就是团队的能力。在团队能力优势方面,要尽可能围绕专业知识、专业技能、实践经验、团队成员曾经获得过的荣誉,以及团队之间的互补性去描述,要突出团队的研发能力、执行能力、协同能力、创新能力、项目规划能力、资源整合能力、拼搏精神和创新创业的毅力。

6.3.2 项目特色突出不够

创业大赛中遇到的第二个问题就是参赛者提交的项目材料中项目特色描述不清晰，项目特色突出不够。在参加大赛评审时，会出现许多项目都十分雷同的现象。很多参赛者在描述自己的创业项目时过于简单，没有突出项目的特色和特点，没有提炼出项目的亮点，这样很难让评委打出高分。曾经遇到很多参赛者提出不知道该如何描述项目的特色，不知道如何去写。其实，项目的特色可以围绕以下几个方面去描述。

1. 性能特色

项目特色的第一个维度是产品性能特色。在介绍项目产品时，千万不要简简单单地介绍产品，一带而过，而是要介绍产品都有哪些性能或功能，特别是围绕产品的性能特色去描述。要描述清楚这个产品的性能是怎样的，相比其他同类产品有哪些新的功能和更好的性能，这些功能和性能能给用户带来哪些新的体验，满足用户哪些服务需求。例如，你做的是一个大数据深度挖掘和使用的项目，在数据爬虫抓取、计算机算法、人工智能计算、数据可视化等方面有你的技术特色。

2. 服务特色

项目特色的第二个维度是服务特色。在介绍项目服务时，不要只是简单地介绍怎么给客户提供服务的，而要尽可能地描述清楚是采用哪些服务模式、采用哪种服务手段和采用了哪种服务策略的，这种服务模式是否具有创新性和颠覆性。如果服务模式具有创新性，要说清楚创新性表现在哪里，创新点是什么；如果服务模式具有颠覆性，要说清楚颠覆性是如何体现的。例如，你做的是一款360°全景"VR"相机，可以将演唱会和体育比赛的现场实况画面即时对外转播，全景和"VR"图像就是你的服务特色。

3. 技术特色

项目特色的第三个维度是技术特色。在介绍项目时，一定要清晰地描述是采用哪些关键技术来研制产品开展服务的，这些关键技术的技术水平如何，这些关键技术是否领先市场同类产品所使用的技术，这些技术是否具有迭代性，这些技术是否具有专利或软件著作权等自主知识产权。例如，你做的项目产品是一款多旋翼的无人机，这款无人机在航电技术、供电系统、旋翼结构等方面用到了独特的技术，并且已经申请了1项发明专利和2项实用新型。

4. 价格特色

项目特色的第四个维度是价格特色。在介绍项目时，除了从原辅材料采购成本、生产制造成本、设计成本等方面去分析描述外，还要尽可能地围绕大学生自主创业人工费用低、房租可以获得政策性补贴去描述，重点突出你的产品与服务价格较市场上同类产品与服务的价格低的价格优势。例如，你做的项目是研发生产一款室内空气净化器，由于人工成本和房租成本很低，项目产品制造成本只是市场同类产品成本的50％，售价比市场上同类产品的价格低20％，具有明显的价格优势。

5. 设计特色

项目特色的第五个维度是设计特色。在介绍项目时,要从产品设计的角度去描述产品:产品的形状是什么,规格是什么,产品有多大尺寸,有多少重量,产品都使用了哪些颜色,都选用了哪种材料,结构设计是怎样实现创新性的,能够带来哪些效果,起到什么作用。例如,你做的项目是设计生产一款壁灯,在壁灯的使用材料、声控系统、造型和颜色等方面都有比较独特的设计特色。

6. 环保特色

项目特色的第六个维度是环保特色。在介绍项目时,要从产品的环保性角度去考虑和描述项目产品是否具有环保特色。如项目产品是否具有节能环保的特点,对人身体是否无毒无害,对大气和环境是否安全,产品所用材料是否可降解,是否可回收再次利用。例如,你做的项目是一款快餐塑料盒,这款产品所用的材料符合食品卫生安全标准,废弃后对环境没有污染可以快速降解,还可以回收再利用,具有一定的环保特色,符合循环经济发展。

7. 安全特性

项目特色的第七个维度是安全特色。在介绍项目时,可以从产品使用的安全性角度去考虑。产品对用户是否安全,是否有防漏电措施,是否不会产生对身体接触的皮肤感染和划伤,是否做过了防霉防潮除菌的措施。特别是对儿童用品和老年人的用品,更是要考虑到对使用者的安全性。例如,你做的是一款智能脚环产品,该产品可以检测用户的运动轨迹与脉搏体征,产品的电磁辐射对人体不存在伤害,具有一定的安全性。

8. 便捷特色

项目特色的第八个维度是便捷特色。在介绍项目时,可以从产品使用的便捷性去描述。市场上很多产品,用户拿到后使用起来不是很方便,产品使用说明书描述的不够清晰不容易懂,用户完全掌握和使用需要花费很长的时间。还有些产品由于设计得不合理,用起来不太顺手,不是很方便。例如,你做的是一款擦玻璃机器人,产品包装中不仅有纸质产品使用说明书,还有产品使用介绍光盘,同时还有简易的使用指导图片。用户买到这款产品后,首次使用就极为方便,易学、易懂、易用。

6.3.3　项目团队不善包装

创业大赛中遇到的第三个问题就是参赛者提交的项目材料中不善于包装项目团队,不能突出创业团队的创新服务能力。在创业大赛中很多不错的创业项目,由于参赛者不善于包装团队,使团队的分打不上去,导致这些项目很可惜无缘比赛大奖。一般来说,创业团队的包装可以从团队成员画像及团队的专业性和互补性等方面去描述。

1. 攻读专业

团队的描述首先就是要描述清楚团队成员的专业技术背景情况。要描述每个成员学习或毕业的院校名称，是还在上学的大学生还是已经毕业的大学生，主修的专业是什么，选修的专业是什么，是本科生还是硕士或是博士。特别是对于科技型的参赛项目，团队的专业技术背景十分重要，一定要和项目领域相关。

2. 获奖荣誉

每个团队成员曾经获得过的荣誉十分重要，这是反映团队成员素质的背书。最好能在团队介绍时完整描述每个人所获得过的奖励和荣誉。比如，团队中有些成员曾经参加过创新创业大赛或某些技能竞赛获得过奖项，曾经参加过的省市级或校内学科竞赛获奖情况。

3. 社会实践

每个团队成员的社会实践情况也是评委十分关注的内容。参加过社会实践的同学肯定比没有参加过社会实践的同学有社会经验。在描述团队成员时，最好把每个人曾经参加社团组织情况，参加志愿者协会情况，参加社会企业实习情况，以及参加其他社会实践情况统统介绍清楚。如果团队中有已经毕业的同学，最好再将他曾经工作过的单位和从事过的岗位描述一下。

4. 创业经历

创业经历对于一个创业团队也十分重要。现在有很多参赛选手都是二次或多次创业，他们在创业实践中积累了一定的创业经验，锤炼了不怕创业失败的意志，这些经历对于一个创业团队十分重要。多次创业失败的同学在吸取以前创业失败经验教训的基础上，再次创业时更容易获得成功。

5. 工作经验

如果团队中的人有工作经验，那么这些经验对于创业团队也十分重要。如果团队中的成员有工作经验的，并且在一些大公司、大国企或 BATJ 工作过，就会了解一些公司的运作模式和管理模式，知道一些公司的规章制度建设和项目管理方法，这些工作经验对于创业公司的运作十分有用。

6. 双创精神

创新创业精神是创业团队不可缺少的动力，每个人投身到双创实践中，都需要具备创新的意识和创业拼搏的精神。创业活动不是一帆风顺的，创业路上困难重重，荆棘丛生。每个创业者都需要不断培养创新创业精神，才有可能在遇到困难时坚持下去，最后取得创业成功。

7. 互补性

创业团队除了需要具有专业性外，团队的互补性也十分重要。创业成员中的每个人不可能都是全才，不可能什么专业知识都懂，不可能什么能力都具备，不可能什么工作经验都有,这就需要成员之间在专业知识、专业技能、管理方法、性格脾气和经营资源等方面形成互补,以弥补创业团队中每个人的不足和短板。通过团队的互补性,可以实现创业团队能力的极大提升。

6.3.4　市场计划规划不全面

创业大赛中遇到的第四个问题就是参赛者提交的项目材料中市场计划描述得不完整。很多创业项目在介绍项目实施的市场计划时,描述得过于简单,公司制定的发展战略部分模糊或根本没有,公司采用的市场营销策略部分也过于简单很不完整,这就让评委觉得这个创业项目没有比较理想或完整的市场规划,这样的创业项目在实施中一定会遇到很多问题和困难,创业道路会很曲折,困难重重。参赛的选手如果能把以下几个方面的问题描述清楚,那么,评委就能大致了解你是如何操作和实施这个创业项目的。

1. 发展战略

公司发展战略是市场计划需要研究的重要内容。创业公司从创建成立起,就要围绕公司的发展愿景和服务宗旨及发展目标制定好公司的发展战略。企业的发展战略有很多,创业公司都可以拿来借鉴,如技术领先战略、技术模仿战略、差异化战略(蓝海战略)、成本领先战略、市场细分战略、兼并重组战略、多元化战略、知识产权战略、标准战略、股权战略、品牌战略等。由于人员规模少,资金不充裕,产品不成熟,品牌不健全,市场竞争能力很弱等因素。建议一个新成立的创业公司尽量不要进入竞争激烈的红海市场,而要在蓝海里寻找市场机会,采取差异化的市场战略比较合适。对于科技型项目,还建议公司要注意自主知识产权保护,同时采用知识产权战略,及时申报自主知识产权,形成技术壁垒,修建技术的护城河。对于初创的小公司,还可以采用市场细分战略,切入某一细分领域去抢占商机。创业公司除了采用单一的公司发展战略外,还可以采用组合发展战略,即可以把差异化战略、知识产权战略和市场细分战略等组合应用。

2. 研发策略

研发策略是创业公司必须考虑的市场规划内容。初创企业的产品一般都不是很成熟,需要经过一段时间来不断改进和完善,从而制定出生产和研发的规范和标准,同时还需要完成样品样机的小试和中试。所以,一般产品的研发都有个产品和技术迭代升级的过程。为了更好地开展产品研发,从第一代产品 V1.0 版升级到第三代产品 V3.0 版,公司一定要围绕产品原材料使用、产品关键技术、产品功能和性能、产品的质量与标准、产品的尺寸重量和规格、产品的外形设计和机构设计、产品的研发成本和制造成本、产品的应用领域和范围等,制订产品的研发策略和研发计划。

3. 营销策略

营销策略是市场计划需要研究的重要内容。创业公司在做市场计划时,一定要考虑清楚采用什么样的营销策略来研发、生产和销售产品,要确定公司定位是什么,产品定位是什么,价格定位是什么,客户定位是什么。要考虑清楚线下营销怎么做,线上营销怎么做;要规划好垂直营销怎么做,整合营销怎么做;要思考清楚连锁营销怎么做,品牌营销怎么做;要设计好情感营销怎么做,馈赠营销怎么做。营销策略不是单一策略,而是一套组合策略,随着 5G 时代的到来,如何用好"互联网+"市场营销策略更为关键,很多新的服务模式、新的服务业态将在"互联网+"的基础上不断产生。在线支付、网络营销、虚拟设计、远程直播还只是互联网时代的开始,未来随着人工智能技术的升级与应用,"人工智能+"市场营销将会在很多领域中展开,基于大数据的人工智能精准营销将是价值的发掘地。

4. 产品策略

产品策略是市场计划中需要研究的重要内容。公司要针对市场的竞争对手,在产品技术、产品性能、产品检测、产品质量、产品管控、产品包装、产品仓储、产品物流、产品创新等方面制定出公司的产品策略,从产品差异性的角度考虑切入市场。例如,计划研发的产品采用第一代技术还是第二代技术,产品性能是单一性能还是复合性能,产品质量是追求极致还是可以满足客户使用要求即可,产品包装是用普通材料还是用特殊材料,是采用低档包装还是高档包装,产品存储是自建仓库还是外面租赁仓储,产品物流是自建物流车队还是委托第三方物流,这些不同的环节都需要认真思考与描述清楚。

5. 价格策略

价格策略是市场计划需要研究的重要内容。通过成本定价、需求定价和竞争定价的原则,按照高端客户、中端客户和低端客户不同的目标客户群体,结合零售和团购的不同形式,制定有针对性的价格策略。例如,对于低端客户,由于购买力差,产品售价就可以低一些;对于高端客户,由于购买力强,产品售价就可以高一些,但是产品质量与服务要升级跟上才可以。再比如,我们是做批发还是做零售,批发的价格可以便宜一些,零售的价格就可以贵一些。对于体验客户的产品价格也可以低一些,让客户在体验的欢愉中认可公司的产品与服务,从而成为你的黏性客户。

6. 渠道策略

渠道策略是市场计划需要研究的重要内容。人们常说"渠道为王",就是谁拥有了销售渠道,谁就拥有了市场。你要考虑公司拟通过哪些销售渠道,拟借助哪些销售平台,拟发展哪些合作伙伴,来快速建设公司的销售网络,实现渠道为王的目标,落实渠道的策略。例如,你做的创业项目是开一个网店销售化妆品,那么能否借助天猫、淘宝、京东、苏宁易购等大型的电商平台渠道来扩大销售? 如果你做的是一款养殖富硒鹅项目,能否通过二级、三级代理商渠道,来加强富硒鹅的销售? 如果你做的是一款销售劳保用品项目,能否通过各省市、地区和企事业单位的工会渠道去销售劳保用品? 今天的市场渠道建立过程,一定是线下与线上相结合的,一定要研究如何进行渠道织网。

7. 宣传策略

宣传策略是市场计划必须考虑的问题。目前,创业公司可以用到的宣传媒体主要有电视媒体、网络媒体、平面媒体和户外媒体,公司如何利用这些媒体开展产品宣传和公司形象宣传,需要加以完整描述。例如,你有一些省市、区县和乡镇电视媒体资源,你怎么做产品宣传;如果你能找到一些网络媒体资源,你怎么做产品宣传;如果你知道一些有影响力的纸媒资源,你如何做产品宣传;如果你了解一些户外媒体资源,你如何做产品宣传。

6.3.5 商业模式模糊不清

创业大赛中遇到的第五个问题就是参赛者提交的项目材料中商业模式描述不清晰。很多同学在介绍项目的商业模式时,只是简单地介绍了一下产品销售过程,并没有十分清楚地描述项目是如何通过盈利途径,采用特殊的方法去获取利润的,也没有能够突出商业模式的创新性和创新点。无论你采用的是传统的销售方式,还是利用"互联网+"的销售模式;无论你是采用的产品销售+咨询的服务模式,还是采用的贴身式的保姆服务模式;无论是你采用的产品销售模式,还是采用的技术转让服务模式,在项目的商业盈利模式陈述中,一定要描述清楚。在介绍项目的商业盈利模式时,重点是要提炼出这里面的创新性有哪些,创新点在哪里,商业模式是否具有颠覆性,能够颠覆以往原有传统的商业模式做法。例如,像"滴滴出行"这种共享经济的项目,其商业盈利模式打破了传统的出租车商业模式做法,将社会闲置的车辆资源和司机进行社会共享,为交通出行提供便捷服务,以创新性和颠覆性的商业模式很快抢占了出租车市场。

6.3.6 创业启动资金过多

创业大赛中遇到的第六个问题就是参赛者提交的项目材料中创业资金金额过多。理想与现实相差很远。作为在读大学生和毕业没几年的年轻人的创业项目,一般不建议创业项目启动资金过大。但是在大赛时,有相当一部分参赛的团队把创业启动资本设定为 1000 万元以上,而自己不出资或只能出资 20 万至 30 万元,余下的 900 多万元计划从银行贷款获得,可他们不知道作为一家商业银行是不会给既没有物品抵押也没有质押的创业公司提供这么多创业贷款的;还有的创业团队一张嘴启动资金就是 2000 万元或 3000 万元,然后说这些钱准备向风险投资募集,可他们不知道风险投资只投资比较成熟的公司而不会投资这些产品和商业模式不成熟的初创公司。所以,从现实性、落地性、可行性和安全性等方面考虑,初创公司的项目启动资金设定在 100 万元以内比较合适,最多不要超过 200 万元。

6.3.7 三年规划不切实际

创业大赛中遇到的第七个问题就是参赛者提交的项目材料中三年规划不切合实

际。很多参赛作品在市场占有率、市场覆盖率、年销售额和年利税额等方面进行描述时，预期计划与现实相差很大。有的参赛团队提出他的项目一年可以占领北京市场，两年占领京津冀市场，三年占领全国市场。作为一个创业公司，在产品成熟度、公司品牌、公司人员规模、管理水平、公司资金及市场竞争力等方面都不占有优势的情况下，不可能有这么强的市场扩张实力，两年占领京津冀市场已经十分勉强，三年占领全中国市场基本不可能。有的参赛团队提出第一年销售额 100 万元，第二年销售额 5000 万元，第三年销售额 5 亿元。作为一个创业公司，公司研发和生产的产品在规范性和标准化及成熟度方面都需要一定的时间去实践、探索，公司的流动资金也需要一定时间的积累，这种年销售额火箭式的递增很难实现，财务数据不切合实际。

6.3.8　风控分析不够全面

创业大赛中遇到的第八个问题就是参赛者提交的项目材料中风险分析和控制措施描述不够全面、完整。作为创业公司会存在很多的风险，包括政策风险、管理风险、市场风险、技术风险、人才风险和资金风险等六大风险，但是很少有参赛团队可以把这些风险完整地分析和描述清楚，能够同时提出应对各项风险的措施的同学就更少了。一个连自己创业项目的风险都分析不清楚，风控措施都提不出来的创业团队，一旦进入创业实施阶段就会遇到很多问题，遇到很多难以逾越的坎，这时候创业的失败率就会非常高。

6.4　创业计划书的突出特征

现在很多创新创业大赛在比赛时，都要求参赛选手提交创业计划书、创业项目PPT、创业项目介绍小视频（1 至 2 分钟），以及创业项目的相关资料。其中，创业计划书是创新创业大赛重要的项目评审资料，创业计划书编写的质量好坏直接影响到项目评审分数，结合多年参加创新创业大赛评审的经验，建议参赛者在创业计划书中要重点突出规范性、创新性、盈利性、融资性、示范性、带动性、政策性、真实性和落地性这九个方面。

6.4.1　规范性

创业计划书是由很多模块内容组成的，每个模块都是创业计划书的重要组成部分。一些参赛者习惯在网上下载创业计划书模板，实际上有些模板的模块内容并不全面，如果使用这样的模板，就会丢掉很多创业计划书中的必要的项目内容，在项目评审时就会丢分。编者结合多年的创业大赛评审、创业项目指导和创业项目融资服务经验，总结了一个比较完整的创业计划书内容条目，主要包括以下主要内容：

一、计划摘要

二、公司介绍

三、产品与服务

四、管理团队

五、技术分析

六、市场分析

七、竞争分析

八、风险分析与控制

九、市场营销计划

十、三年发展规划

十一、项目融资与筹划

十二、项目财务分析

十三、创业项目股权结构

在参加创新创业大赛时,最重要的就是按照创业计划书的规范内容模块去陈述项目内容,千万不要丢三落四,从而导致项目内容描述不完整,编写不规范,重点内容不醒目,项目亮点不突出。在编写创业计划书时,一定要保证编写创业计划书的模块完整性和规范性,并按照每个模块对应的内容详细描述。

6.4.2　创新性

现在的创业大赛已经不仅是针对创业类型的大赛,而是面向创新＋创业的大赛,这就要求我们在参赛时,一定要注意创业项目的创新性。由于创新这个词很抽象,很多参赛选手都没有做过科研工作,并不了解该从哪些地方入手来描述项目的创新性,提炼出创新点。为了更好地介绍项目的创新性,建议参赛者可以先从以下五个维度去思考项目的创新性。

1. 技术创新

科技型技术类的参赛项目,往往都会用到专业技术。比如,做网络的项目会用到IT技术,做机器人的项目会用到人工智能和深度学习技术,做大数据的项目会用到数据搜索引擎、计算机算法和云计算技术,做装饰涂料的项目会用到诸如纳米材料的新材料技术,做精密制造的项目会用到精密加工与精密测量技术,做大健康的项目会用到新药、医疗和健康检测技术,做环保的项目会用到节能减排与环境监测技术等,那么围绕项目所采用的专业技术和关键技术,就需要分析一下是否项目所采用的技术存在创新性,该项技术是否解决了以往的关键技术难题,实现了关键技术的突破,填补了某个技术领域大的空白。如果项目在关键技术、关键工艺、关键配方、关键参数等方面有所突破和创新,那么该项目就存在技术创新,此时,就要把项目中的创新点提炼出来,把创新性描述清楚。

2. 产品创新

对于研发制造类的参赛项目,一般都会有一个研制产品。这个研制出来的产品,如果在材料方面有所突破,研制出诸如新型的碳纤维材料、高分子复合材料、航空航天材料或高温合金材料,或者在产品性能上有所突破,能够满足更多、更高标准的视听或环保等方面的产品性能,或者在产品质量、产品精度和产品寿命等方面实现较大突破,能为市场提供更高品质的产品,那么这个项目在创新性方面就存在产品创新。

3. 设计创新

对于制造类和文创类参赛项目,一般都有设计活动和设计行为,那么就要好好分析和研究一下在开展项目的过程中,是否有设计创新的地方。比如,从平面设计、结构设计、外观设计、电路设计、服装设计、模具设计、功能设计、概念设计等不同的维度去分析,如果你的项目有设计活动且设计过程中使用了一些先进的技术和设计理念,实现了产品在功能、性能、外观、结构、颜色、风格、时尚和文化等方面的设计突破,那么这个项目在创新性方面就存在设计创新。

4. 应用创新

参赛项目研制出来的产品和服务都是为市场提供服务的。如果项目开发出来的是一种新的产品,新的服务模式,并成功地应用到市场服务中,为用户解决了痛点和需求问题,那么这个项目的创新性也在一定程度上存在应用创新。这种应用服务的创新需要你认真思考和好好梳理,并加以提炼,特别是你所提供的产品和服务是以前市场上没有见到过的,是一种创新应用。

5. 组合创新

参赛项目如果同时存在技术创新、产品创新、设计创新和应用创新,那么这个项目就属于将这几种创新的组合应用,在这个项目的创新性中就属于组合创新。这样的话,项目的创新性又多了一项。一个参赛项目如果具备上述 5 种创新,并在创业计划书中很完整地描述出来,可以极大地提高项目的创新性,显著地增强参赛者的实力。当然,对于不同的创业项目,可能还存在其他创新性,如服务模式创新、管理创新、集成创新、理论创新、金融创新等,如果有这些方面的创新性的话,也请尽可能地详细描述和分析。

6.4.3 盈利性

项目的盈利性是专家评委和投资人重点关注的内容,在编写创业计划书时,一定要认真思考和分析,尽可能去突出项目的盈利性。项目的盈利性可以通过财务分析加以陈述,重点是把反映盈利性的重要财务指标描述清楚。比如,项目是否已经有销售,销售额是多少,利润额是多少,是否每个月或每季度可以产生稳定的正向的现金流,项目的年销售额和净利润额的增长率是多少,项目的投资回报率是多少,投资回收周期是多少。

6.4.4 融资性

项目的融资性也是目前大赛组委会和投资人十分关注的要点,参赛项目一定要在创业计划书中能呈现出具有一定的融资性。但是,很多参赛选手并不了解什么样的创业计划书具备融资性,不了解投资人的偏好。一般来说,投资人都喜欢投资少、见效快,附加值高的项目。在投资界里有个不成文的定律就是人比项目重要,再好的项目也需要人来运作和实施。可以围绕以下六个维度去包装创业计划书,以突出项目的融资性。

1. 创业团队

什么样的创业团队才是投资人喜欢的呢？一般来说,投资人欣赏的团队应该具备专业性、互补性、创新力、执行力、协同力、学习力几个特征。团队里一定要有一个带头人属于灵魂人物,这个人身上具备专业性、知识性、创新性和抗挫折性,以及组织能力和整合资源能力,同时还具有比较清晰的战略发展思路,比较大的格局,比较宽阔的胸怀和一颗能包容的心。所以,在编写创业计划书时,要针对投资人的偏好,从这些方面去着重描述团队成员的情况,以尽可能突出创业团队的项目实施能力。

2. 技术水平

技术类项目的技术水平高低十分关键,投资人一般都十分看重技术水平高的创业项目。你的项目所用到的技术是否领先,是在国内领先还是在国际上领先;项目技术是否有自主知识产权,是发明专利还是实用新型,有几项专利;该项技术是否成熟,该项技术是否还会不断升级迭代,该项技术与竞争对手所用的技术对比是否领先,这些技术的情况都要在创业计划书中描述清楚。越是好的技术,越是水平高的技术,越是有自主知识产权的技术,也就越容易获得投资人的青睐和关注。

3. 产品与服务

创业项目的产品与服务题材很重要,你的项目一定要处于投资的风口上。投资人一般比较喜欢有特色、有竞争优势的产品与服务。所以,在编写创业计划书时,一定要突出项目产品与服务的特色和优势,特别是在竞品分析方面,要能看出项目的竞争优势。

4. 财务指标

项目的财务数据是否理想,是否能够挣钱盈利,是否能够在短期投资中创收是投资人重点考虑的内容。所以,在编写创业计划书时,一定要突出项目的盈利情况,要围绕投资少、投资周期短、投资收益大去描述。当然,财务数据的分析要真实可靠,不能做没有依据的推断。

5. 风险分析与控制

风控是投资人最关心的项目内容。一个创业项目,如果不能把风险分析清楚,不能把应对风险的措施和预案说清楚,那么投资人是不会投资的。所以,在编写创业计划书时,一定要完整、充分地描述和分析项目可能存在的风险,并针对性地提出应对措施和预案。

6. 项目估值

项目估值也是投资人十分关注的内容。如果项目的市场空间和估值不大，一般来说，很难引起投资人的兴趣。所以，在编写创业计划书时，一定要合理的把项目的市场估值做大。

6.4.5　示范性

创业大赛评审时，项目是否具有示范性是大赛评委比较关注的地方。你的创业项目在实施后，是否具有示范推广效果，是否可以在高校、在行业内、在某个地区推广，这一点十分重要。所以，在审视自己的创业计划书时，一定要看看自己的项目是否具有示范性，该如何描述以突出项目的示范性。例如，你做的是一个利用无人机在高速公路上巡查路况拥堵的项目，其示范性是既可以用来作为城市道路交通的检查，也可以作为景区游客密度分布状况的检查，对于海上渔船捕捞作业的监控勘察也具有一定的示范性；如你做的项目是一款英语教学机器人项目，其示范性是既可以作为语文数学教学机器人项目，还可以作为少儿益智科普机器人项目；如你做的是一款 3D 打印台灯的项目，其示范性是既可以作为 3D 打印礼品项目，也可以作为 3D 打印纪念品项目。

6.4.6　带动性

创业大赛评审时，项目的带动性也是评委比较关注的地方。你的项目在实施后，是否能对周边的人起到带动效果，是否能够带动其他人一起创业就业，这一点十分重要。因此，需要好好审视自己的项目，突出项目的带动性。如我们做的是一个教学扶贫的公益项目，之后通过给偏远贫困山区的孩子进行计算机和互联网知识的培训，帮助他们学会利用互联网和物联网技术来搭建电子商务平台，之后通过开展电子商务将家乡的土特产销售到外面去。这种项目就会带动周边很多的同学和朋友一起来做公益项目，为更多的偏远贫困地区的孩子提供与电子商务有关的知识培训，带动更多的贫困地区的孩子创业就业。如我们做的是一个兼职服务平台的项目，通过平台推荐的兼职信息服务，可以帮助其他同学实现社会兼职，那么这种项目就具有带动性，可以带动其他同学通过社会兼职更多的就业和创业。

6.4.7　政策性

创业项目是否符合国家产业扶植政策十分重要的内容，且政策性是大赛评委重点关注的内容。如果你的创业项目不符合国家产业政策或地方政策扶持方向，即使你的项目很好且有很强的盈利性，也很难让评委打出高分。例如，你做的项目是一个有废气排放的冶金项目，而目前我们国家在加强环保建设，实施蓝天治理计划，各省市地区都在进行大气污染治理工作，那么该项目与国家产业和地方扶持政策方向明显相违背,这种参赛项目即使经济收益很高,也很难取得高分。

6.4.8 真实性

创业项目数据是否真实可靠也是专家评委关注的重点。近年来,很多参赛项目所使用的市场统计数据、调研数据和调查数据没有出处,数据来源不详,项目中涉及的财务数据也没有推算过程,从而导致项目资料中的数据真实性无法保证。如果你在做市场分析时,不能援引政府权威部门的统计数据或著名咨询机构的研究报告数据,项目给出的财务数据也没有合理推算和解释,那么,专家在评审时就会针对数据的真实性扣分。这一点一定要引起我们的高度重视。

6.4.9 落地性

创业项目的落地性是大赛组委会关注的重点。组委会领导都希望获奖的好项目可以落地注册公司,通过创业孵化后可以做大做强,起到示范带动其他人创新创业的典范作用。所以,大赛评委对项目的落地性也会十分关注。如果你的项目发展前景不错,发展潜力巨大,一定要尽可能围绕今后项目的落地发展去规划描述,争取让评委能给一个高分。

6.5 项目路演 PPT 制作技巧

参加创业大赛的团队如果能够进入终审,也就是进入了最后的冲刺环节,一般都要进行项目路演汇报。这个时候创业团队汇报的材料就要求整理为 PPT 格式的文件。虽然很多同学很熟悉 PPT 的制作,但是由于不了解项目汇报要点,不掌握项目汇报技巧,不知道评委最关注什么问题,导致最后项目汇报的效果并不理想,最终与奖项失之交臂。

由于创业计划书的内容很多,而项目路演时间很有限,大赛一般只给 5 分钟、8 分钟或10 分钟的汇报时间,这就要求参赛者要在有限的时间内把项目计划书的主要内容、关键内容陈述清楚,难度十分大。为了更好地做好项目路演,建议在做 PPT 路演汇报时,要把专家评委最关注的以下九大要点汇报清楚,如图 6-4 所示。

1. 创业团队

创业团队是创业项目实施能否成功的关键,所以,每个专家评委都会关注项目路演时创业团队的能力情况。在项目路演时,要用 1 至 2 页 PPT,将项目团队的专业性、互补性、协作性、创新力、执行力和学习力等陈述清楚。专业性代表团队有实施项目的专业技术能力;互补性代表团队成员间可以弥补专业知识、专业技术、业务能力、工作经验和性格等方面的不足;协作性代表团队具有项目的协作和协同能力;创新性代表团队具有创新精神和创新能力;执行力代表团队具有顺利实施和开展项目的能力;学习力代表团队成员都具有不断学习新知识的能力。

创业团队	产品与服务	市场痛点
市场空间	竞品分析	商业模式
市场策略	风险分析	投资回报

图 6-4　PPT 汇报内容九大要点

在团队陈述时,还要注意将团队的带头人重点突出描述,要尽可能将这个人的策划能力、组织能力、管理能力、专业能力等综合能力呈现出来,将其视野、格局和胸怀表述一下,尽可能突出他(她)的人格魅力。此外,团队的陈述中,还要突出团队具有"四老"特征,即老同学、老朋友、老同事、老战友。如我们的创业团队是由本校的不同专业的同学组建的,或是由本校不同年级的师哥师姐、师弟师妹组建的,或是由上大学前的高中同学组建的,或是由一起踢球、旅游的不同学校的同学组建的,这样可以进一步强调团队成员由于具有"四老"特征,相互之间都比较了解,团队成员在今后的业务开展中磨合期会短一些。

例如,你想做一款会展机器人项目,这个项目属于科技类项目,技术含量较大,涉及计算机技术、网络技术、大数据技术、信息集成技术、智能硬件技术、传感器技术、人工智能技术等;这就需要在组建项目团队时,寻找懂计算机专业的人、懂网络技术的人、懂工业设计的人、懂动画大数据的人、懂传感器的人,以及懂人工智能技术的人来参与产品设计与研发。项目产品研制出来后,还需要进行市场推广和市场销售,又需要找到懂市场营销的人、懂市场策划的人、懂媒体宣传的人。公司运营中离不开财税管理,可能还需要一个懂财务的人来帮你做好财税规划与财务管理。为了让创业团队在一起更加融洽,可能要从你的老同学、老朋友、老同事和老关系中去寻找适合这些工作岗位的人,以便减少团队之间的冲突,缩短团队的磨合期。

2. 产品与服务

项目的产品与服务是专家评委最关心的内容,也是项目路演时需要完整陈述清楚的内容。在项目路演评审时,有很多同学的项目内容汇报不完整、项目产品汇报不清楚。项目产品与服务在 PPT 中一定要提到,而且要描述清楚你的项目是个什么产品,提供的什么服务,这个产品有哪些技术含量,有多少知识产权,有没有技术壁垒、产品的研发采用了哪些学科知识,采用了什么原理,是通过什么途径研制出来的,产品具有哪些功能,能为什么样的用户群体提供什么样的增值服务,以及项目产品在技术方面、性能方面、成本方面、设计方面、应用方面等都具有哪些特色,项目为用户提供服务时在价格方面、效率方面、便利方面、安全方面等都具有哪些竞争优势。

仅仅介绍完了项目产品与服务还不够,还需要详细描述产品与服务的特色和优势。产品与服务的特色与优势是汇报的重点。首先是项目特色方面的介绍,如项目在技术方面有哪些特色,是否采用了一些新的技术和工艺;在性能方面有哪些特色,是否可以具备更高更全面的性能;在生产成本方面有哪些特色,是否因为采用新工艺和低廉的人力而使制造成本下降很多;在节能环保方面有哪些特色,是否达到绿色减排标准等。其次是项目优势方面的介绍,如项目与同类竞争产品与服务相比,是否在技术方面超过它们,是否在产品设计方面超越它们,是否在产品功能方面比它们更全,是否在产品质量方面比它们更优,是否在环保方面比它们更好,以及项目团队是否比竞争对手强。

例如,我们的创业项目做的是一款益智教育机器人,则要描述清楚这款机器人是否采用了人工智能、语音交互、人脸识别、远程视频、自我学习、大数据、云计算、地理位置信息、智能避障、拍照录像等技术;要描述清楚这款机器人是否使用了功能、金属、陶瓷、复合、碳纤维、化工等材料;要描述清楚这款机器人在产品性能、生产成本、使用的便利性、安全性和环保性方面是怎么样的;要描述清楚在销售这款机器人时采用的是什么服务模式,线上销售是怎么做的,线下销售是怎么做的,体验销售是怎么做的。

3. 市场痛点

在进行项目路演汇报时,一定要将项目创意的来源和起因讲清楚,否则评委不知道你的创业项目是怎么想出来的,是依据什么来确定的。在 PPT 里面一定要介绍清楚目前市场的环境是怎么样的;存在哪些市场的痛点问题;有哪些市场服务需求;这些痛点是刚性的还是隐形的,是紧迫的还是不紧迫的;这些痛点的强度有多大,是很痛还是一般的痛,或是隐隐的微微作痛;这些市场痛点能带来多大的市场服务需求,有多大的市场机会;我们如何围绕解决这个痛点来做这个创业项目。一般来说,我们可以围绕市场价格、产品质量、产品性能、产品安全、服务质量等角度来分析市场痛点。如住房售价很高,教育费用太贵,热水器保温效果不好,手机摄像头像素不高,眼镜镜片寿命短,墙体涂料使用后有异味散发,暖气片散热性不好,空调制冷效率不佳,汽车清洗排长队,快递送货不及时,产品包装简陋,蔬菜和水果农残超标,鸡鸭鱼喂养都使用消炎药,空气净化器过滤层二次污染等。只要围绕着市场痛点去分析,就会发现有很多的服务需求,存在很多的市场机会。针对市场痛点进行提炼和梳理,可以让评委清晰地了解你的项目思路。

例如,想做一个快速检测蔬菜和水果农药残留物的检测仪,那你就要描述清楚这个项目的市场痛点在哪里。我们知道现在很多蔬菜和水果的种植离不开农药和化肥,如果不打农药不施肥,蔬菜长得就不茂盛,水果长得就不大,种植质量就会不理想。但是农民是否用有机肥种植我们并不知道,他们用了多少化肥和农药我们也不知道。目前市场上销售的大部分蔬菜和水果农残都超标,而随着人民群众生活水平的提高,人们都很重视食品健康安全,所以,一款便携式可以快速检测农残的小仪器应该有市场需求,且市场容量还不小。

4. 市场空间

在进行项目路演汇报时,不能仅介绍市场痛点而不提市场空间,一定要向评委汇报清楚我们调查和分析后的市场概况和市场容量情况。如果一个创业项目没有市场,或市场空间不大,那么这个项目就做不大,项目的估值就上不去,项目就很难拿到融资;如果评委看到项目的市场空间不大、市场容量较小,给这个项目的打分就会较低。所以,我们通过分析市场痛点后,要从直接市场、间接市场、潜在市场和培育市场的角度去分析未来项目的市场空间有多大:市场容量是 5000 万元,还是可以达到 1 亿元?是 5 亿元的市场容量?还是可以达到 50 亿元甚至 100 亿元的容量?如果市场空间能超过 10 亿元或达到 50 亿元,就有较大的市场机会,就算有 10 个竞争者同时在做类似的项目,每个公司年均也能有 1 亿元或 5 亿元的市场份额,也容易引来天使投资的关注。但是,如果你做的创业项目市场空间不大,只有 1000 万元或 5000 万元,那么如果市场上有 10 家竞争对手,每个公司平均市场份额才有 100 万元或 500 万元。公司项目销售额做不大,估值上不去,很难获得天使投资。

例如,养老产业的保健品项目市场就十分大。目前,每个老年人都关心自己的身体,都关注健康,除了开展体育锻炼外,就是从饮食上保持身体健康。如果公司研发的产品是一款保健饮品,可以降血压、降血脂、降胆固醇,并且能预防糖尿病的发病,那么针对三高人群和糖尿病人群就会有较大的市场。

又如,高校内的快递项目市场就不大。现在很多同学做学校内的食堂外卖项目和快递项目,这种项目适合同学们的创业实践和创业体验,但是校园内就那么几千名学生,每份快递业务也就挣几元钱的劳务费,一方面项目的技术含量不高,另一方面项目的市场空间不大,市场容量很小。这样的项目销售额做不大,未来项目发展前景也不乐观。

5. 竞品分析

在项目路演时,竞品分析是所有评委都十分关注的内容,我们一定要把这部分内容放进 PPT 中。竞争对手分析一方面包括目前市场中已经存在的竞争对手的数量,另一方面包括行业中排在前 10 名的竞争对手他们在产品、技术、服务、成本、品牌、资金等方面的情况。竞品分析时,要找出对标的竞争者,围绕一些涉及项目产品与服务的具体内容去对比分析,评估一下我们和竞争者之间的优劣情况。例如,在产品技术方面、在生产工艺方面、在制造成本方面、在技术壁垒方面、在知识产权方面、在销售渠道方面、在市场占有率方面、在产品售价方面、在公司品牌方面、在生产能力方面等与竞争对手进行对比分析,从而可以评判出我们做这个项目是否有优势。

例如,我们想研制一款智能手机,市场上同类产品排名前几位的品牌有苹果、华为、小米、OPPO、三星、魅族、中兴、海尔、联想等,那我们做竞品分析时,就要围绕一些关键问题进行对比分析,看看我们是否有机会在市场分一杯羹。如在手机设计、手机芯片、手机摄影、手机内存、手机显示器、手机驱动、手机外壳材料、手机人工智能、手机音响、手机专利、手机生产能力、手机生产成本、手机售价、手机销售渠道等方面,进行有针对性的定性和定量地对比分析。

6. 商业模式

在进行项目路演时,一定要说清楚项目的商业模式。评委们最关心你的项目是如何挣钱的,是靠什么手段和方法挣钱的,这种商业盈利模式是否很新颖,是否很独特,是否很创新,是否具有颠覆性,以及这种商业模式与传统的商业模式有什么不同,其构思和规划的精巧之处在哪里。所以,在 PPT 中,我们要清晰地描述项目是采用什么样的技术手段和方法,通过什么样的具有创新性的商业模式来实现盈利的。

例如,"滴滴出行",通过一个约车软件系统就把闲置的家用汽车资源整合到自己的平台上,实现了共享打车,并通过在线支付解决了打车交易难题,实现了"滴滴出行"的共享用车的商业服务模式。共享单车 ofo,通过一个骑车 App,就把想骑车用车的人引流到这个共享单车平台上,在提供金融租赁服务的同时,不仅沉淀了一大笔注册资金,还能获取到用户骑车使用费。其商业模式的延伸性十分强,既可以从户外广告及大数据挖掘上挣钱,也可以从金融理财的角度挣钱,还可以用大笔的资金进行投资与股权收购。

7. 市场策略

在项目路演时,市场策略的描述也十分重要。要在汇报 PPT 时,向专家评委介绍清楚你这个项目的公司战略和市场策略是什么。公司战略一般比较容易介绍,作为创业公司,大多采用差异化战略,走蓝海战略的道路,躲避激烈的市场竞争,在市场的空隙中寻找机会。市场策略可能没有时间介绍的那么详细,但是最起码要介绍清楚你的产品策略、价格策略、渠道策略、促销策略和宣传策略是怎么样的。当然,进入到互联网社会的今天,你还要为销售策略插上互联网的翅膀,以便使公司运营得更好,所以传统营销＋互联网营销也是需要你完整汇报的。对于不同的创业项目,如技术研发类、产品设计类、技术服务类、技术咨询类、专题培训类、会议会展类等,可以运用的市场策略不同,最好能针对创业项目采用适合的市场策略。

例如,参赛的项目是一款手工定制的意大利皮包,你不仅在网上开店做宣传,还在线下做 DIY 的体验店。一方面可以通过线下培训教学,提供给学员制作皮包的材料和工具,让学员体验 DIY 制作,并将学员亲手制作的产品卖给学员;另一方面,还可以利用网上直播、录播培训过程宣传,并在网上卖课和销售定制的皮具产品。

8. 风险分析

在进行项目路演时,风险分析与控制的内容一定要有。现在很多创业大赛的评委都是投资人,他们对项目的风控内容最为关心。你要在 PPT 中围绕项目的政策风险、市场风险、技术风险、管理风险、人才风险和资金风险等可能存在的风险进行分析,并提出风险应对措施,给出防范风险的预案。由于我们是创业公司,技术风险、市场风险、管理风险和资金风险肯定存在,所以,千万不要回避风险分析。如果项目方向与国家产业政策方向一致,不存在政策风险,那也要说清楚。有时候风险分析得太多并不是不好,反而让我们更加清楚地了解项目可能存在哪些风险。只要我们提前制定预防风险的措施,可以防控风险的发生,评委就会更认可我们对风控分析全面,会更加看好我们这个创业团队。

例如,中水处理回收利用的项目,你就要围绕我国环保的政策、中水处理的技术、市场空间与竞争的态势、公司的管理现状、团队人员的情况和资金管理等方面的风险进行风控分析。

9. 投资回报

在进行项目路演时,一定要介绍项目的财务分析结果及投资回报情况。作为创业计划和创业实践项目,一定是要有收益的,项目能够创造的收益多少,直接决定着该项目的好坏。一般来说,我们在 PPT 中,要将项目的年销售额、年利润额、年毛利率、年销售额增长率、年利润额增长率、投资回收期、投资回报率等关键财务指标说清楚。由于是创业公司,创业第一年的财务指标普遍不理想,所以,可以将创业第二年、第三年的预期财务指标写在 PPT 中,这样就可以将每年的财务指标动态变化情况清楚地呈现给专家评委。

例如,要做的项目是一款大棚种植的现代农业项目,你要描述清楚项目的财务指标,包括每年的项目支出,每年的项目收入销售额、每年的利润额、每年的利润率、年销售增长率、年利润增长率、年投资回收期、年投资回报率等。

6.6　项目路演的十大忌讳

我们在做创业项目路演汇报时,常用的形式是用 PPT 作项目汇报,PPT 制作的质量好坏与汇报者临场发挥的效果,直接影响到项目汇报效果,对能否获得好的成绩至关重要。通过总结这些年来参加创业项目路演评审的经验,笔者梳理归纳出参赛者进行项目路演时应该重点避免的十大忌讳与 PPT 制作问题,如图 6-5 所示。

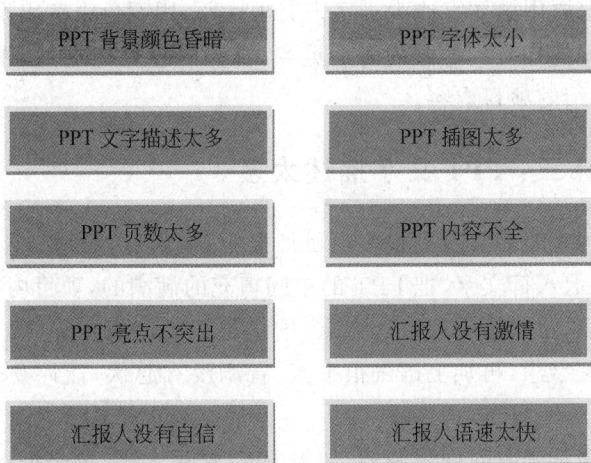

PPT 背景颜色昏暗	PPT 字体太小
PPT 文字描述太多	PPT 插图太多
PPT 页数太多	PPT 内容不全
PPT 亮点不突出	汇报人没有激情
汇报人没有自信	汇报人语速太快

图 6-5　创业项目路演汇报重点避免的十大忌讳

6.6.1 忌讳一：PPT 背景颜色昏暗

在项目路演评审时经常看到很多项目汇报的 PPT 背景颜色昏暗，这是很忌讳的。我们知道，参加项目路演汇报时，很多评委都是上年纪的人，眼力不太好，大多评委都有一定程度的花眼。如果参赛者用于项目汇报的 PPT 背景制作得很昏暗，字体和背景颜色很接近，字体不突出，评委看 PPT 时就会看不清楚，看几页就会觉得很累。这样的话，评委对你的印象分就不好。一方面，评委由于看不清楚项目内容难以完全了解清楚项目情况，另一方面，评委由于看 PPT 很累容易引起心里的烦躁。在这种情况下让评委给你打出一个高分就比较难了。比如，你制作的 PPT 采用的是浅绿色或浅黄色的背景，而你 PPT 的文字使用白色字体，文字内容看起来就会十分模糊、不清楚；比如，你制作的 PPT 采用的是灰色的背景，而你使用的是黑色字体，字体颜色与背景颜色太接近，距离 PPT 远一点的评委根本看不清楚 PPT 内容。所以，在制作 PPT 时，第一个要注意的地方就是要让 PPT 文字与背景鲜明突出，千万不要采用与文字颜色相近的背景颜色，要让评委看得很舒服、很清楚、很真切。

6.6.2 忌讳二：PPT 字体太小

在项目路演评审时经常看到很多项目汇报的 PPT 内容字体很小，这也是很忌讳的。在项目路演时一定要明确 PPT 汇报是给评委看的，要让评委看得清楚、看得明白、看得舒服。一般项目路演时 PPT 屏幕距离评委会有一定的距离，如果你的 PPT 里面的文字很小，评委就不容易看清楚 PPT 里面的文字内容。如果你在项目文字内容描述时使用的字号大小一致，就看不到醒目的标题；如果你在文字描述时不仅字体大小一致还使用同一个颜色，就更不容易一眼看清楚哪里是重点内容。所以，我们在制作 PPT 时，一定要用黑体字或大号字来突出标题，用颜色来突出重点部分。总之就是要让评委在瞬间能捕捉到哪些内容是重点，哪些内容是亮点，让评委在最短的时间内了解 PPT 所介绍的项目内容。

6.6.3 忌讳三：PPT 文字描述太多

在项目路演评审时经常看到很多项目汇报的 PPT 文字太多，整页都是文字描述，有的 PPT 一页有七八行文字，把 PPT 的空间填充的满满的，项目内容描述十分啰唆，看不到项目的重点，也看不出项目的亮点，这也是很忌讳的。有些汇报者在路演汇报时从头到尾开始逐字念，再加上语气很平淡，音调没有起伏，让评委看得发晕，听得没心情。

项目路演汇报都是有时间限制的，如果 PPT 文字太多，要是汇报时一个字一个字去念，汇报时间肯定是不够的。为了避免这类现象的发生，我们建议在项目路演制作 PPT 时，每一页项目内容的文字千万不要写得太多，文字表述千万不要啰唆，要尽可能提炼出项目亮点，突出项目的重点，最好能用关键词、提示符号和一些图标来表述清楚你本页项目的重点内容,要让评委在最短的时间内就能够了解清楚项目内容,知道你在说的项目内容是什么,哪些内容是你的项目重点,哪些内容是你的项目亮点。

6.6.4　忌讳四：PPT 插图太多

在项目路演评审时经常看到很多项目汇报的 PPT 插图太多,有些 PPT 不仅插图多还布局凌乱,再加上项目内容的文字与插图配合得不协调,使整页的 PPT 汇报效果十分不好,也是很忌讳的。

由于 PPT 空间有限,为了更好地提升项目汇报效果,我们是可以采用一些插图来提高 PPT 的生动性和展示性的,但是切记不要异巧成拙,要由繁至简,由多至精,通过有限的插图和图标,尽可能的完美地展示出 PPT 展示效果,突出想要介绍的项目重点内容,特别是项目的亮点之处。有的项目在路演 PPT 汇报时,把 10 多个专利证书的影印件全部插入在 PPT 中,不仅看起来十分乱,专利名称和专利号还看不清楚,并没有达到汇报的完美预期效果;有的项目在路演 PPT 汇报时,把很多开展项目服务活动的照片插入在 PPT 中,显得汇报内容啰唆,不仅 PPT 篇幅增加了很多,还占用了更多的汇报时间;还有的项目 PPT 在汇报时插图多、文字少,项目内容描述不清晰、不完整,汇报效果不好。

6.6.5　忌讳五：PPT 页数太多

一般来讲,大赛组委会给每个项目路演汇报时间要求控制在 8 分钟内或 10 分钟内,回答评委提问时间要求控制在 3 分钟内、5 分钟内或 7 分钟内,时间十分有限。在项目路演评审时经常看到很多项目汇报的 PPT 页数太多,有的 PPT 页数有 20 多页,有的 PPT 页数甚至有 40 多页,致使项目路演时根本汇报不完,从而导致由于项目汇报不完整而被评委扣分,十分可惜。项目路演的汇报人要在 8 至 10 分钟的时间里,完整的、清晰的、全面的把项目汇报好,难度十分大,再好的项目如果汇报内容不完整,汇报重点不突出,汇报亮点不鲜明,汇报结果不理想,都不可能拿到高分。所以,用于项目路演的 PPT 如果页数太多往往是很忌讳的。为了能够控制好汇报时间,完整地汇报项目,一定要控制好 PPT 的汇报页数,如果是 8 分钟汇报,建议 PPT 的页数在 14页左右;如果是 10 分钟汇报,建议 PPT 的页数控制在 18 页以内,路演汇报时应重点介绍项目的主要内容和核心内容,突出项目亮点。

6.6.6　忌讳六：PPT 内容不全

在项目路演时,项目的 PPT 汇报内容不全也是比较常见的现象。参赛者来参加项目路演本来是要汇报项目内容的,而你在好不容易争取到的项目路演机会中,不能完整地介绍清楚你的项目是十分可惜的。目前很多参赛者并不清楚应该如何编写PPT 的汇报内容,不清楚应该如何突出 PPT 汇报中的项目重点,从而使本来还不错的项目由于没有汇报好而与大奖擦肩而过。由于项目路演的时间十分有限,我们不可能将创业计划书的内容全部复制进 PPT,这就要求我们要把创业计划书中主要的模块尽可能呈现在 PPT 里面。一方面通过 PPT 的展示来介绍项目,另一方面通过口述来补充介绍 PPT 上面没有提到的内容。一般来说,我们做项目路演用的 PPT,最起码要包括这些项目模块内容,如创业团队、产品与服务、市场痛点、市场空间、竞品分析、商业模式、市场策略、发展规划、资金筹措、财务分析、风控分析、创新点、知识产权等,如果有可能最好能用 SWOT 或 PEST 工具来做竞争态势分析。这么多模块内容可能 PPT 不能完全写进去,有些内容最好用关键词或提示符来提示解说汇报。

6.6.7　忌讳七:PPT 亮点不突出

在项目路演评审时经常看到很多项目汇报的 PPT 亮点不突出,项目没什么特色,这种路演的 PPT 是比较忌讳的。在参加创业大赛项目路演时,我们比的就是项目特色,比的就是项目优势,比的就是项目的创新性,比的就是项目的赢利性,比的就是项目的成长性。如果你在项目路演时不能说出你的项目亮点和项目优势,不能突出你的项目的创新性和成长性,不能说出你的项目特色和特点,那么这种项目一般不会获得评委的青睐,不太容易获得高分。所以,我们在制作 PPT 时,一定要围绕创业计划书的主要模块内容,梳理和提炼出有项目亮点的内容,复制到 PPT 中来,并尽可能有条理性地、完整地汇报清楚项目的特色与优势,无论是产品的特色与优势,还是团队的特色与优势;无论是市场的竞争策略,还是项目的发展规划;无论是市场空间,还是融资计划,都要尽可能地表述完整、汇报清楚、突出重点。

6.6.8　忌讳八:汇报人没有激情

在项目路演评审时,经常看到很多项目汇报人在汇报项目时,语气平平淡淡,音调没有起伏没有激情,这种形式的路演也是很忌讳的。我们来到路演的舞台是参加创业大赛的,而创业本身就需要有激情,如果你汇报自己项目都不能表露出激情,不能打动台下的评委,不能与评委形成一个激情互动的气场,这样的路演汇报就是失败的,这种状态的项目汇报很难让评委打出高分。所以,我们在项目路演汇报时,一上场就要充满创业的激情,语气要抑扬顿挫,最好还能增加一些肢体语言来提高汇报的效果,尽快形成与专家评委的互动,增加评审现场的气场能量,以争取评委对你的好感。曾经评审过一个戏曲学院的文创项目,做项目汇报的同学一上场亮相就给评委深刻的印象,无论从个人颜值还是从形体,无论从项目陈述还是从礼貌,很快就拉近了汇报者与评委的距离,形成了良好的气场,汇报的同学还不时地加入一些戏曲的肢体语言和唱腔演示技巧,较好地呈现出了创业的激情,使现场的气氛十分热烈,获得所有评委的青睐与好评。

6.6.9　忌讳九:汇报人没有自信

在项目路演评审时经常看到很多项目汇报人在汇报项目时,汇报声音很小,表情不够自然，不敢正视评委，充满了不自信，这也是十分忌讳的。我们既然来参加创业大赛，就要保持高度的自信，千万不能表露出对自己的项目没有自信，如果你对自己都没自信，凭什么让评委给你打高分。所以，我们在项目路演时，一上台就要充满自信，要正视评委，要放松身心，要把你自己的项目最好、最有亮点的内容告诉评委，要通过路演汇报告诉评委你的团队是最优秀的，你的项目是最有创新性的，你的项目是最有竞争力的，你的项目是最有发展潜力的，你的项目是最好的，你的项目是最棒的。

6.6.10　忌讳十：汇报人语速太快

在项目路演评审时经常看到很多项目汇报人在汇报项目时，语速太快让人听不清楚，汇报时中间没有停顿像开机关炮一样，汇报的重点内容也不突出，这种形式的路演也是十分忌讳的。汇报项目时一定要清楚你是要将项目说给评委听的，一定要让评委听清楚听明白，如果评委听不清楚听不明白，即使你认为自己的项目很好，那评委给出的评分也不可能太高。所以，我们在项目路演汇报时，一定不要紧张，要有自信，要完整清楚地向评委介绍自己的创业项目，语速千万不能过快，咬字要清晰，要能让评委听得清楚，听得明白，要让评委尽可能地了解你的项目。在汇报项目时，还要注意属于项目重点内容和亮点内容的地方，尽可能的放慢语速，增加音量和语气，以期给评委加深印象。

【问题与训练】

（1）每个同学编写一份创业计划书（包括 Word 版与 PPT）。

（2）全班 5 个同学为一组，每组人轮流进行项目 PPT 路演，其他人进行项目点评，指出存在的不足。

（3）针对其他同学对自己项目的点评意见，进行创业计划书的修改与完善。

（4）各小组进行创业计划书路演比赛。每个人轮流进行项目路演汇报，全班其他人进行项目点评，并给每个项目按照百分制打分，总分最高组将获得冠军。

第**7**章

新企业组建

【学习目标】

(1) 学习确定目标市场；

(2) 了解该如何组建创业团队；

(3) 了解该如何选择创业公司的注册地址和办公地址；

(4) 了解创业项目融资都有哪些渠道；

(5) 学会选择企业组织形式。

7.1 创办企业的筹备

创业者在决定创业之前，要做出充分的物质和思想准备，明确自己是否具备创业条件。一般来讲，创业主要考察创业者、商业机会、技术、资源、组织、产品服务等几个方面的要素。创业者要具有强烈的创业意愿，能够建立起一个有效运行的创业团队，并且拥有有利的制度、政策、金融、科技和市场环境，获得相应的技术和资源。创业最关键的因素是开发了能够服务市场的产品和服务，找到了创新性的商业盈利模式，企业为此进行目标市场选择和确定，能够明确企业的具体服务对象，关系到企业任务、企业目标的制定和落实。

7.1.1 确定目标市场

在市场经济条件下，企业的生产和经营必须围绕市场的需求来组织，创业者通过创办企业在市场交易中进行经营活动以获得利益。

著名的市场营销学者麦卡锡提出，应当把消费者看作一个特定的群体，称为目标市场。由于新创企业资源有限，所以多数新创企业是通过市场细分来选择和确定目标市场的。通过市场细分,有利于明确目标市场;通过市场营销策略的应用,有利于满足目标市场的需要。即目标市场就是通过市场细分后,企业准备以相应的产品和服务满足其需要的一个或几个子市场。

一般来讲,用以进行市场细分的观测变量主要有以下四个方面。

(1)地理。主要包括区域,城市或主城区大小,人口密度,地形地貌(可划分为平原、高原、丘陵、山区、沙漠地带等),气候(可分为热带、亚热带、温带、寒带等),交通条件(可分为公路、港口、轨道交通等)等。

(2)人口统计。主要包括年龄(可分为儿童、青年、中年、老年等),家庭规模(可分为单身家庭、单亲家庭、小家庭、大家庭等),家庭生命周期(可分为单身、新婚、满巢、空巢、孤寡等),性别,收入(可分为高收入、次高收入、中等收入、次低收入、低收入等),教育水平(可分为硕士及以上、本科、专科、中专、高中、高中以下等),职业(可分为公务员、教师、医生、企业管理者、公司职员、演员、文艺工作者等),代系,民族,宗教,国籍,社会阶层(可分为可投资资产较高群体、企业高管群体、娱乐圈群体、白领群体、蓝领群体、农民工群体、失业群体等)等。

(3)心理。主要包括认知,生活方式,个性特征,购买动机(可分为追求时尚、追求实惠、追求新鲜、追求名牌、追求价廉等)等。

(4)行为。主要包括购买时机(可分为节假日、日常、升学期、购房期、拆迁、搬家、结婚、离婚、促销打折日等),购买地点(可分为商场、超市、门店、网络商店等),购买数量(可分为大量、中量、少量等),购买频率(可分为经常购买、一般购买、不常购买、潜在购买等),利益,使用者情况,品牌忠诚情况(可分为单一品牌忠诚、多品牌忠诚、无品牌忠诚等),准备程度等。

当然,细分市场还要从战略、市场需求、竞争优势、资源和环境等几方面对其可行性进行综合评估和分析,以帮助创业者全面了解产品或服务未来进入细分市场可能面临的优势、劣势、机会及威胁,从而准确判断开拓细分市场的可行性。表 7-1 提供了细分市场可行性分析角度。

表 7-1　细分市场可行性分析表

项目	问题	细分市场(评级)		
		细分市场 A	细分市场 B	细分市场 C
战略	开发细分市场是否与总体目标一致			
市场需求	消费者分析(该细分市场特性)			
	市场增长空间			
	细分市场客户			
	预计销售额			
	预计市场占有率			
	预计利润率			

续表

项目	问题	细分市场（评级）		
		细分市场 A	细分市场 B	细分市场 C
竞争	竞争性（规模、市场份额、质量、价格、人才队伍等）			
	有何竞争优势			
资源	是否有必需的营销、生产、资金、技术、人力资源予以支撑，能否获得			
环境	环境综合因素是否对细分环境市场有利（具体包括宏观经济、技术水平、政治、法律、文化和社会因素）			
	评级			

注：具体评级方法可由企业根据实际情况拟定。

资料来源：何建湘. 创业者实战手册[M]. 北京：中国人民大学出版社，2017：75.

最后，企业应该确定细分市场的规模，以便在积极向前推进时知道潜在市场有多大。如果细分市场太小，即使细分市场上的顾客对其产品和服务很满意，企业成长很快也会出现停滞。

有些时候，企业会试图同时进入多个市场从而将自己延伸得太广，以至于不能精准把握好最适合自己的细分市场。有些企业则会选择某个市场后草率进入，没有充分了解市场行情和顾客需求。市场调查可以帮助企业了解市场的详尽情况，从而抓住机遇，做出正确的决策。

7.1.2 市场调研

市场调研（market research）是一种把消费者及公共部门和市场联系起来的特定活动——通过调研所得信息来识别和界定企业市场营销机会和问题，产生、改进和评价营销活动，监控企业营销绩效，增进对营销过程的理解。企业通过市场调研寻求企业与市场之间的"共谐"。所谓市场调研，就是采用一定的技术手段和方法，有目的、系统地搜集、采集、记录、整理有关市场的供求情况、价格情况及未来的需求取向等的一种方法，为企业确定市场定位、制定营销决策提供客观、正确的资料和信息。

在一项对美国798家公司进行的市场营销调研活动的统计中表明，这些企业最普遍的10种市场营销调研活动是：①市场特性的确认；②市场潜量的衡量；③市场份额的分析；④销售分析；⑤企业趋势分析；⑥长期预测；⑦短期预测；⑧竞争产品研究；⑨新产品的接受和潜量研究；⑩价格研究。

一般来讲，市场研究、产品研究、价格研究和消费者研究是企业市场调研的主要内容。

市场研究主要包括：市场特性，市场规模，市场需求（包括刚性需求、潜在需求、紧迫需求等），可能销量预测，市场动向及发展，市场增长率，市场对产品销售的反馈，市场占有率，市场竞争状况，市场细分研究和市场其他信息的研究。

产品研究主要包括：产品生命周期的研究、产品性能与特征研究、产品包装外观及品牌形象、新产品的开发和试销、产品的市场占有率和认知度、产品的顾客层、消费者对产品的态度和建议、竞争产品研究等。

价格研究主要包括：价格需求弹性分析、价格敏感度分析（包括新产品价格制定和老产品价格调整产生的效果）、定价决策、竞争对手的价格变化情况、价格优惠策略的时机和实施效果评价、赊销条件和付款条件。

消费者研究主要包括：消费者的结构，消费者的购买动机，消费者的购买习惯（时间，地点），消费者的购买能力和频率，消费者的品牌态度（对产品和中间商的态度），消费者的品牌偏好（包括品牌转换情况），消费者的品牌忠诚度（包括品牌认知），以及消费者对产品和服务满意度。

企业如何开展市场调研？一般来讲，企业进行市场调研的流程主要有以下11个步骤：①确定市场调研的必要性；②定义问题；③确立调研目标；④确定调研设计方案；⑤确定信息的类型和来源；⑥收集资料；⑦问卷设计；⑧确定抽样方案及样本容量；⑨开展调研；⑩统计数据、分析资料；⑪撰写调研报告。

定义问题是进行市场调研的首要问题。20世纪80年代，可口可乐公司为了找出本公司销售额被竞争对手挤占的原因，花费了两年时间、数百万美元，在美国10个城市展开了市场调查，以了解消费者对可口可乐口味的评价并征询对可口可乐新口味的意见。由于调查结果显示大多数消费者愿意尝试新口味可乐，公司以此为依据结束可口可乐传统配方的使用，开发上市新口味可口可乐。但新口味可口可乐上市一段时间后，出乎公司决策者们意料的是，越来越多的经典口味可口可乐的忠实消费者开始抵制新口味可口可乐。因为对这些消费者来说，传统配方的可口可乐意味着一种传统的美国精神，放弃传统配方就等于背叛美国精神。迫于越来越大的压力，公司决策者们不得不保留新可乐生产线的同时，再次启用近100年历史的传统配方。仅仅三个月的时间，公司的新可乐计划就以失败告终，这是因为可口可乐公司忽略了重要一点——对于可口可乐的消费者而言，口味并非最主要的购买动机。

相对而言，吉利公司于1974年推出的"雏菊"女用刮毛刀却是一个精准把握住了市场问题的成功调研案例。传统观念里，刮胡刀是男性用品，然而，美国的吉利公司却创造性地把"刮胡刀"推销给女人，大获成功。当年，生产男性剃须刀的著名公司吉利的领导者不满足于公司现有状态，积极开拓市场，争取更多用户。吉利公司先用一年的时间进行了周密的市场调查，发现美国30岁以上妇女中有65％的人为了拥有美好形象在定期刮除腿毛和腋毛，而这些妇女主要靠购买男用刮胡刀来满足此项需求，并且消费数额大，形成了一个很有潜力的市场。根据市场调研结果，吉利公司精心设计了适合女性特点的新产品，并拟定了几种不同产品"定位观念"到消费者中征求意见。最后，公司根据多数女性消费者的意见，选择了"不伤玉腿"作为推销时突出的重点，以此刊登广告刻意宣传,结果,这款"不伤玉腿"的"雏菊"女性刮毛刀一炮打响,迅速畅销全球。

7.1.3　竞争对手分析

做好市场定位还要掌握竞争对手状态。商场上企业之间的竞争也如战场般激烈。在竞争性市场条件下,企业通过培育自身资源和能力,获取外部可寻资源,并加以综合利用。在为顾客创造价值的基础上,实现自身价值的综合性能力是一个企业的竞争力。不同于体育竞技的直接竞争,商场上的竞争往往属于间接竞争,竞争对手不用直接碰面而是通过其产品和服务在市场上决胜负。商场中不仅要注意已有的竞争对手,还需要识别和防范潜在的竞争对手。例如,"柯达"公司一直将同在胶卷市场的"富士"公司视为自己的头号竞争对手,却没有想到被生产数码产品的公司抢占了其胶片产品市场。

一般来讲,企业的竞争力分为三个层面:第一层面是产品层,包括企业产品生产及质量控制能力、企业的服务、成本控制、营销、研发能力等;第二层面是制度层,包括各经营管理要素组成的结构平台、企业内外部环境、资源关系、企业运行机制、企业规模、品牌、企业产权制度等;第三层面是核心层,包括以企业理念、企业价值观为核心的企业文化、内外一致的企业形象、企业创新能力、差异化个性化的企业特色、稳健的财务、拥有卓越的远见和长远的全球化发展目标。第一层面是表层的竞争力,第二层面是支持平台的竞争力,第三层面是最核心的竞争力。

对竞争者概况进行准确描述,为企业决策者提供一份详细的评估分析报告,对于他们了解主要竞争对手的特点和状况,对其施行重点关注和监控,分析其下一步发展动向或应对竞争会采取的市场策略非常有帮助。竞争信息的获取渠道主要如下。

竞争对手的各种文献、资料:①公司公开出版的书籍或者发表的重要文件、资料等。如公司年鉴、财务数据报告、年度报告等。②公司内部人员公开发表的信息。如公司领导发表的文章或公开演讲内容、销售经理发布的销售报告等。③公司宣传材料。如产品宣传手册、公司介绍、促销资料等。④企业内刊。包括报纸、杂志、网络刊物等各类自媒体。

行业内文献、资料:①行业内公开出版物或者发布的重要文件、资料。如行业年鉴、行业年度报告、行业组织机构发表的各类重要资料与信息等。②行业内自媒体。如行业刊物、行业组织机构官方网站等。③供应商的有关报告和资讯。如供应商与竞争对手的战略合作意图、已经开展的重要合作项目信息等。④行业权威的数据分析报告或有关信息。如行业分析师或权威人士发表的研究报告、文章及评论等。

媒体发表的数据、资料等:新闻报道、专题报道、人物专访、评论文章等。

促销广告资讯:硬广告、软文宣传、大型活动、促销品、宣传单、邮件、短信等。

特殊渠道的数据、资料:①图书馆、社会研究机构的历史数据、研究文献等。②专业数据提供商或者咨询机构。

调查研究获取的数据、资料：①人员访谈或者问卷调查。调查对象包括同行业人员、非同行业人员、供应商、渠道商、合作机构、消费者、社会大众等。②实地考察调研。主要调研内容为产品信息、价格信息、销售情况、渠道分布、促销情况、运营情况等。

需要注意的是应该合法获取、利用这些材料和信息。

【问题与训练】

1. 训练：创业知识自测

（1）你在哪一种条件下，会决定创业：_____

　　A. 等有了一定工作经验以后

　　B. 等有了一定经济实力以后

　　C. 等找到天使或 VC 投资以后

　　D. 现在就创业，尽管自己口袋里没有几个钱

　　E. 一边工作一边琢磨，等想法成熟了就创业

（2）你认为创业成功的关键是：_____

　　A. 资金实力　　　　　　　　　B. 好点子

　　C. 优秀团队　　　　　　　　　D. 政府资源和社会关系

　　E. 专利技术

（3）以下哪项是创业公司生存的必要因素？_____

　　A. 高度的灵活性　　　　　　　B. 严格的成本控制

　　C. 可复制性　　　　　　　　　D. 可扩展性

　　E. 健康的现金流

（4）开始创业后你立刻做的第一件事情是：_____

　　A. 找钱、找 VC　　　　　　　B. 撰写商业计划书

　　C. 物色创业伙伴　　　　　　　D. 着手研发产品

　　E. 选择办公地点

（5）创业公司应该：_____

　　A. 低调埋头苦干　　　　　　　B. 努力到处自我宣传

　　C. 看情况顺其自然　　　　　　D. 借别人的势进行联合推广

（6）招聘员工时最重要的是：_____

　　A. 学历高低　　　　　　　　　B. 朋友推荐

　　C. 成本高低　　　　　　　　　D. 工作经验

（7）产品进入市场的最佳策略是：_____

　　A. 价格低廉　　　　　　　　　B. 广告投入

　　C. 口碑营销　　　　　　　　　D. 品质过硬

(8) 和投资人交流最有效的方式是：_____

    A. 出色的现场 PPT 演示　　　　B. 详细的商业计划书和财务预测

    C. 样品当场测试　　　　　　　D. 有朋友的介绍和引荐

    E. 通过财务顾问的代理

(9) 选择投资人的关键因素是：_____

    A. 对方是一个知名投资机构　　B. 投资方和团队不设对赌条款

    C. 谁估值高就拿谁的钱　　　　D. 谁出钱快就拿谁的钱

    E. 只要能融到钱，谁都一样

(10) 你认为以下哪一项是 VC 投资决策中最重要的因素？_____

    A. 商业模式　　　　　　　　　B. 定位

    C. 团队　　　　　　　　　　　D. 现金流

    E. 销售合约

(11) 从哪句话里可以知道 VC 其实对你的公司并没有实际兴趣：_____

    A. "我们有兴趣，但是最近太忙，做不了此项目"

    B. "你们的项目还偏早一些，我们还要观察一段时间"

    C. "你们如果找到领投的 VC，我们可以考虑跟投一些"

    D. "我们这个行业不熟悉，不敢投"

    E. 上面任何一句话

(12) 创业团队拥有 51% 的股份就绝对控制了公司。_____

    A. 正确　　　　　　　　　　　B. 错误

(13) 创业公司的 CEO，首要的工作责任是：_____

    A. 制定公司的远景规划　　　　B. 销售、销售、销售

    C. 人性化的管理　　　　　　　D. 领导研发团队

    E. 获得投资

(14) 凝聚创业团队的最好办法是：_____

    A. 期权　　　　　　　　　　　B. 公司文化

    C. CEO 的魅力　　　　　　　　D. 工资和福利

    E. 团队的激情

(15) 创业公司的财务预测中最重要的是：_____

    A. 销售增长　　　　　　　　　B. 毛利率

    C. 成本分析　　　　　　　　　D. 资产负债表

(16) 创业公司的日常运营中，以下工作最重要的是：_____

    A. 会议记录的及时存档　　　　B. 业绩指标的合理安排和及时跟踪

    C. 团队的经常性培训　　　　　D. 奖惩制度

    E. 管理流程的 ISO 9000 认证

(17) 创业公司的日常运营中,最棘手的问题是:_____

    A. 人的管理   B. 销售增长

    C. 研发的速度   D. 资金到位情况

    E. 扩张力度

(18) 创业公司产品市场推广效果的衡量标准是:_____

    A. 广告投入量和覆盖面   B. 营销推广的精准程度

    C. 产品出色的品质保证   D. 广告投入和产出比例

    E. 产品价格的打折力度   F. 品牌的市场渗透率

(19) 防止竞争的最有效手段是:_____

    A. 专利   B. 产品包装

    C. 质量检查   D. 不断研发新产品

    E. 比竞争对手更快地占领市场

(20) 创业公司的第一个大客户竟然是个土财主,你会:_____

    A. 一视同仁地为他提供你公司的标准服务

    B. 指导他如何来积极配合你的工作

    C. 修理他,给他些颜色看看是为了他的提高

    D. 提供全面服务＋免费成长辅导

(21) 你认为创业公司中的最大风险是:_____

    A. 市场的变化   B. 融资的成败

    C. 产品研发的速度   D. CEO 的个人能力和素质

    E. 决策机制的合理性

(22) 当创业公司账上的现金低于三个月的开销的时候,应该采取哪项措施?_____

    A. 立刻启动股权融资

    B. 通知现有公司股东追加投资

    C. 立刻大幅削减运营成本,包括裁员

    D. 打电话给银行请求贷款

    E. 把自己的存折和密码交给公司会计

(23) 创始人之间发生矛盾时,你会:_____

    A. 坚持原则,据理力争   B. 决定离开,另起炉灶

    C. 委曲求全,弃异求同   D. 引入新人,控制局势

(24) 投资创业公司的理想退出方式是:_____

    A. 上市   B. 被收购   C. 团队回购

    D. 高额分红   E. 以上都是

参考答案：

(1) D　　(2) C　　(3) E　　(4) D　　(5) D　　(6) D　　(7) D　　(8) C

(9) E　　(10) C　　(11) E　　(12) B　　(13) B　　(14) B　　(15) A　　(16) B

(17) A　　(18) D　　(19) E　　(20) D　　(21) D　　(22) C　　(23) C　　(24) E

如果你的得分是 1～8 分：还不具备创业的基本知识，不要贸然创业哦；

如果你的得分是 9～16 分：游走在创业的梦想和现实之间，继续打磨打磨吧；

如果你的得分是 17～24 分：已经做好了创业的基本准备，大胆往前走喽！

资料来源：徐俊祥. 大学生创业基础知能训练教程［M］. 北京：现代教育出版社，2014：61-64.

2. 进行你的目标市场调研并根据统计结果进行营销策略制定，填写表 7-2。

表 7-2　目标市场特征调查分析与策略制定表

制表人：

部门：

时间：

项　目	问卷问题	回答结果统计	营销策略（如何满足市场需求）
消费者购买动机	消费者需要什么样的产品		
	消费者追求的价值和利益是什么		
消费者对产品的需求	消费者对产品性能的评价		
	消费者对价格的评价		
	消费者对外观及包装的评价		
	消费者对品质的喜好		
	消费者对功能、特点的喜好		
	消费者对服务的要求		
消费者购买地点/渠道	消费者在哪里购买该产品		
	消费者在哪里使用该产品		
	消费者为什么到 A 店（实体店）购买，而不到 B 店（网店）购买		
消费者购买时间	消费者一般在何时购买该产品		
	消费者一般在何时必须使用该产品		
消费者购买方式	消费者是指定购买还是推荐购买		
	消费者是线下购买还是线上购买		
	消费者是单独购买还是团购		
消费者购买频率	消费者大概隔多长时间购买一次		
	影响消费者购买频率的因素是什么		

续表

项 目	问 卷 问 题	回答结果统计	营销策略（如何满足市场需求）
消费者购买数量	消费者一定周期内的购买量是多少		
	消费者人均购买量是多少		
消费者品牌忠诚度	消费者对本品牌的忠诚度如何		
	消费者是否经常更换品牌		
	有哪些因素会使消费者增加购买该产品		
	有哪些因素会导致消费者经常更换品牌或者放弃该产品		
消费者对广告促销的反馈	消费者习惯接受哪些媒体广告		
	消费者习惯接受哪些促销方式和活动		
消费者结构	按照性别、年龄、职业、职位、学历、收入、家庭成员等选项进行分类说明		

资料来源：何建湘. 创业者实战手册[M]. 北京：中国人民大学出版社，2017：72-73.

3. 对自己创立企业的竞争产品进行调查并做出分析，填写表 7-3。

表 7-3 竞争产品调查与对比分析表

制表人：

部门：

调研地点（卖场/超市）：

时间：

项 目	竞争产品 1	竞争产品 2	竞争产品 3	本公司产品	对比分析
当前销量					
当前市场占有率					
功能与特点					
零售价					
产品规格					
包装方式					
品质稳定度					
耐用性					
故障率					
使用方便性（难易程度）					
产品生命周期（适应市场的期限）					

项　目	竞争产品1	竞争产品2	竞争产品3	本公司产品	对比分析
展示方式					
展示数量					
营销力度（包括渠道）					
广告投入					
促销投入					
原料成本					
辅助材料成本					
人力成本					
制造成本					
利润率					
品牌影响力					
顾客对产品的评价					

资料来源：何建湘.创业者实战手册[M].北京：中国人民大学出版社，2017.

7.2　如何组建创业团队

如何进行创业团队的组建是很多同学比较困惑的问题之一。很多创业项目只是同学们自己的某个创意或创业想法，并不是很成熟。有些创业团队只有自己一个人，更谈不上已经由几个同学组成了创业团队。好容易厘清了思路，初步形成了一个创业项目，也只是和一两个同学商量组建创业团队，团队的人数达不到四人以上，更不要说达到团队的专业性和互补性。但是，创业团队是实施创业项目的主体，是创业项目能否顺利实施的关键，创业团队对于能否有效运营创业项目，实现创业成功至关重要。我们在评估一个创业项目时，往往更看重创业团队运营项目的能力和实力，如果团队中只有一两个人，显然团队不具备项目实施能力。所以，创业团队的成员数量、专业性、创新性和互补性等方面的描述就显得十分重要。那么该如何组建一个比较理想的创业团队呢？

7.2.1　价值观保证

创业团队一定要保证价值观相近或一致。现在学校里有很多同学都想自己创业，期望通过自主创业实现自己的人生价值与宏伟梦想。但是光靠自己一个人的力量去创业十分困难，需要组建创业团队。由于每个人有不同的人生观、价值观和社会观，组建创业团队时，需要寻找在三观上能够和你达成一致的人，要有共同的抱负与理想，要能认同你的创意项目,要能志同道合,要能同甘共苦,这样在今后的创业项目实施过程中,团队才能事往一处想,劲往一处使,力往一处用,才能齐心协力共同努力推进创业项目的开展与实施。只有价值观一致,创业团队才能更好地在一起思考、讨论、研究,在一起拼搏、取暖和创业。反之,如果价值观不一致,那么创业团队在创业遇到困难和问题时,就容易发生纠纷、争执,激发矛盾,甚至闹得四分五裂。

7.2.2 数量上保证

创业团队一定要保证具有一定数量的成员。创业活动绝不是一个人在孤军战斗,而是几个人一起团结组织起来去奋斗、去拼搏。现在很多大学生有创意,有创业想法,但是都没有组建创业团队,只是一个人在苦思冥想,总觉得一个人力量有限,能力不行,资源不够。一般来说,做一个创业项目最好不要单干,一定要组建创业团队。创业团队人员不要低于四人,四至八人都可以,这样就容易养成创业团队的专业性和互补性,这些人就是创业团队的合伙人,是团队的核心人员和骨干人员。这个创业团队承担着创业项目策划、产品研发、生产制造、战略制定、市场营销、项目融资、品牌塑造宣传的重任,是创业项目成功的关键。所以,创业团队这几个关键人,无论性别男女、学历高低、经验多少、能力强弱,一定要选好,要优中选优,强中选强,互补搭配。

7.2.3 专业性保证

创业团队一定要保证专业性突出。无论你是做科技类项目,做文创类项目或是做农业类项目,一定要保证团队在做项目时的专业能力。创业团队具备专业能力是保证项目成功的基础,至少保证团队中有一至两人具备项目专业能力,不能什么都不懂地蛮干。例如,做互联网的创业项目,团队里面一定要有学计算机专业的、懂物联网技术、懂程序开发的人;做智能机器人的创业项目,团队里面一定要有学计算机专业的、懂网络技术的、懂大数据和云计算技术的、懂传感器的、懂语音交互的、懂面部识别的、懂电子硬件的人;做文创设计类的创业项目,团队里面一定要有学设计专业的人,如平面设计、结构设计、服饰设计、建筑设计、工业设计或动漫设计等;做现代农业的创业项目,团队里面一定要有学农业种植或养殖专业的,要有了解农作物种植、土壤与化肥和农药、牲畜水产养殖的人;做制造业的创业项目,团队里一定要有懂产品设计、懂技术研发、懂生产作业、懂质量管理的人。所以,组建创业团队时,一定要围绕着创业项目的专业领域去寻找合适的优秀的人来加盟。

7.2.4 互补性保证

创业团队一定要保证团队成员之间的互补性。我们知道,创业项目的策划和实施离不开项目规划、技术开发、产品设计与生产、产品检验、包装物流、市场销售、产品宣传、财务管理等项目管控环节。这样的话,创业项目的实施就不是仅有懂项目技术专业的成员一个人可以独立完成的,而是需要团队成员在专业和技能等方面实现一定的互补性,来弥补每个人的短板和不足。组建团队时,就要围绕项目实施的环节和流程去从互补性的角度去考虑需要具备什么样的专业能力的人加入到团队中,以共同推进和实施创业项目。团队的互补性除了专业的互补外,还需要性格的互补、工作和社会经验的互补、做事风格的互补,以及性别的互补。团队中如果都是暴脾气、急性子的人在一起工作,难免会经常发生语言或肢体上的冲突;如果都是粗线条大大咧咧的人在一起工作,难免会出现工作纰漏,所以,最好是脾气秉性和性格可以互补的人在一起组成团队。团队中有做事粗犷的,也有办事认真仔细的,有急脾气的也有慢性子的,有办事毛躁的,也有做事稳重的。团队中如果都是刚出校门的毛头青年,就会没什么工作经验,也不太懂世故人情,在混社会江湖时难免跌跌撞撞,所以,最好是团队中的人在工作经验和社会经验上可以形成互补。"男女搭配,干活不累",创业团队如果由男女混合组队更好,男人由于性格急躁容易引发对抗和冲突,这时如果有女人在旁边,就会成为润滑剂去缓解矛盾,减小冲突,化解危机。所以,性别的互补也十分重要。

7.2.5 创新性保证

创业团队一定要具备创新能力。我们知道现在创业的风险很高,很重要的一点是创业团队的创新能力不够强,很多创业项目千篇一律,产品没有什么特色,服务也没什么优势,商业模式也不够创新,服务同质性十分强烈,在市场竞争中很难脱颖而出,进而创业公司的存活遇到严峻的问题,这些归根结底还是人的问题,是团队创新能力不够的问题。创业团队需要一批有创新精神和创新能力的小伙伴,能够有奇思妙想,沉下心来研究出一款有市场竞争力的爆品,研发出一种具有创新性的颠覆性的商业服务模式。组建创业团队时,就是要找那种具有创新思维,具有创新意识,具有创新精神和具有创新能力的创新人才加盟。如果创业团队中每个人都具备一定的创新精神、创新意识和创新能力,那么这个创业团队的综合创新能力一定强;反之,这个创业团队的创新能力一定弱。相信具有发散思维、逻辑思维、统筹思维和创新思维的小伙伴在一起创业时,一定会经常碰撞出许多创新的火花,创意和创新作品会不断涌现。

7.2.6 协作性保证

创业团队一定要具备团队协作性。创业团队里的每个人都是精英,当他们不在团队里面时可能每个人都是一条龙,但是放在一个团队里面,未必都能发挥出其作用,可能就是一群虫。这就需要每个团队成员都要劲往一处使,力往一处用,发挥团队协作精神,形成合力,拧成一股绳。如果团队中每个人都能很好地协同合作,就会达到"1+1"大于"2"的效果。反之,如果团队成员之间不团结,不能达成友好协作,各干各的事,甚至相互之间拆台,那就会形成阻碍,产生内耗,造成经营资源的浪费,使创业项目的开展十分困难,导致"1+1"小于"2"的结果。所以,组建项目团队时,要选择那些具有协作精神和团队精神的人来加盟。团队精神、协作精神是提高创业团队能力的重要保证。

7.2.7　执行性保证

创业团队一定要具备执行力。创业项目策划得再好,也需要按照项目计划实施。如果项目实施过程中执行力不强,实施效果不理想,就会给创业项目的结果带来很大的不确定性。所以,不论是技术开发的人、还是项目策划的人;不论是市场营销的人,还是项目管理的人;不论是市场宣传的人,还是项目融资的人,每个人都需要在项目实施的流程和环节中具有较强的执行力。个人的执行力强了,团队的执行力自然也就强了;反之,个人的执行力不强,团队的执行力也不可能强到那里。所以,组建项目团队时,一定要围绕着项目流程对应的不同岗位,寻找适合岗位的能胜任的人加盟到团队中来。如邀约那些在项目策划、技术研发、市场营销、品牌推广、项目融资、客户服务等方面执行力强的人加盟到创业团队中来。

7.2.8　创业激情保证

创业团队一定要有激情。创业过程不可能是一帆风顺的,创业道路十分坎坷,创业的征途上布满荆棘。创业者每天都要面对困难、无助、孤独、寂寞,内心充满了巨大的工作和生活压力,如果没有创业激情和创业梦想做支撑,就会很难坚持下去。所以,组建创业团队时,一定要慎重选择创业合作伙伴,寻找那些有创业激情,有创业梦想的人,和他们并肩携手,向着实现创业梦想的方向坚定地走下去,去争取属于你们的未来,铸就你们胜利的辉煌。

【问题与训练】

(1) 如果你想做一个文化创意创业项目,你计划如何组建你的创业团队。

(2) 如果你想做一个农业电商创业项目,你计划如何组建你的创业团队。

(3) 如果你想做一个奶茶创业项目,你计划如何组建你的创业团队。

(4) 如果你想做一个 K12 益智培训创业项目,你计划如何组建你的创业团队。

(5) 如果你想做一个养老院公益创业项目,你计划如何组建你的创业团队。

(6) 如果你想做一个建筑垃圾回收创业项目,你计划如何组建你的创业团队。

7.3　创业公司该如何选址

创业公司的选址对于公司今后的发展十分重要。创业公司的选址不是简单地选择一个公司注册地址和办公地址,而是要选择适合公司成长壮大的经营生态环境。就像养植花草一样,需要选择一个有充足的阳光、肥沃的土壤和丰富的水分的生态环境。创业公司的选址不仅要考虑办公面积是否合适,办公环境是否舒适,交通是否便利,还要考虑房租成本是否低廉,税收是否有优惠政策。如果属于商业创业项目,还要考虑客流数量与商圈环境是否理想;如果属于科技文创项目,最好考虑能够获得的创业孵化服务。对于不同类别的创业项目,创业公司的选址思路是不一样的。

7.3.1　商业类项目选址

商业类项目是高校创业大赛项目中出现较多的项目,开一家咖啡店、奶茶吧、水吧、书吧、粥吧或特色餐厅是不少创业团队的创业梦想。但是商业类项目该如何选址,很多大学生并不十分清楚。创业公司如果做的是商业类项目,比如是餐饮类的项目或是商品零售类的项目,那么公司选址就需要满足交通便利、客源充足、房租便宜、商业氛围浓等条件。如果在高校周边、商业集聚区和人口密集的社区选址,每天就会有充足的人流和客源保障,就会应了那句老话“没有不开张的油盐店”。商业项目的选址原则是“金边银角＋交通便利”,在充分保障客源量的同时,也要尽可能综合考虑房租成本问题。

7.3.2　科技类项目选址

科技类项目是很多大学生喜欢做的创业项目,例如,高楼灭火无人机、生活服务机器人、“VR”教学、校园生活大数据、智能生态农业大棚等科技类项目在高校创业大赛中比比皆是。同学们结合自己在学校期间所学的专业知识和专业技能,通过创新创业实践训练,最终成立了自己的创业公司。科技类项目选址需要考虑的是如何减少房租,如何保证交通便利,如何能获得创新创业政策和科技政策的资金支持,如何能争取到科技企业的减免税,如何能方便地招聘到高素质的人,如何能方便地获得研发条件资源等问题。科技类项目的选址可以考虑高校里的大学生创业实践基地,在那里可以获得高校的房租减免、创业孵化服务以及创业资金的支持;也可以考虑争取入住北京市教委建设的“一街三园”(中关村创业大街、良乡高教园、北理工高教园、中关村软件园),享受房租水电减免和创业培训孵化服务;也可以考虑入住社会上的众创空间和科技孵化器,在那里可以获得房租优惠、创业培训和融资服务;也可以考虑入住科技园区,争取科技园区内的科技政策的资金支持和税收减免扶植。

7.3.3　文创类项目选址

近年来我国大力支持文化创意产业的发展,高校内参加创新创业大赛的文创类项目也十分多,每年都会涌现一批诸如平面设计、工业设计、服饰设计、动漫设计、建筑设计、园林设计、舞台灯光设计、文化旅游以及游戏影视类的项目。文创类项目的选址不同于商业类项目和科技类项目,对于文创类的项目选址最好考虑文化产业集聚和文化生态环境,尽可能入住在文化创意园区,选择适合创业企业的文化经营生态。在文化产业园区选址的好处是,一方面公司容易招聘到拥有设计、创意、策划、制作、运营能力的专业人才,另一方面也容易获得许多商业机会,同时还有可能获得地区内文创政策的支持。在北京市朝阳区、海淀区、石景山区和东城区都有文创园区,文创类创业公司选址时可以重点关注这些区域内的文化创意产业园、文创主题孵化器和众创空间。

【问题与训练】

(1) 如果你想在北京创建一家 IT 公司,你打算如何选择注册地址和办公地址?

(2) 如果你想在北京创建一家设计公司,你打算如何选择注册地址和办公地址?

(3) 如果你想在北京创建一家餐饮公司,你打算如何选择注册地址和办公地址?

(4) 如果你想在北京创建一家商贸公司,你打算如何选择注册地址和办公地址?

(5) 如果你想在北京创建一家旅游公司,你打算如何选择注册地址和办公地址?

(6) 如果你想在北京创建一家会展公司,你打算如何选择注册地址和办公地址?

7.4 创业项目融资策划

在我国"大众创业、万众创新"的大势下,很多年轻人都有自主创业的想法,但是自己手头又没有这么多钱,缺少创业资金已经成为这些有志创业的年轻人的烦恼和绊脚石,成为他们尝试自主创业的瓶颈。那么该如何进行创业项目资金的融资筹划呢?创业公司在早期由于公司的产品不成熟,团队没有度过磨合期,公司管理不健全,企业诚信度和品牌度都较弱,再加上没有什么可以用来质押和抵押的资产,一般很难融到钱。创业团队为了顺利地融到钱,必须做好项目的融资策划。项目融资策划是一项专业性十分强的工作,需要我们在融资前梳理思路,缜密思考并制定一份切实可行的融资策划方案。

7.4.1 项目融资的合理性

在项目融资前,你一定要想清楚融资这些钱干什么用,这些钱的金额到底是多少。缺少则一定要想清楚所需融资的钱是否合理。融资这些钱可能是作为购买原材料费用,也可能是作为产品技术研发经费,也可能是作为市场开发与渠道建立经费,也可能是作为公司人员薪资费用,也可能是作为公司宣传费用。你要想清楚每一个科目最少需要多少钱,合计需要多少钱,如果再加上不可预见的费用,总融资额的数值就可以估算出来了。

如果以股权融资,融资的钱就要转让股份。融资额越多转让的股份也越多,这一点你一定要想清楚。融资额估算少了,可能不够公司资金的使用,融资额估算多了,又会白白地出让很多股权。例如,你可能只需要融资 100 万元就够用了,如果在融资计划中提出融资 500 万元,多出的 400 万元就要多出让许多股份,如果在融资计划中提出需要融资 50 万元,那么就存在资金缺口 50 万元,难以满足公司的正常运营。融资是有成本的,包括财务成本、咨询成本和股权的出让。所以,融资的合理性至关重要。公司是否真的需要融资、融多少钱、干什么用,事先一定要计算清楚。

7.4.2　项目融资的方向性

在项目融资的策划中,思考清楚项目融资的合理性后,下一步就是要清楚项目融资的方向性。你要了解清楚你要融资的钱在哪里,项目融资的途径都有哪些。

1. 自筹资金

自筹资金是创业融资的一条基本途径。在创业项目融资时,我们最容易想到的就是自筹资金,自筹资金是我们最容易做到的融资方向。自筹资金可以用你自己节省下来的生活费,你自己打工挣得钱,你多年压岁钱的积蓄,也可以向你的父母、同学及亲友筹借。

2. 创业大赛奖金

创业大赛奖金是创业融资的一条很好途径。我国每年都有高校、省市、国家部委和社会上组织的不同主题的创新创业大赛,如团中央组织的"挑战杯""创青春"大赛,教育部主办的中国"互联网＋"大学生创新创业大赛,人社部主办的"中国创翼"创业创新大赛,科技部主办的"中国创新创业大赛"等,这些大赛对于获奖者除了有获奖证书这些精神鼓励外,还有大赛奖金等物质鼓励。大赛奖金的额度从几千元到几万元甚至到二十万元不等。努力争取在创新创业大赛获奖名次,获取大赛奖金是目前高校大学生创业融资的一个不错的方向。

3. 大学生创业贷款

大学生创业贷款是创业融资的一个不错途径。人社部、教育部和银行主管部门为了帮助大学生自主创业,已经协商可以为符合条件的大学生发放大学生创业贷款。现在,很多省市地区的商业银行都能够给创业公司发放创业贷款,如北京银行、华夏银行、兴业银行、广发银行、民生银行等。有意愿创业的大学生拿着学校出示的自主创业证明等资料到商业银行就可以申请办理创业贷款。一般每个创业团队只能获得一次创业贷款,贷款金额从 5 万元到 50 万元不等。

4. 高校内设的大学生创业投资基金

高校大学生创业投资基金是创业融资的一条便捷途径。目前,我国有一些高校为了帮助本校大学生创新创业,联合校友发起设立了大学生创业投资基金。资金规模从万元到上亿元不等,主要用于支持本校的在读大学生和毕业 5 年内的大学生自主创业。如果你的项目符合校内投资基金的申请条件要求,也可以申请校内大学生创业投资基金的支持。

5. 科技政策

获取国家科技政策资金的支持是创业融资的一条可用途径。近年来,我国制定和颁布了一系列科技政策和文创政策,用于鼓励和支持拥有自主知识产权的创业公司健康发展,只要你的创业项目已经申请或获得一些专利权(发明、实用新型、外观设计),或拥有一些软件著作权,或拥有一些著作版权,就有机会申报政府支持创业企业的计划项目,争取这些政策的资金支持。这些政策资金涉及的支持范围较宽,有的资金是支持创新创业人才的,有的资金是支持创新创业项目的,有的资金则是支持科技服务的。

6. 天使投资

天使投资是创业融资的一条主要途径。目前社会上有很多自然人投资人和天使投资机构对于他们看好的创业项目进行阶段性投资。自然人投资的项目以早期项目为主,投资额不会太大,一般在几十万元以内,个别的项目可能会投资 100 万元以上。投资种子轮和天使轮项目的天使投资机构,一般会对参加创业大赛获奖的项目感兴趣。如果你的项目获得过国家级、省市级或高校内创业大赛的一二等奖项,就有机会获得投资机构的天使资金投资,种子轮资金单个项目投资规模一般在 100 万元以内,天使轮资金投资规模一般在 1000 万元以内。

7. 众筹模式

产品众筹和股权众筹是创业融资的另外一条途径。众筹模式也是创业公司项目融资的一个不错方向。创业公司通过产品众筹和股权众筹,可以募集项目所需要的资金。自 2015 年以来,涌现了一批诸如众筹网、京东众筹、淘宝众筹、追梦网、酷望网、乐童音乐、众意网、摩点网、淘梦网等众筹平台。创业公司如果想通过众筹的模式进行融资,也可以尝试一下。特别注意的是想进行产品众筹时,要找到适合对路的产品众筹的网站和商务平台。

7.4.3 项目融资的经济性

在做项目融资策划时,还需要考虑项目融资的时效性、便捷性和低成本性,分析清楚采用哪个融资渠道进行融资时能够时间最短,效率最高,成本最低。如项目融资时,自筹的方式使用最多也最容易实现,以获得创业的启动资本;大学生创业贷款也比较容易拿到钱,只要符合申请创业贷款条件既可以拿到贷款;通过参加创业大赛争取获得创业大赛奖金的成本不是很大,可以去试一试;争取天使投资的资金不确定较大,需要你有好的创业项目、优秀的创业团队及创新性的商业模式,同时可能会在寻找天使投资时耽误较多时间。

7.4.4 项目融资的方法论

在了解清楚项目融资的合理性、方向性和经济性后,就可以制定融资方案了。应考虑创业项目需要融资多少钱,向哪个渠道方向去融资。项目融资时的一项关键工作是编写一个项目创业计划书。创业计划书是投资人和投资机构评审项目融资的基本材料,是融资的敲门砖。创业公司在融资时,一定要了解投资人的偏好,投资少、收益大、投资回收期短、项目门槛高等是投资人对项目的基本要求。创业融资是一场与资本的恋爱,资本不仅喜欢投优质的项目,更喜欢投有潜力的年轻人。投资人认为再好的项目也是由人来运作的,人不行,团队不行,项目再好也没用,也不会进行投资。所以,创业团队能力很重要,团队里有牛人更重要。当然,投资人对于投资的风口、项目所处阶段、盈利商业模式、项目核心竞争力、财务预期收益、市场空间、竞品分析、项目风险等也都会重点关注的。由于投资人都比较忙,为了更好地获得投资人对你项目的关注度,你最好再制作一个项目商业计划书的 PPT 和 1 分钟的微视频,以便能及时地与投资人进行沟通和交流。

【问题与训练】

(1) 如果你想自主创业但是缺少 30 万元的项目启动资金,你打算如何进行资金筹措?

(2) 如果你做的项目是一个建筑节能的项目,需要融资 100 万元,请制定出项目的融资方案。

(3) 如果你做的项目是一个 VR 教育培训创业项目,需要融资 100 万元,你如何制定你的融资方案?

(4) 如果你做的项目是一个物流机器人创业项目,需要融资 100 万元,你如何制定你的融资方案?

(5) 如果你做的项目是一个现代农业种植＋生态环保＋文化旅游的创业项目,需要融资 80 万元,你如何制定你的融资方案?

7.5　选择企业组织形式

创建企业时,创业者应该选定企业法人实体的形式,这个决策主要取决于创业者和公司投资者的目标,并考虑纳税、承担的法律责任以及融资活动的灵活性。

7.5.1　企业组织形式基本情况

常见的法律形式包括个体工商户、个人独资企业、合伙企业、有限责任公司、股份有限公司等,表 7-4 列出了各企业组织形式的基本情况。随着企业的成长与发展,创业者可以根据实际需要对企业的组织形式做出调整改变。

表 7-4　企业组织形式的基本情况

组织形式	业主数量与注册资本	成立条件	经营特点	利润分配与债务责任	适用的法律法规
个体工商户	业主是一个自然人或是一个家庭,无注册资本限制	业主只要有相应的经营资金和经营场所即可	资产属于私人所有,资产所有人既是所有者,又是劳动者和管理者	利润归个人或家庭所有,由个人或家庭经营的,以其个人或家庭资产对企业债务承担无限责任	《个体工商户条例》

续表

组织形式	业主数量与注册资本	成立条件	经营特点	利润分配与债务责任	适用的法律法规
个人独资企业	业主是一个自然人，无注册资本限制	投资者是一个自然人，有合法的企业名称，有固定的生产经营场所和必要的生产经营条件，有必要的从业人员	财产为投资人个人所有，业主既是投资者，又是经营管理者	利润归个人所有，投资人以其个人资产对企业债务承担无限责任	《中华人民共和国个人独资企业法》
合伙企业	普通合伙企业由两个以上普通合伙人组成，无注册资本限制	合伙人为自然人的，应当具有完全民事行为能力，有书面合伙协议，有合伙人认缴或者实际缴付的出资，有合伙企业的名称和生产经营场所	按照合伙协议的约定或者经全体合伙人决定，可以委托一个或者数个合伙人对外代表合伙企业，执行合伙事务	合伙企业的利润分配、亏损分担，按照合伙协议的约定办理；合伙企业不能清偿到期债务的，合伙人承担无限连带责任	《中华人民共和国合伙企业法》
合伙企业	有限合伙企业由两个以上50个以下合伙人设立，其中至少有一个普通合伙人。无注册资本限制	合伙人为自然人的，应当具有完全民事行为能力，有书面合伙协议，有合伙人认缴或者实际缴付的出资，有合伙企业的名称和生产经营场所	由普通合伙人执行合伙事务；有限合伙人不执行合伙事务，不得对外代表有限合伙企业	普通合伙人对合伙企业债务承担无限连带责任，有限合伙人以其认缴的出资额为限对合伙企业债务承担责任。	
有限责任公司	股东在1人以上50人以下，没有最低注册资本要求，注册资本由过去的实缴改为认缴，认缴金额及认缴方式由股东在公司章程中约定	有一个自然人股东或者一个法人股东	不设股东会，应当在每一会计年度终了时编制财务会计报告，并经会计事务所审计	股东不能证明公司财产独立于股东自己的财产的，应当对公司债务承担连带责任	《中华人民共和国公司法》
有限责任公司		股东符合法定人数，股东出资达到法定资本最低限额，股东共同制定公司章程，有公司的名称，建立符合有限责任公司要求的组织机构，有固定的生产经营场所和必要的生产经营条件	公司设立股东会、董事会（执行董事）和监事（会），并由董事会聘请职业经理管理公司负责经营管理工作	股东按出资比例分配利润，以其认缴的出资额为限对公司承担责任	《中华人民共和国公司法》

组织形式	业主数量与注册资本	成立条件	经营特点	利润分配与债务责任	适用的法律法规
股份有限公司	发起人在两人以上 200 人以下,其中须有半数以上的发起人在中国境内有住所。注册资本的最低限额为人民币 500 万元	发起人认购和募集的股本达到法定资本最低限额;股份发行、筹办事项符合法律规定;发起人制定公司章程,采用募集方式设立的经创立大会通过;有公司名称,建立符合股份有限公司要求的组织机构;有公司住所	公司设立股东会、董事会和监事会,并由董事会聘请职业经理管理公司负责经营管理工作	公司弥补亏损和提取公积金后所余税后利润,按照股东持有的股份比例分配;股东以其认购的股份为限对公司承担责任	《中华人民共和国公司法》
农民专业合作社	有 5 名以上成员,无注册资本限制	成员为具有民事行为能力的公民,以及从事与农民专业合作社业务直接有关的生产经营活动的企业、事业单位或者社会团体。农民至少应当占成员总数的 80%	农民专业合作社设立成员大会、理事会和监事会,由理事长聘任经理负责农民专业合作社经营管理工作	盈余主要按照成员与农民专业合作社的交易量(额)比例返还。农民专业合作社对由成员出资、公积金、国家财政直接补助、他人捐赠以及合法取得的其他资产所形成的财产,享有占有、使用和处分的权利,并以上述财产对债务承担责任	《中华人民共和国农民专业合作社法》
中外合作经营企业	投资人至少包括一个中方投资者和一个外方投资者。属于公司形式的,注册资本按照《中华人民共和国公司法》规定执行	申请设立中外合作经营企业,应当将中外合作者签订的协议、合同、章程等文件报国务院对外经济贸易主管部门或者国务院授权的部门和地方政府审查批准	设立董事会或者联合管理机构,依照中外合作经营企业合同或者章程的规定,决定中外合作经营企业的重大问题。聘请总经理负责中外合作经营企业的日常经营管理工作	中外合作者依照中外合作经营企业合同的约定,分配收益或者产品,承担风险和亏损	《中华人民共和国中外合作经营企业法》

续表

组织形式	业主数量与注册资本	成立条件	经营特点	利润分配与债务责任	适用的法律法规
中外合资经营企业	投资人至少包括一个中方投资者和一个外方投资者。属于有限责任公司形式的,注册资本按照《中华人民共和国司法》规定执行	合营各方签订的合营协议、合同、章程,应报国家对外经济贸易主管部门审查批准。	中外合资经营企业设董事会,董事会根据平等互利的原则,决定中外合资经营企业的重大问题。聘请总经理负责中外合资经营企业的日常经营管理工作	合营各方按注册资本比例分享利润,分担风险及亏损	《中华人民共和国中外合资经营企业法》

资料来源:安徽省人力资源和社会保障厅,安徽省就业促进会.创业实训[M].北京:中国劳动社会保障出版社,2017:11-15.

7.5.2 企业组织形式的选择

对于初创企业,只有选择了合适的组织形式,才能充分调动企业各方面的积极性,促进企业的成长和发展。因此,在决定企业的组织形式时,既要考虑企业的规模、行业类型和发展前景、创业者或投资者的数量、创业者的经营管理能力等,还要考虑以下几方面。

1. 企业资产

从企业资产性质上来讲,个人独资企业为个人所有,合伙企业为合伙人共有,有限责任公司和股份有限公司是法人独立的财产。从企业盈亏分担上来讲,个人独资企业属于投资者个人,合伙企业按约定,未约定则均分,一般有限责任公司是股东会,股份有限责任公司是股东大会。从获得增加资金上来讲,个人独资企业的任何新资金只能来自一些贷款和创业者个人追加投资。合伙企业可从银行贷款,也可要求每个合伙人追加投资或吸收新的合伙人。而有限责任公司和股份有限公司里则有很多追加资金途径。股份有限公司可以发行股票、发行债券、发行可转债或者直接向银行贷款。

从筹资优势上来讲,由于个人独资企业和合伙企业对企业的债务承担无限责任,因此任何债务性融资对他们来讲都是一个需要慎重考虑的决策。而有限责任公司和股份有限公司仅对企业的债务承担有限责任,无论是债务性融资还是权益性融资对公司的吸引力都要大许多。

2. 税收要求

我国对合伙企业和公司企业实行不同的税收规定。根据我国税法规定,由于个体工商户、个人独资企业和合伙企业不是法律上的法人实体,对于企业收益仅对投资人征收个人所得税,不缴纳企业所得税。而有限责任公司和股份有限公司的经营所得既要缴纳企业所得税,也要缴纳个人所得税,这使公司制企业的股东实际负担的所得税税额远大于非公司制企业投资者所实际负担的税额。

3. 投资人承担的责任

个人独资企业和普通合伙制企业不具有法人资格,投资人对企业债务承担无限责任,而有限责任公司和股份有限公司作为公司制企业对企业债务承担以全部资产为限的有限责任。从企业的永续性上来看,个人独资企业受投资者个人影响,合伙企业受合伙人死亡、退伙等影响,而有限责任公司和股份有限公司可以永续经营。

相对于创业者而言,企业组织形式的优劣势比较见表7-5。

表 7-5   主要企业组织形式优劣势比较

组织形式	优 势	劣 势
个人独资企业	企业设立手续非常简便,且费用低。 所有者完全拥有企业控制权。 能够迅速对市场变化做出反应。 只需缴纳个人所得税,无须双重课税。 在技术和经营方面易于保密	创业者承担无限责任。 企业成功过多依赖创业者的个人能力。 筹资、资源获取相对困难。 企业随着创业者的退出而消亡,寿命有限。 创业者投资的流动性差
合伙企业	创办的手续简单、成本费用低。 经营方式比较灵活。 相对个人独资企业,企业拥有更多人员技术、能力与资源。 资金来源相对较广,信用度较高	普通合伙人承担无限责任。 企业绩效更依赖于合伙人的能力,企业规模受限。 企业往往因关键合伙人死亡或退出而解散。 合伙人的投资流动性差,产权转让困难
有限责任公司	创业股东只承担有限责任,风险小。 公司具有独立寿命,易于存续。 可以吸纳多个投资人,促进资本集中。 多元化产权结构有利于决策科学化。 经营管理规范。 企业信用度较高	创立的程序比较复杂。 存在双重纳税问题,税收负担较重。 不能公开发行股票,筹集资金的规模和范围受限,无法与股份有限公司直接竞争。 公司转让股份限制严格,产权不能充分流动,资本运作受限。 与以上几种法律形式相比,公司治理更规范,对创业者素质及能力要求也较高
股份有限公司	创业股东只承担有限责任,风险小。 筹资能力强。 公司具有独立寿命,易于存续。 一般由职业经理人进行管理,管理水平高且管理规范。 企业信用度较高。 产权可以股票形式充分流动。 有利于接受社会监督	创立与关闭的程序比较复杂且政府限制多、要求严格。 存在双重纳税问题,税收负担较重。 公司所有权与控制权分离程度偏高。 财务及经营情况被要求披露,商业机密容易暴露。 公司抗风险能力相对差,多数股东容易缺乏责任感

注:双重课税也叫重复课税,是指同一征税主体或不同征税主体对同一纳税人或不同纳税人的同一征税对象或税源所进行的两次以上的课征。

资料来源:何建湘.创业者实战手册[M].北京:中国人民大学出版社,2017:262-263.

【问题与训练】

学习"苹果公司的成立"案例，从以下几方面思考自己所创企业的组织形式：

(1)你的创业目标：是否期望企业持续经营下去？是否想做一个长久的事业？

(2)你的创业资产情况：是否有较多的个人财产？企业未来对资金的需求和企业创办成本状况等。

(3)你对企业所有权与经营权的掌控程度：所有权的可转让性、所有权与经营权的分离等因素，在不同的法律组织形式中有所不同。

(4)你对双重课税的接受程度：未来新企业是否可能会支付股利？能否接受这些股利需要承担双重征税？

(5)你对外部资源的开放程度：是否比较喜欢单枪匹马、独闯江湖？是否乐于合作？是否比较保守，不太愿意或者不善于接受过多的外部资源和新生事物等？这些因素决定了未来公司的治理结构、股权的转让程度、产权的流动程度、筹资的愿望、资本运作的需求等，在很大程度上会影响你对企业组织形式的选择。

苹果公司的设立

苹果公司所创造的"硅谷奇迹"是创业成功的典范。苹果公司的设立先后经历了以下过程：

一人技术

沃兹尼亚克(简称沃兹)在1976年设计出了一款新型的个人用计算机，样品苹果Ⅰ号展出后大受欢迎，销售情况非常好。

两人起步

受此鼓舞，沃兹决定与中学时期的同学乔布斯一起创业，先进行小批量的生产。他们卖掉旧汽车甚至个人计算机一共凑集1400美元，但小小的资本根本不足以应对创业对资金的迫切需求。乔布斯认为苹果计算机要成为一个成功的公司，就需要有资本、专业管理、公共关系和分销渠道。

三人合伙

从英特尔公司销售经理职位上提前退休的百万富翁马库拉经别人介绍找到了这两个年轻人，沃兹的成就激起了他的热情，马库拉有足够的工程学知识，这使他一眼看出，沃兹为Apple设计的一些特性非常独到。他以多年驾驭市场的丰富经验和企业家特有的战略眼光，敏锐地意识到了未来个人计算机市场的巨大潜力，决定与两位年轻人进行合作，创办苹果公司。根据仅在美国10个零售商店的AppleⅠ电路板的销售情况，马库拉大胆地将销售目标设定为10年内达到5亿美元。意识到苹果公司将会快速成长，马库拉用自己的钱入股9.1万美元，后来又游说其他人投60多万元风险资金，以其信用帮助苹果公司从银行借25万美元的贷款。这样，沃兹、马库拉和乔布斯各自获得公司30%的所有权。

三人于1977年1月7日签订了这一股份协定，正式成立苹果公司。

四人公司

三人共同带着苹果公司的创业计划，随后走访了马库拉认识的创业投资家，又筹集了 60 万美元的风险资金。未来加强公司的经营管理，一个月后马库拉又推荐了全美半导体制造商协会主任斯科特担任公司的总经理。马库拉和乔布斯说服了沃兹脱离惠普，全身心投入苹果公司。于是斯科特成了苹果公司的首位 CEO(1981 年，在担任苹果公司总裁 5 年后，斯科特决定卖掉股份，提前退休)。1977 年 6 月，四个人组成了公司的领导班子，马库拉任董事长，乔布斯任副董事长，斯科特任总经理，沃兹是负责研究与发展的副经理(管理团队)。技术、资金、管理的结合产生了神奇的效果。

斯科特帮助苹果公司建立了早期的基础架构。

综上所述，沃兹设计、制造了苹果计算机，马库拉有商业上的敏感性，斯科特有丰富的生产管理经验，但最终是乔布斯以传教士式的执着精神推动了所有这一切。

资料来源：李伟，张世辉. 创新创业教程[M]. 北京：清华大学出版社，2015：264.

第**8**章

企业成长管理

🖈 【学习目标】

(1) 为企业成长做好准备；

(2) 了解初创企业财务管理；

(3) 了解初创企业风险管理；

(4) 了解初创企业人力资源管理。

8.1　为企业成长做好准备

初创企业的运作是一个从无到有的展开过程,包括从内部流程的建立到获得客户的认可,任何环节出现问题都会对企业带来相当大的被动和打击。因此,初创企业的失败率十分高,每一天都挣扎在生死线上。初创企业最需要关注和思考的就是如何生存下去,即如何获得稳定的现金流,如何开发出成熟的产品,如何建设稳定的销售渠道,如何发展客户,如何塑造企业形象和品牌,如何奠定公司的基础。

8.1.1　认知企业成长

企业成长是指企业在相当长的时间内通过创新、变革和有效管理等手段,积累、整合并促使资源增值,不断增强企业能力,形成企业核心竞争力,进而保持企业整体绩效平衡、稳定增长的势头的过程(张秀娥,2012)。

对于初创企业而言,能否实现持续成长是一个真正考验。一家企业为成长做准备时,创业者先要对初创企业的成长有正确的认知。

1. 并非所有企业都能够实现快速成长

一般来讲,拥有持续快速成长潜力的企业通常是一些能够解决重大问题或者对顾客的生产或生活有重要影响的企业。例如相对于一家日用品商店,一家生物技术公司更有获得快速成长的现实可能性,这也是企业受其所属产业发展状况影响的反映。

2. 企业成功并不总是会放大规模

对一些企业来讲,放大规模会让企业遭受成长带来的不良后果。例如,很多以提供高质量个性化服务为基础的企业成长或放大规模后,其服务水平迅速下跌至标准化或不合格,它最初的那些顾客会失去原来拥有的高质量服务。而这家企业也会被顾客视为另一家普通企业了;还有一些销售高端或精品来获得高额利润的企业。这些企业的目标客户通常更重视产品品质而非价格。这类公司可以成长,但需谨慎对待成长规模。大规模的成长很难保证产品的独特性和吸引力。出于类似的原因,很多企业对它们的产品进行限量发售。

3. 企业不能成长过快

企业在创建之初,为了生存必须成长,但从创建开始就持续快速成长势必会给企业造成财务压力,并令初创企业在人力资源和资金方面面临巨大的压力。一位消费电子产品企业的创业者对此有过感受,他说:"创建一家创业企业不仅需要一个好的愿景和市场,而且需要系统化的执行。你只能按照某种节奏进行运营。不要试图超过你的极限。在你付出时要有所保留。不要花掉你拥有的全部现金,因为你需要它们。你必须非常认真地考虑企业的成长方式,以及你会付出什么来支持企业的成长。"

有的时候企业得到的急剧增加的订单会把一家拥有满意的顾客和员工的企业变成混乱的工作场所。企业的成长速度从来都是一柄"双刃剑",需要创业企业必须小心处理,把握节奏,把企业成长速度与企业基础设施建设协调一致起来,知道什么时候要放缓,什么时候要加速。表 8-1 提供了关于企业成长过快的 10 个警示性信号。

表 8-1 一家企业成长过快的 10 个警示性信号

1	借钱支付日常运营费用
2	很低的边际利润
3	过度压榨员工
4	产品质量出现下滑
5	电子邮件和短信开始得不到回复
6	顾客投诉增加
7	员工恐惧上班
8	生产率下降
9	在"危机"模式下进行运营成为家常便饭
10	负责企业财务结构的人开始担心

资料来源:布鲁斯 R.巴林杰,R.杜安·爱尔兰. 创业管理(成功创建新企业)[M]. 薛红志,张帆,译. 5 版. 北京:机械工业出版社,2017:335.

现实中,很多企业对成长带来的问题猝不及防。所以企业必须认真管理成长,并且以健康且盈利的方式进行扩张。

8.1.2　管理企业成长

认识企业管理的特殊性要与企业的成长规律结合起来。一般来讲,相当一部分企业会经历组织生命周期的各个阶段。主要包括创建阶段、成长阶段、成熟阶段和衰退阶段。

1. 创建阶段

企业登记注册开始运营,便进入创建期。在这个阶段,企业面临生存的挑战,实力较弱,依赖性强,资源匮乏,在市场上尚未站稳脚跟,需要各方面力量的支持。创建阶段企业销售其初始产品或服务,探索赢利模式,确认搭建的团队正确,确定企业优势和核心竞争力。这是企业创始人的"实习"阶段,他们会把握公司日常运营的各个方面。在这个阶段也是企业规则和程序的建立、运营阶段。这个阶段的企业管理不规范,管理水平低,经常出现无章可循和有章不循的现象。创建阶段企业的主要目标是建起一个良好开端,并探索在市场中获得成长空间。企业在创建阶段的主要挑战是确保初始产品或服务是正确的,并为进一步发展成长做好准备。企业领导者虽然可以在此阶段进行不断地尝试,但更重要的是不要冒进。可以将奏效的事情记录下来,并开始思考随着企业的成长,如何把成功复制到其他地方。

2. 成长阶段

成长阶段可以分为早期成长期和持续成长期。早期成长期的特点是不断增加的销量和复杂性。在这个阶段,企业通常仍然专注于初始产品或服务,但一般都会努力提高市场份额并尝试开发相关产品。企业的运营需要更多的人手、资金和技术水平提升的支持。对资源的管理和利用成为企业成长中面临的新问题。在这个阶段,有必要做好两个方面的工作:第一,创始人要将其角色转变为更富管理性的角色,而不是直接关注企业的每个方面。要主动在改变创业初期直接参与构建企业的产品或服务,从"人在企业之中"的管理状态走向"人在企业之上"的管理模式;第二,必须实现规范化。企业制定、执行政策和程序,使企业离开创始人也能平稳地运行。

随着企业在某一产品领域有了一定的市场份额,企业慢慢进入持续成长期了。这个时期,企业一般会开始开发新产品或服务,并扩张到新的市场。小企业可能会被并购或与其他企业建立合作伙伴关系。最艰难的决策通常都出现在持续成长期。在这个时期,企业必须建立合理的组织架构,制定完善的管理制度,规范项目流程管理,加强绩效考核,为企业健康快速成长过程提供保证。

3. 成熟阶段

经过扩张阶段的发展后,企业将会进入持续开发新产品,拓展新业务,不断提高销售收入的成熟阶段。随着企业规模的扩大,其发展逐步由外延式转向内涵式,由粗放经营转为集约经营。在企业规模扩大的同时,管理变得越来越复杂,对企业管理正规化、科学化的要求越来越高。企业在多年经营中提高了产品知名度,形成自己的特色产品,甚至是名牌产品。为了进一步发展和规避经营风险,企业通常会向多元化方向发展,这对筹资和投资能力的要求进一步提高。在这个时期,企业通常专注于对产品和服务的高效管理,一家处于成熟阶段的管理完善的企业通常会寻求合作或并购机会,从而为企业带来新生力量。

4. 衰退阶段

一般的企业到最后走向衰退或者死亡是一种正常现象。在企业的存续过程中,始终面临着市场中更具创新性的产品或服务的威胁,当这种情况发生时,一家企业规避衰败的能力取决于公司的领导力和创新力。一般来讲,当企业丧失目标感或过分分散以至于在任何市场中都丧失竞争优势时,也会进入衰退阶段。企业的管理团队应该警惕和防止这种状态的产生。这需要企业有强大的创新精神,但通过创新推动企业转型十分不易,因为需要克服强大的惯性作用和来自组织内部的抵抗。这也是很少有企业能做到基业长青的原因。

8.1.3　企业成长战略

在复杂的动态经营环境中,如何维持持久的竞争优势是每个企业面临的重大难题。企业在竞争中最常用的成长战略,包括内部成长战略和外部成长战略。

1. 内部成长战略

内部成长战略是主要依靠企业内部活动寻求业务成长的战略。主要的企业内部活动有新产品开发、新市场拓展等,目的是提高销售收入和盈利。内部成长的特点在于企业主要依靠自身的竞争力、专业技术、商业活动和员工来实现成长。由于内部成长很少受制于外部干预,又被称为有机成长。几乎所有企业在生命周期的早期阶段都经历了内部成长。当企业进入其生命周期的中期或后期时,只依靠企业内部途径来获得成长变得越来越困难。表 8-2 列出了企业内部成长战略的优势和劣势。

内部成长战略主要活动有新产品开发、改进现有产品、提高现有产品的市场渗透、扩张产品线、地理扩张、国际扩张等。

1) 新产品开发

新产品开发策略是指企业根据市场需求和自身资源条件,试制、投入新产品的策略。新产品开发需要耗费大量的资金和时间,对企业的前途有着深远的影响,因此必须审时度势、深谋远虑,制定出新产品的开发策略。新产品开发策略主要有四种:

(1) 开发功能策略。即以原型产品为基础,通过开发使产品变成多能化或高能化的改型产品。这种策略适用于有定型产品的企业。

(2) 产品微型化策略。指产品朝着功能不变、体积缩小、重量减轻的方向发展,从而便于运输、安装、使用、操作等,大幅度降低生产成本和价格,以扩大市场需求。

表8-2 内部成长战略的优势和劣势

优　势	劣　势
(1) 渐进的、平稳的成长。以平稳步伐成长的企业能够持续微调战略,进而适应不断变化的环境条件。相对照通过兼并或合并而言,一夜之间就规模翻倍的企业要在某个时点上做出非常大的承诺。 (2) 提供最大的控制。内部成长战略允许企业在成长阶段维持对产品和服务质量的控制。相对照,通过联盟和合资企业等合作方式实现成长,必须与合作方一起分担监督职能。 (3) 保护组织文化。强调内部成长战略的企业无须将其组织文化与其他企业的组织文化相融合。因此,企业可以在清晰易懂、一致的公司文化的支持下成长。 (4) 鼓励内部创业。经由内部成长战略而成长的企业在企业内部而不是外部利害关系者或兼并目标那里寻找新的创意。这种方法鼓励内部创业和创新的组织氛围。 (5) 允许企业从内部提拔员工。强调内部成长战略的企业能够从组织内部提拔员工。企业内部的提升机会提供了强有力的激励员工的工具	(1) 缓慢的成长形式。在一些产业,渐进的、平稳的成长使企业无法快速取得有竞争力的规模经济。此外,在某些产业,企业不太可能自行开发充足资源以保持竞争力,高水平的合并和兼并活动就是这些产业的典型特征。 (2) 需要开发新资源。一些内部成长战略,如新产品开发,需要企业富有创新性并开发新资源。尽管内部创新有很多积极属性,但它一般都是缓慢、昂贵和风险性战略。 (3) 很难回收某项失败内部活动上的投资。内部成长战略,如新产品开发,会有新产品或服务销售不出去的风险。因此,开发成本可能很难收回。 (4) 增加产能。一些内部成长战略增加了产能,最终会降低产业的整体盈利水平。例如,由于通过地点扩张而成长的餐馆连锁店不停地在早已饱和的市场上开新店,最终则会降低产业的盈利率

资料来源：布鲁斯 R.巴林杰,R.杜安·爱尔兰.创业管理(成功创建新企业)[M].薛红志,张帆,译.5版.北京：机械工业出版社,2017：358.

(3) 简化结构策略。指改革产品的内部结构。简化产品的部分功能,使之系列化、通用化、标准化。

(4) 降低消耗策略。即对于使用过程中需要消耗某种能源的产品,进行节能性开发,使之省电、省煤、省油、省水,或改用更经济、更丰富的新能源,以此吸引消费者。新产品开发是企业研究与开发的重点内容,也是企业生存和发展的战略核心之一。在很多快速变动的产业,新产品开发是企业开展竞争所必需的。例如,在计算机软件产业,产品的生命周期仅为 14～16 个月。相对于某些企业而言,持续开发新产品是生存的根本。

新产品开发是一种高回报、高风险战略。在很多情况下,新产品可以获得专利保护,也就是说至少在专利到期之前,其他人不得制造这种产品。如果能正确实施新产品开发,就会给企业带来巨大的成长潜力。成功的新产品还能为企业运营提供充足的现金流。但是,企业进行新产品开发,要服从企业总体发展战略的要求,准确定义新产品开发的目标,进行连续地可行性分析。同时注意规避引起新产品开发失败的风险,例如高估市场潜力、顾客难以接受、产品设计问题、与竞争对手产品趋同、开发成本过高等。

2）改进现有产品

改进现有产品是指对现有产品在结构、材料、性能、款式、包装等方面进行改变，由基本型派生出来改进型产品。改进现有产品技术含量低或不需要新技术，是企业依靠自己的力量最容易开发的新产品。改进现有产品进入市场后，比较容易被消费者接受，但竞争者也极易仿制，所以竞争也比较激烈。而企业常犯的错误是对改进现有产品的机会缺乏警觉性。

3）提高现有产品的市场渗透

市场渗透战略是一种立足于现有产品，充分开发其市场潜力的企业发展战略，是企业最基本的发展战略。市场渗透的目标是扩大现有产品在现有市场上的销售占比，以维护或巩固其市场地位。在此值得提示的是，市场渗透是市场导向，而不是推销导向。市场渗透战略始终是"产品任务"，企业或者通过更多的营销活动，或者不断提高生产能力和生产效率来增加产品的销售量。

在企业生命周期的不同阶段，市场渗透战略的灵活运用都具有重要意义。当产品在市场上处于引入期和成长期时，很多消费者对产品不知或不完全了解，对该产品持怀疑或观望的态度。在这一阶段实行市场渗透战略，企业可以通过有效的信息传播，吸引那些尚未使用此类产品的顾客，消除其顾虑，将其转化为企业的现实顾客，从而使企业获得更多的销售额。同时，这一时期的市场渗透战略通过对竞争对手的遏制，帮助企业在成长期维护和巩固其市场定位。市场进入成熟期后，企业间的竞争地位相对基本稳定下来，市场总容量趋于饱和。但是优秀的企业的管理者从不忽视企业现有产品市场组合，他们仍然可以借助市场渗透战略来扩大销售量与市场份额，来进一步增强竞争地位，促使"现金牛"进一步肥壮，并延缓企业的衰老。

一般来讲，企业进行市场渗透主要有以下三种可选方式。

（1）吸引现有产品的潜在顾客，以增加产品使用人的数量。如本来为妇女生产的洗发剂，又成功地推销给男士及儿童使用。说服可口可乐的消费者饮用百事可乐等。

（2）刺激现有顾客的潜在需求，以增加产品使用人的平均使用量。如牙膏厂家向目标顾客宣传早起、饭后、睡前都刷牙的良好口腔卫生习惯，其目标在于增加消费者的使用次数。染发店向顾客宣传提高染发频率以获得更好的效果等。

（3）按照顾客的需求改进产品特性，不但可刺激现有顾客增加产品使用量，而且有助于吸引潜在顾客。如在开罐头的工具上添加动力装置以增强其便利性与安全性；香水包装瓶子的颜色和形状应不断变换以招徕顾客等。

4）扩张产品线

产品线是指适应市场需求而组成的相互关系接近的产品组。产品线扩张战略通过制造其他版本的产品，吸引不同的客户。当企业发展到一定规模和较成熟的阶段，想要继续做强做大，攫取更多的市场份额，或是为了阻止、反击竞争对手时，往往会采用产品线扩张策略，利用消费者对现有品牌的认知度和认可度，推出副品牌或新产品，以期通过较短的时间、较低的风险来快速盈利，迅速占领市场。产品延伸既可以是在战略上很完善的,又可以是非常有利可图的。我们强调的是对这些延伸必须进行仔细的计划和监控。计划不周、过度延伸是很危险的,容易稀释品牌资产、弱化品牌形象或增加成本。管理者应该寻找"一条在多样化和冗余之间的恰当道路",只去增加那些可以增加品牌资产、有明确的战略目的并且最终能提高一个品牌的获利能力的延伸产品。

5)地理扩张

现实中,很多新企业仅从最初地点扩张到了新的地域就实现了成长。这种扩张在零售业比较普遍。麦当劳则是通过地理扩张取得发展的经典例子。企业进行地理扩张时要注意以下几点。

(1)在初始地点成功运营后再进行,其他地点可以学习初始地点的成功经验;

(2)在扩张地点证实了商业概念的合理性再进行。要明白在一个地点有效的产品或服务不一定在另一个地点自动发挥作用;

(3)有必要支持和培育扩张地点。那种认为即使没有充分关注和培育,扩张地点仍然会表现卓越的想法是错误的。

6)国际扩张

有些企业从一开始就试图利用资源在多个国家销售产品或服务以取得重要竞争优势。从创建开始,这些企业就将全球视为它们的市场,而不仅局限在某个国家。一般来看,尽管多数初创企业最初以出口的方式进入国外市场,但许可证经营、合资企业、特许经营、总承包项目以及全资子公司都是国际扩张的方式。

2. 外部成长战略

外部成长战略是主要依靠与第三方建立的关系寻求业务成长的战略。与缓慢的内部成长战略相比,外部成长战略会以更加快速的、合作的方法来实现企业成长。表 8-3 列出了企业外部成长战略的优势和劣势。

外部成长战略主要包括合并、并购、战略联盟、合资企业、许可证经营和特许经营等。

1)合并和并购

很多初创企业通过合并和并购的方式实现成长。合并,指两家以上的企业依契约或法令归并为一个企业的行为。并购是一个企业购买过来另一家企业。并购其他企业能够满足自身的发展需求,主要体现在以下几个方面。

(1)扩大生产经营规模,规模效应带来资源的充分利用,降低企业成本费用。

(2)提高市场份额,提升行业战略地位。

(3)取得充足廉价的生产原料和劳动力,增强企业之间的竞争力。

(4)有效提高品牌知名度,提高企业产品的附加值,获得更多的利润。

(5)通过并购取得先进的生产技术,管理经验,经营网络,专业人才等各类资源,助力企业实现发展战略。

(6)通过收购跨入新的行业,实施多元化战略,分散投资风险。

表 8-3 外部成长战略的优势和劣势

优 势	劣 势
（1）减少竞争。如果一个企业兼并了竞争对手，自然就减少了竞争。这个措施通过排除至少与一位竞争者的价格战，可以帮助企业建立稳定的价格。将潜在竞争对手变成合作伙伴、联盟和特许经营人还能减少企业竞争对手数量。	（1）高层管理者的冲突。参与兼并、联盟、许可经营协议或特许经营组织的企业高层管理者之间可能会发生冲突，使这些活动的实施变得很困难。
（2）得到专有产品或服务。兼并或联盟通常是因其中一方受到合法获取另一方的专有产品或服务的激励才建立的。	（2）文化的冲突。因为外部成长需要两个或多个企业的共同努力，经常会发生文化冲突，导致参与者精神沮丧，成长绩效也不尽人意。
（3）获得新产品和新市场。通过兼并、联盟或特许经营而成长是企业快速获得新产品或新市场的方式。许可证经营还能使企业进入新市场。	（3）经营问题。企业兼并另一企业或与之合作时遇到的另一个问题是设备和经营过程可能不是完全兼容的。
（4）获得技术专业知识。有时一个企业兼并另一个企业或与之合作是为了取得对方的技术专业知识。在特许经营组织中，特许授予者经常会从特许经营人那里得到有用的技巧和建议。	（4）不断增加的企业复杂性。尽管很多兼并和联盟发生在同一产业或密切相关的产业内，一些创业企业有时会兼并无关产业的企业或与之合作。这种方法会大大增加组合企业的复杂性。为了获得另外一个企业的品牌而兼并对方或与对方合作，企业可能因此难以进一步发展自己的品牌和商标。这可能导致对兼并或合作品牌的依赖性，减少了企业在市场上建立和维持独特身份的能力。
（5）获得现有的品牌名称。一个成长中的企业可能会有很好的产品或服务，通过兼并（或与之合作）一个建立时间很长的企业就可以得到对方的商标和名称认知。	（5）丧失组织灵活性。兼并一个企业或与之合作将使企业不能兼并另一个企业或与之合作。
（6）规模经济。不管是通过兼并还是合作，两个或多个独立企业的组合一般会导致组合企业更大的规模经济。	（6）反托拉斯的含义。兼并和联盟受反托拉斯法的限制。此外，某些国家对企业之间的某些商业关系有严格的反托拉斯法限制
（7）企业风险的分散。各种形式的合作或分享所有权背后的一个主要驱动力量是分散企业风险	

资料来源：布鲁斯 R.巴林杰，R.杜安·爱尔兰.创业管理（成功创建新企业）[M].薛红志，张帆，译.5 版.北京：机械工业出版社，2017：366.

现实中，出售给大企业通常是那些被投资者支持的企业的一个目标，因为这样可以帮助投资者将投资变现。很多创业者允许初创企业被大企业收购来加速自身的成长。

2）许可证经营

许可证经营是一家企业允许另一家企业在严格界定的条件下使用其特定形式的知识产权。对于一些创造了新颖产品但却难以打造制造能力或分销网络的企业来说，许可证经营不失为一种有效的方法。当然，几乎在所有情况下，许可证接受商要为知识产权的使用权向许可证授予商支付初始费用外加连续的版税。如何确定初始费用或版税是双方协商许可经营协议过程的一部分。

许可证经营主要有技术许可经营以及商标与符号许可经营。技术许可经营是许可证授予商把那些受实用新型保护的专有技术进行许可证经营。商标与LOGO许可经营是许可证授予商把那些受注册商标或版权保护的商标或品牌进行许可证经营。技术许可经营授予方在首次与许可证接受方见面时,创业家要注意既要实现满足潜在许可证接受方的兴趣,又不可过多泄露关于其专有的技术信息。商标与符号许可经营的关键是要抵制商标的许可范围太广的诱惑,应该只许可给相关并能帮助本企业吸引顾客的产品类型,否则可能会由于商标许可范围过大而导致丧失对产品质量的控制,从而降低企业品牌的声誉。

3)战略联盟和合资企业

战略联盟是现代企业竞争的产物,它是指一个企业为了实现自己的战略目标,与其他企业在利益共享的基础上形成的一种优势互补、分工协作的松散式网络化联盟。联盟一般是非正式的,并不需要创造一个新的实体(合资企业则需要创造一个实体)。合资企业是两个或多个企业联合它们的部分资源来创造一个独立的、共同拥有的组织时所建立的实体。建立合资企业的一个常见原因就是为了进入国外市场。

在这里主要探讨战略联盟。技术联盟和营销联盟是两种常见的战略联盟形式。技术联盟主要体现在研发、工艺和制造的合作上。营销联盟一般是将拥有分销系统的企业和拥有产品的企业匹配起来,促进产品的销售。战略联盟合作伙伴的选择标准如下。

(1)必须具有良好的兼容性。

(2)必须具有企业所缺乏或者重视的能力。

(3)联盟的目的应该有共同的认识。

由于初创企业通常没有财务资源或时间精力来建立能将最终产品带到市场上所需的全部能力,所以战略联盟的方式对其特别有吸引力。迈克尔·戴尔这样描述早期的戴尔公司。"作为一家小型初创企业,我们没有钱用于生产自己的组件(用于组装成计算机)。但我们也会自问:'为什么我们要自己生产组件?'不同于竞争对手,我们实际上只有一种选择:从专业厂商那里购买组件,利用其已经做出的投资并让我们专注于自己最擅长的——设计方案和系统并直接交付给顾客。通过早期与供应商建立的这些联盟,我们确实创造了正确的战略来成为快速成长企业。"

4)特许经营

特许经营是指特许人将自己拥有的商标、商号、产品、专利和专有技术、经营模式等以特许经营合同的形式授予受许人使用,受许人按合同规定,在特许人统一的业务模式下从事经营活动,并向特许人支付相应的费用。

特许经营最早起源于美国,1851年Singer缝纫机公司为了推展其缝纫机业务,开始授予缝纫机的经销权,在美国各地设置加盟店,撰写了第一份标准的特许经营合同书,在业界被公认为是现代意义上的商业特许经营起源。

特许经营是一种企业成长的形式，借助合作伙伴或"特许加盟商"的努力将企业的产品或者服务推向市场。作为一种商业经营模式，特许经营在其经营过程和方法中有以下四个共同特点。

(1) 个人(法人)对商标、服务标志、独特概念、专利、经营诀窍等拥有所有权。

(2) 权利所有者授权其他人使用上述权利。

(3) 在授权合同中包含一些调整和控制条款，以指导受许人的经营活动。

(4) 受许人需要支付权利使用费和其他费用。

一般而言，特许经营活动有如下特征。

(1) 特许经营是特许人和受许人之间的契约关系。

(2) 特许人将允许受许人使用自己的商号和(或)商标和(或)服务标记、经营诀窍、商业和技术方法、持续体系及其他工业和(或)知识产权。

(3) 受许人自己对其业务进行投资，并拥有其业务。

(4) 受许人需向特许人支付费用。

(5) 特许经营是一种持续性关系。

【问题与训练】

(1) 在创业初期制定一份完善的、可行性强的年度经营计划，可以帮助创业者有效落实商业计划书中初期的工作计划，确保创业企业按计划成功启动，为以后的发展打下良好基础。请你根据表 8-4 中年度经营计划撰写指导书，列出自己企业的年度经营计划。

表 8-4　年度经营计划撰写指导书

内　　容	目　　的	内 容 说 明
年度目标与战略规划	明确年度经营总体目标、战略规划(包括工作重点)	(1) 年度目标：包括财务指标及非财务指标。例如销售额、市场份额、团队建设目标等(可分解到各部门)。 (2) 年度战略规划：主要指该年度公司的战略方向和战略措施，包括战略定位、经营策略、工作重点等
组织结构设置及人员配备	设计合理的支撑公司战略的组织结构及人员组成	主要指设立哪些机构或部门、需要配备哪些人员；同时，也可以根据实际情况明确各部门的职能与经营目标
营销计划	描述该年度的主要营销策略、客户服务计划、公共关系拓展维护计划以及营销管理措施	(1) 主要营销策略：产品策略、价格策略、分销策略、促销策略。 (2) 客户服务计划：售后服务计划、客户关系维护计划。 (3) 公共关系拓展与维护计划：公关活动计划及公共关系维护方案(可以促销策略中的广告宣传、市场公关活动等结合)

续表

内　容	目　的	内容说明
人力资源计划	描述该年度人员招聘、培养、绩效管理、薪酬福利、员工关系管理、激励等人力资源管理计划（应侧重于团队建设）	(1) 人员招聘与培养计划：根据组织结构设计及人员配备计划，拟定招聘及人才培养计划。 (2) 绩效管理计划：具体的绩效考核管理方案（不一定很完善，但需要有适合创业初期的绩效管理措施）。 (3) 薪酬福利及员工激励：明确薪资、福利方案；提出可行性的员工激励方案，激励措施包括职位提升、股权激励等。 (4) 员工关系管理计划：主要指劳动关系管理、内部沟通管理、为员工提供的服务与支持。 (5) 企业文化建设计划：简单描述即可，创业初期主要强调创业团队文化建设
研发计划	明确技术研究方向、重点开发产品、研发投入计划及研发管理措施	(1) 研发方向及重点：描述研发重点领域、关键技术突破、重点开发的产品，要求说明具体的时间进度安排。 (2) 研发投入：年度研发奖金、设备与人才投入计划。 (3) 研发管理：主要指研发质量与成本的控制管理、研发合作资源的拓展、技术队伍的激励等相关说明
生产计划	明确生产目标及进度安排、生产投入计划以及生产管理措施	(1) 生产目标及进度安排：该年度的产量计划及时间进度安排。 (2) 生产投入计划：例如厂房扩建、生产线扩容、设备添加、设备更新升级、人才引进等。 (3) 生产管理：包括生产质量控制、供应商管理、生产成本控制、HSE 管理等
知识产权管理	说明知识产权的保护及利用措施	主要指企业对知识产权、技术秘密和商业秘密的保护以及高效利用的措施
行政后勤管理	说明行政后勤方面对经营管理的支撑措施	主要指日常运营的行政及后勤管理措施，例如相关的制度、规范等（该部分并非重要内容，根据需要安排即可）
费用预算	说明年度经营费用预算明细	费用预算包括生产、人力资源、研发、营销等方面的投入预算（可以以附件形式体现，根据需要可以制定精确到月度、细分项目的预算明细）
工作进度计划	用表格形式明确列出阶段目标以及工作计划	可以按照时间进度或者项目发展关键阶段来制作工作进度表，要求明确列出重要里程碑、时间节点、完成标准（交付成果），重要的项目还应该列出相应的负责人或者部门

资料来源：何建湘.创业者实战手册[M].北京：中国人民大学出版社，2017：285-286.

(2) 考量一下自己的企业处在组织生命周期的哪个阶段？在这个阶段中，作为创始人应该尤其注意哪些问题？

(3) 从自创企业的特点出发，规划企业成长战略，并分别列出所选成长战略的优势、劣势和选择原因。

8.2　初创企业财务管理

企业创办及经营过程中资金匮乏和资金链断裂是导致企业失败的最主要因素。资金是一个企业的血液,对于初创企业来讲,拥有资金保障更是企业得以存续并获得成长发展的先决条件。而创业者识别机会并把机会转变为创业企业的能力,与资本的利用率密切相关。因此初创企业有必要重视财务管理。

8.2.1　财务管理的基础理念

财务管理是企业管理的重要组成部分,是在一定的整体目标下,关于资产的购置(投资)、资本的融通(筹资)和经营中现金流量(营运资金),以及利润分配的管理。许多有经验的创业者都强调财务管理在企业中的首要地位。微软创始人比尔·盖茨曾言:企业的创办与倒闭,都与财务数据的严谨分析有关。无论你做什么事情,如果不了解企业的实际情况,而是根据传闻信息或天性直觉来进行企业决策,那你终将为此付出惨重代价。

初创企业创业者尤要树立财务管理理念,主要包括货币时间价值观察、收益观念和风险观念。

(1) 货币时间价值观念。为什么说"时间就是金钱"? 因为货币是有时间价值的,一定的量的货币在不同时点上具有不同的经济价值。一个目前看似可以盈利的项目,有可能会因为货币的时间价值而成为一个未来亏本的项目。创业者有必要重视由于时间差异而形成的货币价值差异因素,尤其是在通货膨胀或货币贬值的时期。

(2) 效益观念。效益是指经济活动中投入的资源、费用与产出的有用成果的比率。如果产出高于投入而有盈利,就有效益;如果产出低于投入而出现亏损,就没有效益。效益观念是人们在经济活动中用降低投入、增加产出的方法对盈利的追求和态度。在市场经济条件下,只有树立强烈的效益观念,才能在竞争中立于不败之地。创业者更要树立效益观念,筹资时要计算资金成本,投资时首先要考虑资金安全,并要预测投资收益率。

(3) 风险观念。风险是指企业在各项财务活动过程中,由于各种难以预料或控制的因素影响,财务状况具有不确定性,从而使企业有蒙受损失的可能性。按财务活动的主要环节可以分为流动性风险、信用风险、筹资风险、投资风险和收益分配风险等。

科学正确的财务管理理念需要落实到明确的规章制度中去执行,对于创业者来说,要注意以下几点。

(1) 不相容职务分离。要求初创企业合理设置财务会计及相关工作岗位,明确公司财务人员各自的职责权限,形成相互制衡机制。不相容职务包括:授权批准、业务经办、会计记录、财产保管、稽核检查等职务。

(2) 建立完备的授权机制。要求初创企业明确规定涉及财务会计及相关工作的授权批准的范围、权限、程序、责任等内容。

（3）会计系统控制制度。初创企业应根据《会计法》和国家统一的会计制度，制定适合本企业的会计制度，明确会计工作流程，建立岗位责任制，以充分发挥会计的监督职能。

（4）现金流量预算控制。企业财务管理首先要关注的是现金流量，而不是会计利润。企业通过现金流量预算管理来做好现金流量控制。现金流量预算的编制采用"以收定支，与成本费用匹配"的原则，采用零基预算的编制方法，按收付实现制来反映现金流入流出。

（5）应收账款控制制度。在市场竞争异常激烈的今天，初创企业不得不部分或全部以信用形式进行业务交易，经营中应收账款比例难以降低。所以初创企业要保证财务核算准确翔实，明确债权债务关系，做好应收账款控制。

（6）物资管理制度。企业应该建立健全财产物资管理的内部控制制度，在物资采购、领用、销售及样品管理上建立规范的操作程序，堵住漏洞，维护财产安全。对财产的管理与记录必须分开，以形成必要的内部牵制。要定期盘点检查，以揭露问题、促进管理的改善和责任的加强。

8.2.2　初创企业财务管理过程

初创企业对财务管理的认识容易产生两种误区，一种认为企业成立初期财务管理简单，一个会计、一个出纳就够了；另一种认为财务管理要有完整的财务组织才能实现，需建立起规整的机构，制定各类章程和财务信息流动渠道。一般来讲，企业通过建立会计系统来描述企业财务活动情况的财务信息流，不考虑复杂程度，任何一个小企业的会计系统都可以实现以下功能。

（1）提供一个精确完整的企业经营成果的概报；

（2）可以实现目前的数据与先前年份的经营结果和预算、执行目标及时进行比较；

（3）向管理者、银行和未来的投资人提供所需的财务报表；

（4）及时填写政府的税务征收及有关部门索要的报告和税单。

当然，企业财务管理绝不仅仅是建立起一个会计系统而已。（财务管理过程如图8-1所示）。公司财务管理的起点是通过准备和分析财务报表（利润表、资产负债表和现金流量表是创业者最为常用的财务报表。）了解企业过去的财务绩效以及自己与竞争对手和产业标准的对比情况；接下来，企业要进行未来两三年的预测，包括"收入""支出"和"资本开支"等。然后，企业根据这些预测来准备预计财务报表，并与更加完善的预算一起构成企业财务计划；最后，企业要对财务结果进行连续分析。财务比率是显示企业财务报表各项目之间关系的比率，既可以用来辨别企业是否达到财务目标、如何与产业竞争对手开展竞争，还可以用来预测趋势。

虽然初创企业没有历史财务报表作为参考，只能从图8-1中的第二步"进行预测"开始。但是，初创企业把握整个财务管理过程仍然十分重要。通常情况下，初创企业

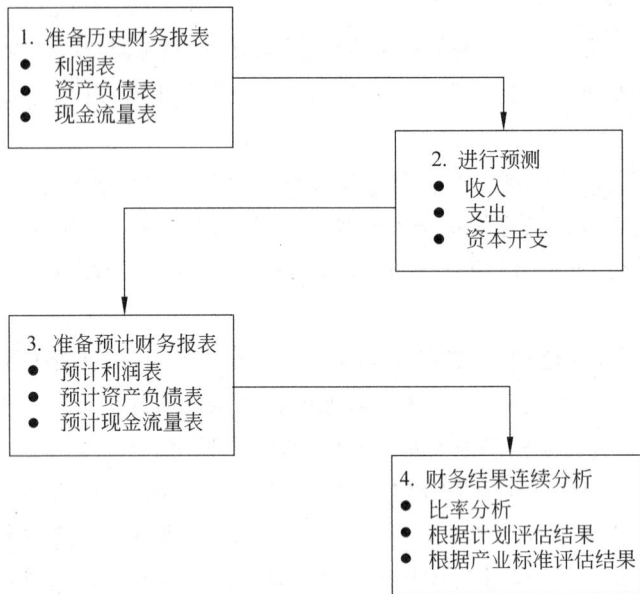

图 8-1　财务管理过程

资料来源：布鲁斯 R.巴林杰，R.杜安·爱尔兰. 创业管理（成功创建新企业）［M］. 薛红志，张帆，译. 5 版.
北京：机械工业出版社，2017：198.

每个季度都要准备财务报表，当前一个季度结束后，初创企业就会有历史财务报表用
来进行预测，为后期的预计财务报表做出准备。

如果企业只看到自己利润表上每年销售额的增长而没有考虑自身在产业中的相
对位置，即没有参照历史的财务比率，就会容易给自身造成很大的欺骗性。例如，某企
业拥有每年 10% 的销售额增长率，却不见其所处产业正以 20%～30% 的速度成长时，
就不会意识到自己其实正在逐渐丧失市场份额。

8.2.3　现金为王

企业可以承受暂时的亏损，但不能承受现金流的中断。现金至上是现代财务管理
的核心理念。初创企业的决策者要明确现金流管理在企业管理中的重要地位，主要含
义包括：第一，企业不是任何时候都能筹集到现金，现金是稀缺资源。第二，债权人通
常只接受最具流动性的现金资产进行支付。第三，有利润而缺现金，企业也可能面临
破产的危险。第四，无利润而有现金，企业可以渡过难关而继续存在发展下去。公司
得到现金可用于再投资，而公司获得的会计利润只是账面上的数字，没有实际变现为
手中的货币。现金是变现能力最强的资产，可以用来满足生产经营开支的各种需要。
因此，初创企业必须合理确定现金持有量，使现金收支不仅在数量上，而且在时间上相
互衔接，以便在保证企业经营活动所需现金的同时，尽量减少企业闲置的资金额，提高
资金收益率。

初创企业现金管理的内容主要包括：编制现金预算，以便合理地估计企业未来的

现金需求;对日常的现金收支进行控制;采用特定的方法确定最佳现金余额。

企业的现金管理常出现以下问题。

(1) 个人现金支出与公司现金账目混杂。由于一些中小企业经营者往往又是企业所有者,会出现将企业资金视为自己私人的金钱的情形。特别是一些家族企业,有的家族成员缺钱花时,往往到收银台或出纳处取现,而仅是用于购置一件私人物品。

(2) 用企业收到的现金来支付费用。当企业老板面对催款时,正确的做法是应该用公司支票支付所有的公司费用。

(3) 赊账造成资金周转不畅。在激烈的市场竞争中,很多企业决策者因为担心产品销路,有时为了照顾老客户,明知赊销商品会导致货款拖欠,还是接受了这笔交易。应收货款收不回来,使原本就本小利薄的企业雪上加霜,难以为继。

(4) 重储存轻投入,小富即安。有的中小企业把收入的资金存入银行,不愿投入到再生产中;有的追求排场,花钱无度,未能将原本有限的资金用到经营中,浪费资金,企业又难以发展。

(5) 陷入存货陷阱。一些企业没有认识到,产品销售量及存货周转时间要比毛利百分比还要重要,从而落入存货陷阱。

初创企业创业者希望打造一个健康的现金流,可以从以下几个方面入手。

(1) 现金永远第一。在创业初期,在关注公司能有多少成长之前,首先关注手上的现金有多少。在做公司决定时,先问问自己:"这个决定对公司的现金流量会产生什么影响?"企业必须经常检查现金流量,创业者要求公司的各部门都为现金流量贡献设定目标,而且定时考量目前与目标的距离。

(2) 追回欠款。公司欠款没有及时地收回,会对现金流量造成很大的影响。因此,必须找到欠款无法及时收回的原因,然后想方设法追回。

(3) 减少支出。减少支出可以有效缓解现金流的压力,但是企业删减支出应该抓重点,在引起最小组织疼痛的前提下,做出最大可能性的节省。

(4) 改变采购付款方式。采购时,更应关注付款方式、付款时间,而不仅是采购价格。

(5) 精减库存。企业 80% 的利润都是来自 20% 的热销产品,所以创业者有必要狠下心来删减冷门商品。要认识到,一旦产品进了仓库,你手上的现金就不见了。要减少库存,还可以从生产做起,首先对产品销量有一个合理预期,然后对产品产量有一个合理的规划,这样,可以适量采购,避免库存持有成本或者库存缺货成本的发生。其次,原材料采购的交货时间也要计划,要求供应商交货既不要太早,也不能太晚,甚至可以分批供货,以减少库存。再次,跟下游分销商达成协议,产品生产出来就迅速分销出去,减少产品存货时间。如果能做到这样,就会在很大程度上减少库存,也就意味着增加了企业的流动资金。

(6) 按需采购。存储存货需要成本,现在已是买方市场,商品价格原本就可能随时间推移而下滑,完全不必一次性囤积。

（7）改变收款的方式。如果可以按月收款，就不要按季度收。如果企业提供的是长期的服务产品，也可以将到期付款的方式改为分阶段付款；企业还可以提供一些优惠，来吸引顾客一次性付款或者在短期内尽快付款。这些做法都可以大幅缓解公司的现金流压力。

（8）外包。创业者在创业初期也可以将公司的业务部分外包出去。尽管采用外包，初期的成本可能会比自己做要高，但是可以将资金压力转移到外包商品身上。相对地公司也可以争取一些外包的项目，这样可以给公司带来额外的现金流入。

（9）以身作则。创业者必须制定规则，在公司中厉行节约。例如，能坐公交绝不打车，出差一律住连锁酒店等，并以身作则，强调现金的重要性。

【问题与训练】

（1）"我是小本经营，公司有没有财务管理有什么关系？反正挣多挣少我心里有本账就行了。"这种说法错在何处？

（2）公司中会计和出纳、库管和销售是否可以由同一个人任职，为什么？

（3）现金流测算与控制。

小业主程超计划在镇上开办一家金银首饰加工店。他为生意的前 6 个月准备了如表 8-5 所示现金流量计划。考虑一下这个现金流量计划并回答以下问题：

① 4 月充入企业的现金总量是多少？

② 5 月流出企业的现金总量是多少？

③ 业主期望在几月份购买新设备？

④ 你认为他实际需要多少钱来开办他的新企业？

表 8-5　程超的现金流量计划　　　　　　　　　　　　　　单位：元

项　　目		月　份				
		1	2	3	4	5
现金流入	月初现金	1500	250	250	3000	855
	现金销售	1250	2250	3750	4250	4250
	其他现金收入	0	0	1450	0	0
	可支配现金	2750	2500	5450	7250	5105
现金流出	现金采购支出	1800	1550	1750	1850	1850
	工资	450	450	450	545	545
	办公开支	250	250	250	250	250
	购买设备	0	0	0	3750	0
	其他现金支出	0	0	0	0	0
	现金总支出	2500	2250	2450	6395	2645
	月底现金	250	250	3000	855	2460

资料来源：徐俊祥. 大学生创业基础知能训练教程［M］. 北京：现代教育出版社，2014：302.

8.3 初创企业风险管理

创业风险是来自与创业活动有关因素的不确定性,因此,企业从一开始就要面对风险的考验,而且风险也将伴随着企业成长、成熟的每一个过程。

与一般企业相比,初创企业在各个方面都不稳定,处处可能遭遇风险。即使是快速发展的初创企业,一些风险虽未显现,但也可能已经积蓄待发了。比如管理薄弱、计划不力和资源浪费;领导者越发难以控制企业发展;企业正在偏离既定的发展目标;员工及部门间沟通不畅;员工培训不力,员工工作效率不高;权力过度集中于创始人,造成授权困难,难以执行管理制度;产品或服务质量难以保证;忽视企业创新和长期发展等。

8.3.1 认识创业风险

商场如战场,风云变幻,各种不确定因素错综复杂,创业者要面临着各种各样的风险。

1. 创业风险的类型

根据不同需要,创业风险划分的类型有多种,如按创业风险来源划分为主观创业风险和客观创业风险。按创业风险的内容划分,主要分为政策风险、技术风险、人才风险、市场风险、管理风险、资金风险,这六种风险在本书第5章创业计划书中已有所描述。

(1)政策风险。政策风险是因政策对企业行为的约束控制和引导而产生的风险。在市场经济条件下,由于受价值规律和竞争机制的影响,各企业争夺市场资源,都希望获得更大的活动自由和企业利益,因而可能会与国家的有关政策相抵触,而国家政策又对企业的行为具有强制约束力;另外,国家在不同时期可以根据宏观环境的变化而改变政策,这必然会影响到企业的经济利益。因此,国家与企业之间由于政策的存在和调整,在经济利益上会产生矛盾,从而产生政策风险。企业在宏观上会受到国家财政和货币等宏观经济政策的影响,在微观上会受到行业调控政策和地方区域性政策的影响。

(2)技术风险。是指由于企业的技术因素导致企业失败的可能性。技术因素包括技术成功的不确定性,技术前景、技术寿命的不确定性,技术效果的不确定性等。

(3)人才风险。是指企业所需要的各专业、各层次人员的满足与供应状况、人员技能水平和后续发展状况、人才流失、核心团队问题等方面的风险。对于初创企业而言,掌握企业核心技术、商业秘密的人员以及生产经营方面的骨干突然流失,会使生产经营活动难以为继,造成巨大损失。

(4)市场风险。是指由于市场因素的不确定性而导致亏损的可能性。影响因素包括市场需求量、市场接受时间、市场价格、市场战略等。一个新产品或服务打开市场需要一定的时间,而许多初创企业的创业者在创业初期往往根据调查的数据进行主观的判断,可能过大估计市场的需求量,因此难免会出现产品销售不畅,造成产品积压等风险。

(5)管理风险。是指管理运作过程中因信息不对称、管理不善、判断失误等影响管理的水平而产生的风险。具体表现在管理者的素质风险、决策风险、组织和人力资源风险等。管理风险是创业公司普遍存在的风险。

(6)资金风险。是指因资金不能适时供应而导致创业失败的可能性。影响因素包括融资计划没有远见、内控体系不健全、现金支出失控、盲目投资等。健康的资金链是企业存活的根本。这与资金时间价值观念是密不可分的。资金的时间价值理念不仅要考虑在不同的时间点资金的价值不同,还要考虑到在不同的时间点资金的使用价值大相径庭。企业经营掌握好资金时间价值和资金风险,可以降低经营风险,减少经营损失。

2. 创业风险的特征

创业风险是企业在创业过程中存在的各种风险。创业环境的不确定性,创业机会与创业企业运营的复杂性,创业者、创业团队与创业投资者的能力和实力的有限性导致创业活动结果的不确定性,都可能成为创业风险的根本来源。

一般来说,创业风险都具有以下特征。

1)不确定性

企业面临的外界环境是时时变化的,创业中企业的生产、技术、市场、人、财、物和信息等因素也是不断变化的。所以创业风险的不确定性主要表现在风险是否发生的不确定性、风险发生时间的不确定性和风险产生的结果的不确定性。

2)两面性

创业风险能够造成企业的损失,甚至灭亡,但也有可能给企业带来契机,创造更大的财富,这就是创业风险的两面性。创业的风险有大有小,内容和类型有所不同,创业者可以从不同的创业风险中抓住有利的机会,巧妙地转危为安、化险为夷,甚至取得更大发展。

3)可变性

创业风险会随着环境的变化、创业风险影响因素的变化和企业发展阶段的不同而发生改变,包括风险大小、风险类型和风险内容的转变。

4)可控性

创业风险虽然是现实环境和企业变化的不确定性在未来事件中的一种反映。但是可以通过对现实环境因素的观察,初步加以预测的。并且,创业风险在一定程度上是可以控制的,即风险是在特定的条件下,不确定性的一种表现,当条件改变的话,引起风险事件的后果,可能也会改变。

8.3.2　识别创业风险

风险永远紧随机会,初创企业的创业者要有风险防范意识,在风险出现之前,就有效地把握各种风险信号及其可能产生的因素,防患于未然。创业者可以通过以下几个途径识别创业风险。

(1)梳理业务流程。可以以业务流程图的形式把一定阶段企业全部业务经营过程划分为若干环节,每一个环节再制出更详尽的作业流程图,并划出要重点预防和处置的环节。

(2)咨询。定期请教行业内经验丰富者或前辈,对创业初期的企业发展状况进行诊断,以求及早发现存在的问题,并采取恰当的防范措施。

(3)现场观察。创业者要经常深入企业生产一线,通过直接观察企业的各种生产经营设施和具体业务活动,发现、了解和掌握企业面临的各种风险。

(4)分析财务报表。由于企业的经营活动最终要涉及商品和资金,所以初创企业创业者要注意关注财务报表,通过分析资产负债表、损益表和现金流量表等报表中的会计科目,确定企业可能出现的潜在损失及其成因。

创业者在风险识别过程中要注意以下问题。

(1)信息收集要全面。一般可以通过两个途径收集信息:一是内部积累或专人负责;二是借助外部专业机构的力量。

(2)因素分析要全面。汇集收集的全面信息,列出企业运营过程中可能遇到的风险,找出一级风险因素,然后不止步于此,进一步细化到二级风险因素,再延伸到三级风险因素。

(3)最终要进行综合分析。对于收集的信息,既要进行定量分析,也要进行定性分析。

在风险识别之后,需要进行风险评估,这需要一定的专业知识,要根据量化结果,运用定量分析、定性分析、假设、模拟等方法,进行风险影响评估,预计可能发生的后果,提出选择方案。

8.3.3　创业风险规避与控制

对于初创企业来说,重视防范和化解企业风险,是其获得发展的前提条件。

1. 风险防范与规避

初创企业尤要重视风险的防范。面对不同的风险可以采取不同策略。主要有风险回避、风险分散、风险转移、风险自留等策略。

(1)风险回避。是指考虑到风险存在和发生的可能性,主动放弃或拒绝实施可能导致风险损失的方案。风险回避具有简单易行、全面彻底的优点,能将风险的概率降低到零,但回避风险的同时也放弃了获得收益的机会。每一个创业者都应该量力选择不同的创业方案,当风险不能承受时,可以选择放弃。但风险回避违背了高风险高收益的原则,以放弃高收益为代价来规避风险,是一种相对消极的战略选择。

(2)风险分散。是指增加承受风险的单位以减轻总体风险的压力,从而使项目管理者减少风险损失。"不把鸡蛋放在一个篮子里"是商业活动的一条重要原则,创业也是如此。风险不同,收益也不同。高风险,高收益;低风险,低收益。因为几个项目同时失败的可能性比一个项目失败的可能性要小得多,所以创业者需要将高风险项目与低风险项目进行合理的组合,这样在保证收益的同时,又不用承担过高的风险。

(3)风险转移。是指创业者通过一定的方式将全部风险或者部分风险转移给其他市场主体承担,从而达到减少自身风险的目的。主要有风险分摊,如寻找合伙人等,其特点是不能完全规避风险,分摊风险的同时也会分摊收益,且避免纠纷需要有合同契约;风险转嫁,如项目外包等,其特点是减少了项目管理等一系列管理工作,直接享受项目成果,但会降低收益;参与风险,通过向保险公司缴纳保险费来规避风险,可以降低员工突发意外而造成的各种费用赔偿风险。

(4)风险自留。即创业者非理性或理性地主动承担风险。"非理性"是指对损失发生存在侥幸心理或对潜在损失程度估计不足从而暴露于风险中;"理性"是指经正确分析,认为潜在损失在承受范围之内,而且自己承担全部或部分风险比购买保险更经济划算。所以,在作出"理性"选择时,自留风险一般适用于对付发生概率小,且损失程度低的风险。

2. 风险控制

一般来讲,企业危机和失败会对创业者产生很大的心理冲击。对于初创企业创业者而言,更要理性面对创业风险带来的危机,保持沉着冷静,处变不惊,并对创业风险有一个正确认识。风险的发生并不等于直接导致失败。风险发生后,如果创业企业能够沉着应对、果断采取有力措施控制局势的发展,那么风险有可能化解,危机可能转化为机会。即使有些失败是无可挽回的,创业者也要从中汲取教训、磨炼意志,也要从消极中看到积极的一面,为我所用。为此,创业者应该认真思考避免和解决企业风险危机的方法。

1) 积极预防

预防重在教育和培训。让企业员工明白风险管理的重要性和必要性,需要提升员工生产水平和技能,培育员工合作精神与风险意识,完善企业管理制度,创业者充分授权,规范企业决策过程。

2) 预警设置

设置一些预警指标,例如"资金周转速度""现金流"等财务指标。建立企业危机预防机制,确保企业内部信息畅通和反馈及时,有应对危机反应的专门授权和措施。

而风险一旦发生了,企业必须在第一时间分析风险发生的状况和可能带来的不利影响和损失后果,快速制定风险解决方案。在制定方案过程中,新企业则需要遵循以下几个方面的原则。

(1)可操作性原则。风险发生后企业及时对可能的后果和影响进行充分的预测和评估,制定出切实可行的风险解决方案,解决方案要有具体的实施步骤和操作程序,使得风险控制人员在处理过程中有章可循,便于方案执行和落实。

(2)经济性原则。风险解决方案要力求花费最小成本来解决问题。要在初创企业能够承受的合理成本的范围之内追求效果与成本的平衡。

（3）有效性原则。需针对引发风险的原因，制定有效的解决方案，从根本上解除风险发生的隐患，并避免引发新的危机。

（4）及时性原则。处理风险带来的危机要快速及时，力求把风险和损失尽可能地降到最低点。

风险一旦发生，企业要做好以下几点：必须高度重视风险，高层领导事必躬亲，亲赴一线解决问题，不能掉以轻心。及时调研评估、处理问题和反馈，不能拖拉贻误战机。高瞻远瞩，断舍果断。合理合法，进退有度。亡羊补牢，整顿提高，以绝后患。风险的控制和化解一般要经过以下几个步骤。

（1）成立风险应对小组，讨论制定合理有效的风险解决方案分工协作，迅速开展工作。

（2）收集相关信息及资料，了解整体情况，对可能的风险损失和影响进行评价，明确风险控制目标。

（3）估算风险控制预算，执行风险控制解决方案。

（4）积极开展相关的公关活动，与政府部门及相关企业、单位和组织加强沟通，注重宣传和及时披露信息，增进有关方面的理解。

（5）及时开展风险控制效果评估，对风险控制过程进行阶段性分析总结，调整和完善风险控制解决方案。

资料来源：徐俊祥.大学生创业基础知能训练教程［M］.北京：现代教育出版社，2014：302.

【问题与训练】

（1）风险投掷游戏。

① 游戏说明。

A. 投掷序号。活动前，让学生报数，学生的"报号"就是他（她）正式投掷时的比赛序号（游戏人数不超过 16 人）。

B. 站位要求。参与者站位基本与地面垂直，不能过度前倾。这样就可以保证科学的投掷距离，体现比赛的公平性。

C. 熟悉游戏。正式投掷前，每位参与者可进行 3 次试投，不计成绩，以判断自己的手感。

D. 积分规则。记分时，结合"站位"进行。比如，张三比赛投掷时，三次站位分别为 5、6、7，结果只有第一次投中，记录成绩组合为（5,5）、（6,0）、（7,0），积 5 分。

② 准备工作。

A. 准备 1 个篮子，1 把尺子，粉笔若干，1 个弹力球；

B. 若干奖品；

C. 计分表（见表 8-6）。

③ 操作步骤。

第 1 步，在教室空地里放好篮子位置，并组织游戏参与者标号投掷序号。

表 8-6　投掷位和积分表

序号	站位	得分	积分	序号	站位	得分	积分	序号	站位	得分	积分	序号	站位	得分	积分
1				2				3				4			
5				6				7				8			
9				10				11				12			
13				14				15				16			

第 2 步,确定投掷位。最远投掷位和篮子之前的距离约为 3 米。在最远投掷位和篮子之间分 10 个等距。每个等距为一个投掷位(共 10 个投掷位),用粉笔在地面上用横线来表示每个投掷位,并标出分数(从离篮子最近的投掷位开始依次从 1 到 10),见表 8-6。

第 3 步,主持人宣布游戏规则和奖品。

第 4 步,游戏开始,每个参与者可以投掷三次,可以自行选择离目标物不同距离的投掷位。请一个记录员,依次完整记录投掷者每次投掷(球进篮中)的分数,失败投掷记"0"分。

第 5 步,参与者根据第一轮实践进行第二轮投掷。两次得分总和即为参与者最后得分,分数由高到低,给分数最高的学生颁发奖品。

④ 游戏结果评估总结。

A. 得分最高的参与者有哪些成功的做法?比如,怎样使风险最小化?承担风险前收集了哪些信息,做了哪些准备?最大目标有没有实现,没有实现的最大障碍在什么地方?

B. 得分较低的参与者的问题出在什么地方?比如,这个目标值得冒险吗?决定承担风险前,需要收集哪些信息?

C. 得分居中的学生采用了什么方法应对游戏中的风险?

D. 如果进行第 2 轮游戏,参与者做了哪些调整来提高比赛成绩,为什么?

通过游戏,不难发现获胜的是两类人:一类是投掷技巧娴熟,"艺高胆大"者;另一类是善于收集信息,"知己知彼"者。这两类人在自己试投时,善于评估自己的投掷实力,决定投掷风险;在别人投掷时,注意他们的试投表现,收集对方信息;在"知己知彼"的基础上,确定自己的投掷目标;在正式投掷比赛中,实施备选方案。

资料来源:徐俊祥. 大学生创业基础知能训练教程[M]. 北京:现代教育出版社,2014:195.

(2) 学习企业规避风险的小招数。

以变制胜。所谓"适者生存",强调的就是"变",经营者要适应外部环境的变化,随时做出调整。

出其不意,攻其不备。核心是一个"奇"字,用出奇的产品、出奇的经营理念、出奇的经营方式和服务方式去战胜竞争对手。

以快制胜。机不可失,时不再来,比对手快一分就能多一分机会。对什么都慢慢来、四平八稳、左顾右盼的人必然被市场淘汰,胜者属于那些争分夺秒、当机立断者。

后发制人。从制胜策略看,后发制人比先发制人更有优势,可以更多地吸收别人的经验,时机抓得更准,制胜把握更大。

集中优势重点突破。这一策略特别适用于小企业,因为小企业人力、物力、财力比较弱,如果不把有限的力量集中起来很难取胜。

趋利避害,扬长避短。经营什么产品,选择什么样的市场,都要仔细衡量,发挥自己的优势。干应该干的,干可以干的,有所为,有所不为。

迂回取胜。小企业与人竞争不能搞正面战,搞阵地战,而应当搞迂回战,干别人不敢干的,干别人不愿干的。

积少成多,积微制胜。"积少成多"是一种谋略,一个有作为的经营者要用"滴水穿石""聚石成山"的精神去争取每一个胜利,轻微利、追暴利的经营者未必一定成功。

以廉制胜。"薄利多销"是不少经营者善于采用的一种经营策略。"薄利多销"前提是能多销,"薄利少销"则是不可取的。

资料来源:徐俊祥. 大学生创业基础知能训练教程[M]. 北京:现代教育出版社,2014:199.

8.4 初创企业人力资源管理

日本经营大师稻盛和夫认为,企业最重要的在于三个要素:人才、金钱、技术,只要有这三项要素,就有经营。而在这三者之中,人才是最重要的。企业的日常运营和预期目标最终是靠人的努力来实现的,人力资源是企业得以生存和发展的宝贵资源,企业之间的竞争实质上是人的竞争。

8.4.1 企业人力资源管理

"人力资源"概念最早由彼得·德鲁克在《管理实践》一书中提出,他认为,"与其他所有的资源相比,唯一的区别就是人,人具有其他资源所没有的协调能力、融合能力、判断能力和想象能力"。

1. 人力资源管理认知

人力资源管理是指在经济学与人本思想指导下,通过招聘、甄选、培训、报酬等管理形式对组织内外相关人力资源进行有效运用,满足组织当前及未来发展的需要,保证组织目标的实现与成员发展的最大化的一系列活动的总称。企业人力资源管理主要目的是达到以下预期目标。

(1) 得到和保持一定数量具备特定技能、知识结构和能力的人员;

(2) 充分利用现有人力资源;

(3) 能够预测企业组织中潜在的人员过剩或人力不足;

(4) 建设一支训练有素,运作灵活的劳动力队伍,增强企业适应未知环境的能力;

(5) 减少企业在关键技术环节对外部招聘的依赖性。

人力资源管理既要考虑组织目标的实现,又要考虑员工的个人发展,强调在实现组织目标的同时实现个人的全面发展。加里·德斯勒在他所著《人力资源管理》一书中列举一家大公司人力资源管理者在有效的人力资源管理方面所负的责任,概括为以下十个方面。

(1) 把合适的人配置到适当的工作岗位上。

(2) 引导新雇员进入组织(熟悉环境)。

(3) 培训新雇员适应新的工作岗位。

(4) 提高每位新雇员的工作绩效。

(5) 争取实现创造性的合作,建立和谐的工作关系。

(6) 解释公司政策和工作程序。

(7) 控制劳动力成本。

(8) 开发每位雇员的工作技能。

(9) 创造并维持部门内雇员的士气。

(10) 保护雇员的健康以及改善工作的物质环境。

2. 人力资源管理的功能

企业中的人力资源管理的功能主要体现在获取、整合、保持和激励、调控以及发展五个方面。

1) 获取

根据企业目标确定的所需员工条件,通过规划、招聘、考试、测评、选拔来获取企业所需人员。获取职能包括工作分析、人力资源规划、招聘、选拔与使用等活动。

2) 整合

通过企业文化、信息沟通、人际关系和谐、矛盾冲突的化解等有效整合,使企业内部的个体、群众的目标、行为、态度趋向企业的要求和理念,使之形成高度的合作与协调,发挥集体优势,提高企业的生产力和效益。

3）保持和激励

保持是通过薪酬、考核,晋升等一系列管理活动,保持员工的积极性、主动性、创造性,维护劳动者的合法权益,保证员工在工作场所的安全、健康、舒适的工作环境,以增进员工满意感,使之安心满意的工作;激励是指企业通过为员工提供与绩效相匹配的奖酬,最大限度地调动员工积极性和创造性,增强组织的绩效。

4）调控

调控是对员工实施合理、公平的动态管理的过程,通过绩效考核和绩效管理等活动,发挥人力资源管理中的评价、控制和调整的功能,对企业中的人力资源进行再配置,促使员工提高工作效率,帮助员工寻找到与员工需要和能力相匹配的发展路径。

5）发展

通过员工培训、工作丰富化、职业生涯规划与开发,促进员工知识、技巧和其他方面素质提高,使其劳动能力得到增强和发挥,最大限度地实现其个人价值和对企业的贡献率,以达到员工个人和企业共同发展的目的。

8.4.2 初创企业人力资源管理

初创企业创业者自身的素质在很大程度上决定着企业竞争力。与此同时,员工队伍素质与能力在很大程度上制约着企业的业绩和发展前景。初创企业要得以持续、快速地发展,就必须重视对人力资源的管理。但由于初创企业处于企业发展的特定阶段,人力资源管理容易存在一些问题。

1. 初创企业在人力资源管理方面易存在的问题

企业对人力资源管理认识不足。初创企业主要以生产为导向进行管理,更愿意把资金用于生产的投入和原材料的购买,而不愿在人才的引进、培养和激励上面注入资金。初创企业很容易忽略了人力资源的管理,没有真正认可人才在企业发展中的核心作用。中国著名烘焙企业好利来在创业之初曾因人才的缺失而面临倒闭危机。发现问题后,好利来在全国范围内以高薪招聘优秀店长和烘焙师。现如今,好利来已拥有分布于全国 80 多个大中型城市的近千家直营连锁店和上万名高素质员工,成为国内焙烤行业领军企业。好利来 CEO 罗红说过,对于公司发展来讲,最重要的不是资金问题,也是不是市场问题,而是人才储备问题。

组织层级少、管理职能弱。初创企业由于规模小、资金薄弱、资源有限,在机构建设上要求控制成本、精简人力、反应灵活,因此,其组织机构一般趋于扁平,人力资源部门往往只是一种以"事"为中心的管理,是静态的,没有体现以"人"为本的现代人力资源管理的理念;另外,企业老板总是大力度地干预人力资源部门的工作,也削弱了人力资源部的自主性,客观上使人力资源部门无法根据企业的战略目标,科学地制定相应的人力资源规划。

人力资源管理规范化程度低。初创企业一般不设立正式的人力资源管理部门,也少有规范的绩效评价和相应匹配的薪酬制度,也没有建立积极有效的选人、用人制度。

同时,初创企业由于没有对人力资源进行合理的评估,将员工错误安排岗位的情况时常发生,这样优秀的员工就成了错位的资源。此外,初创企业在留人方面的制度也还不健全,没有合理的绩效体系,没有合理的员工职业生涯规划体系。企业员工,甚至管理层都是通过朋友之间互相介绍,凭借对创始人的信任而加盟。在企业初创前期,这种模式非常可靠,能激发员工很大的动力,但随着企业的发展,一旦遇到瓶颈就会面临人员的流失。

2. 初创企业人力资源管理策略

通过有效的人才资源管理得以人事相宜、人尽其才,已经成为初创企业生存和发展的关键。

1) 设置合理,管理规范

初创企业首先要将岗位设置制度化、规范化,对人力资源配置进行谋篇布局,并在此基础上知人善任。可以根据自身的实际情况,通过在企业内部设立专人专职或者采取人力资源管理外包方式灵活实现企业的规范化人力资源管理。人力资源管理专业人员对人力资源管理相关政策和法规、人力资源管理工具和方法把握得较为准确,通过恰当的人力资源管理诊断,能及时在日常管理中发现问题和解决问题。

2) 完善考核,促进成长

绩效考核是人力资源发展的基本保证,既可以对员工进行甄选区分,也可以保证企业目标的实现。一方面,绩效考核为员工的晋升和发展提供公平竞争的平台,有助于消除初创企业"家族色彩"带来的任人唯亲的弊端;另一方面,绩效考核对员工的个人目标进行正确导向,使之与企业整体目标契合,引导员工和企业共同发展。

很多员工之所以愿意任职于一个中小企业,是看重中小企业相对于大企业可以有更多的发展空间和机会。企业给员工带来的成长机会使员工感到安全,但需要认识到并不是为员工提供稳定的工作和适度的退休金,员工就会感到安全。员工的安全感来自他们所掌握的各种技术和能力。公司为员工提供的学习技能的机会越多,就越能鼓励员工学习,激活员工队伍的能动性和创造性,同时也就越有助于公司为员工提供更好的未来职业安全保证。

3) 有效激励,吸引人才

初创企业往往规模有限,大多是中小企业,这样规模的企业所能提供的工资水平总是比不上大企业,企业未来发展的愿景也不明确,并且更为不利的是,小企业有失败、兼并和被收购的倾向,所以小企业的员工承担着企业的一部分经营风险,一旦企业倒闭,他们将面临失业。因此,企业员工大多存在着短期思想,企业一有风吹草动,员工队伍就极不稳定,这给企业的长期稳定发展带来较大的风险。企业应围绕员工职业生涯规范展开培训,规范企业管理制度,建立起有效的激励机制。

员工激励机制是指通过特定的方法与管理体系,将员工对组织及工作的承诺最大化的过程。主要激励措施如下。

(1) 目标激励。通过推行目标责任制,使企业管理指标层层落实,每个员工既有目标又有压力,产生相应的动力,努力完成任务。

(2) 示范激励。通过各级主管和榜样的行为示范、敬业精神来正面影响员工。

(3) 尊重激励。尊重各级员工的价值取向和独立人格,尤其尊重企业的小人物和普通员工,以平等尊重赢得人心。

(4) 参与激励。建立员工参与管理、提出合理化建议的制度和职工持股制度,提高员工主人翁参与意识。

(5) 荣誉激励。对员工劳动态度和贡献予以荣誉奖励,如会议表彰、颁发奖项、光荣榜、在公司内外媒体上的宣传报道、家访慰问、参观考察、疗养、培训进修、推荐获取社会荣誉、评选星级标兵等。

(6) 关怀激励。提供良好的工作环境以及对员工工作和生活的关怀,如建立员工生日情况表,总经理签发员工生日贺卡,关心员工的困难和慰问或赠送相关礼物。

(7) 竞争激励。倡导企业内部员工之间、部门之间的有序平等竞争以及优胜劣汰。

(8) 物质激励。增加员工的工资、生活福利、保险,发放奖金、奖励住房、生活用品、工资晋级。

(9) 思想沟通。在企业内建立顺畅的沟通渠道,促进企业管理者和员工之间的信息、思想交流,如设立信息发布会、发布栏、企业报、汇报制度、恳谈会、经理接待日制度。

(10) 文化激励。企业文化本质上是一种隐性的内在契约,良好的企业文化具有增加企业有序化程度的可能性,如果外生的企业规章制度能与内生的企业文化相适应,那么在企业中用文化鼓励和激励,就能大大减小企业规章制度的运行成本和阻力。

(11) 自我激励。促进员工的自我赏识、自我表扬、自我奖励。

(12) 处罚。对犯有过失、错误,违反企业规章制度,贻误工作,损坏设备设施,给企业造成经济损失和败坏企业声誉的员工或部门,相应给予警告、经济处罚、降职降级、免职、留用察看、辞退、开除等处罚。

8.4.3　企业创始人再定位

初创企业创业者角色转变及管理团队建设是企业成长的先导,也是企业成长的必然要求。随着企业发展,应当弱化创始人在小企业经营中的决定性作用,更好的发挥团队的力量。企业的成长,要求匹配的团队来运营。有可能部分创业元老的观念和想法无法适应企业发展的要求,处理不当容易造成占据决策岗位而制约企业人力资源建设与管理。作为企业创始人,一旦决定跟所创立的企业一起成长,就需要在自己的身份和定位上有关键的转变,这样的转变大概包括以下三个方面。

1. 由球员变成教练

创业人要逐渐退出一线的业务运营,不要事必躬亲,而要把重点放在如何驱动一个组织进行业务运营。做指导团队比赛的教官,而非上场踢球的球员。

2. 由船员变成舵手

企业在初创时期需要创始人寻找企业发展方向，并且提炼业务模式。因此，企业创始人要由原来拼命划船的船员变成一个观察水流趋势和风向，留意暗礁浅滩等危险的掌舵者。工作重点放在寻找企业战略方向上，要在市场和环境的动态变化中关注企业发展面临的风险，提前做好风险防范和规避准备。

3. 由做事的变成琢磨人的

在企业成长阶段，随着管理体系的逐渐建立和完善，创始人要逐渐从做事的层面抽身转向领导者的层面。管理体系的功能就是驱动人做事。因此，创始人要学会放权，学会把事情交代给下属去做，然后通过企业制度和机制的建立去管好人。

企业成长的每个阶段，都有一批元老、功臣。有的元老和功臣能够与时俱进，但更多的可能遭遇成长的天花板。他们之所以成为问题，就是因为个人成长速度跟不上企业的速度。但是元老在企业创建的艰难时期进入了企业，对企业有历史贡献。因此，对于没有更大发展力的企业元老可以用下列几种方式给予妥善安置，比如：一是物质奖励，包括一次性奖励和持续奖励；二是股权奖励，对上市公司特别有效；三是给予荣誉性职务、象征性职务，比如监事会成员、监察委员会成员、顾问委员会成员、调研员等，或没有实际权限的副职；四是类似于"职位"的奖励。

【问题与训练】

（1）核心员工招募。

早在创业准备阶段，创业者就要开始组建管理团队和招募核心员工。招募到优秀的核心员工对于初创企业发展尤为重要。看看星巴克创始人霍华德·舒尔茨在自传中对其首批招募的核心员工戴夫·欧森（他是西雅图大学区一家非常有名的咖啡店老板，而西雅图正是星巴克诞生的地方）的情景描绘，想想自己的企业是否有像戴夫·欧森这样的优秀核心员工，如果没有，是否选择雇用合适的实习生（指那些作为学徒或培训生为企业工作的人，他们的目的是获得实践经验。很多企业也是通过这种途径为招聘到正式员工提供考察的机会）、自由职业者（利用自己的工具和设备自主安排工作时间并为多家不同雇主工作的人）或虚拟助手（指那些远程为雇主提供管理、技术或创造性支持的自由职业者）？

会面那天，戴夫和我坐在我的办公室里，我向他展示了我的计划和蓝图，并和他谈起了我的创意。戴夫马上就心领神会了。10多年来，他一直穿着专业围裙，站在柜台后面为顾客提供浓咖啡。无论在自己的咖啡馆还是在意大利，他都亲身体会到人们对浓咖啡的喜爱。我不必说服他相信这个创意有巨大潜力。他从骨子里就理解我的想法，我们之间有一种不可思议的默契。我的优势在于外部：推介愿景、吸引投资者、筹集资金、寻找房产、设计店面、创建品牌并为未来做计划。而戴夫深谙内部工作：经营咖啡厅的具体细节、招聘和训练"咖啡师"（咖啡调配师）、确保高质量咖啡。

资料来源：布鲁斯 R.巴林杰，R.杜安·爱尔兰. 创业管理（成功创建新企业）[M]. 薛红志，张帆，等. 5版. 北京：机械工业出版社，2017：231.

（2）职务说明书。

参照下面职务说明书样例，描述企业某一职务的职务性质、责权关系、任职资格等，来确定员工在企业中起到的作用。

某公司培训专员

职位名称：培训专员　　　　　所属部门：人力资源部　　　　　工作地点：北京

职位目标：协助人力资源培训规划，辅助各部门业务培训和进修培训，提升员工工作技能和素质，增进员工对企业的满意度和忠诚度。

工作内容：

① 对新进员工进行入职培训，使其了解企业情况，尽快地融入工作；

② 对在职员工进行岗位业务技能培训和团队拓展训练；

③ 协助指导其他部门的培训工作定期了解培训需求，明确培训目的，制定培训计划；

④ 听取员工反馈意见，组织员工活动，协助公司制订有效的管理方案，增强员工的凝聚力和向心力；

⑤ 及时完成领导交办的其他工作。

工作权限：

① 选择推荐培训机构，聘请培训讲师，统计培训金额；

② 不具备财务权；

③ 不具备人事权。

任取条件：（描述从事该职位的员工所应具备的教育、经验、培训等条件）

① 大学本科学历，具有人力资源管理或行政管理专业的学习背景；

② 拿握人力资源管理的相关知识，熟悉劳动法和培训流程；

③ 英语四级以上；

④ 具有计算机等级考试资格证书，熟练使用办公软件；

⑤ 具有团队精神，有亲和力和一定的组织协调能力；

⑥ 能适应工作加班和出差。

资料来源：葛海燕. 大学生创业教育与指导［M］. 北京：清华大学出版社，2013：195.

（3）包容个性人才。

很多例证表明，但凡真正有作为的人才，多是有主见、有思想、有傲骨的刚正不阿者。他们对领导者的指示特别是不合实情的指示不会盲目遵从，要么据理力争，要么犯言直谏，总会表现出"逆态""逆性"。学习美国 IBM 公司总裁小托马斯·沃森的用人案例，思考作为企业领导者如何识人用人，把有才干、有人品的个性人才留住、用好。

美国 IBM 公司的总裁小托马斯·沃森是位经营企业的高手，其用人的特点是："用人才不用奴才。"

小沃森自小生活在其父老沃森身边，耳濡目染，非常崇敬和钦佩那些有本事的人，他从小就认识一位经理，叫雷德·拉莫特，这是位极有能力的人。雷德·拉莫特认识

IBM 公司里所有的人,无论老少,对人有着合乎情理和不偏不倚的看法。面对老沃森敢于毫无顾忌地说出自己的真心话,敢于对小沃森提出严厉的忠告。小沃森说,这位经理对他教益极大,否则他会犯更多的错误。

小沃森不喜欢他父亲周围那种逢迎拍马、趋炎附势的气氛。他说,从我当推销员时起,我就很清楚谁对父亲的话唯命是从。有人对他的每一句话都趋之若鹜,好像他是上帝似的。对那种人,我一有机会就要整治他们一下,绝不手软。他还说,如果一个人不愿意理直气壮地捍卫自己,那我也不愿意同他共事,他不应该留在公司。

小沃森很讨厌唯命是从的人,这种人多的是奴性,缺的是独立人格、个人主见、自我尊严。这种人不是一无所能,就是别有用心,至少不是一位具有正直品格的人。对这类人,小沃森不但不委以重任,而且不屑与之为伍。小沃森用人既重本事,更重人品。

有一天,一位中年人闯进小沃森的办公室,大声嚷嚷道:"我还有什么盼头!销售总经理的差事丢了,现在干着因人设事的闲差,有什么意思?"这个人叫伯肯斯托克,是IBM 公司"未来需求部"的负责人,他是刚刚去世不久的 IBM 公司第二把手柯克的好友。由于柯克与小沃森是对头,所以伯肯斯托克认为,柯克一死,小沃森定会收拾他。于是决定破罐破摔,打算辞职。

沃森父子以脾气暴躁而闻名,但面对故意找茬的伯肯斯托克,小沃森并没有发火,他了解他的心理。小沃森知道伯肯斯托克是个难得的人才,甚至比刚去世的柯克还精明。虽说此人是已故对手的下属,性格又桀骜不驯,但为了公司的前途,小沃森决定尽力挽留他。

小沃森对伯肯斯托克说:"如果你真行,那么,不仅在柯克手下,在我、我父亲手下都能成功。如果你认为我不公平,那你就走,否则,你应该留下,因为这里有许多的机遇。"

后来,事实证明小沃森留下伯肯斯托克是极其正确的决定,因为在促使 IBM 从事计算机生意方面,伯肯斯托克的贡献最大。当小沃森极力劝说老沃森及 IBM 其他高级负责人尽快投入计算机行业时,公司总部响应者很少,而伯肯斯托克却全力支持他。正是由于他们俩的携手努力,才使 IBM 公司免于灭顶之灾,并走向更辉煌的成功之路。

后来,小沃森在他的回忆录中说:"在柯克死后挽留伯肯斯托克,是我有史以来所采取的最出色的行动之一。"

小沃森不仅挽留了伯肯斯托克,而且提拔了一批他并不喜欢却有真才实学的人。他在回忆录中写道:"我总是毫不犹豫地提拔我不喜欢的人。那种讨人喜欢的助手,喜欢与你一道外出钓鱼的好友,则是管理中的陷阱,相反,我总是寻找精明能干、爱挑毛病、语言尖刻、几乎令人生厌的人,他们能对你推心置腹。如果你能把这些人安排在你周围工作,耐心听取他们的意见,那么,你能取得的成就将是无限的。"

资料来源:丁栋虹. 创业管理[M]. 北京:清华大学出版社,2011:245.

（4）如何激励？

一个公司，老板每年过春节都有发放过节费的习惯。每人1000元回家费，虽然这笔奖金对员工说多不多，说少不少，但是由于年年都发，员工也习以为常，并不能起到激励作用。相反的，老板因为成本压力打算停发奖金，造成的反作用却是极大的，员工人人抱怨，责怪老板没良心、克扣员工福利等，悉数恶语。

老板除去工资外，发放的奖金是作为福利激励的，员工却理所当然像领工资一样，没有激励的效果，还浪费成本让企业陷入恶性循环。如果你是老板，打算对员工如何进行激励呢？

参 考 文 献

[1] 葛海燕. 大学生创业教育与指导[M]. 北京：清华大学出版社,2013.

[2] 黄华. 大学生创业计划指导[M]. 北京：清华大学出版社,2013.

[3] 曹扬. 转变经济发展方式背景下高校创新创业教育问题研究[D]. 吉林：东北师范大学,2014.

[4] 周梦君,卢永文,黄新亮. 知识经济的内涵、特征及对现代企业的影响[J]. 湖南大学学报,1998 (4).

[5] 范秋生. 浅析经济网络化、信息化与中小型企业的发展[J]. 信息化建设,2010(11).

[6] 拉里·基利,瑞安·派克尔,布赖恩·奎因,海伦·沃尔特斯. 创新十型[M]. 余峰,宋志慧,译. 北京：机械工业出版社,2016.

[7] 张玉利. 创新与创业基础[M]. 北京：高等教育出版社,2017.

[8] 辽宁省普通高等学校创新创业教育指导委员会. 创造性思维与创新方法[M]. 北京：高等教育 出版社,2013.

[9] 约翰·贝赞特,乔·蒂德. 创新与创业管理[M]. 牛芳,池军,田新,等译. 北京：机械工业出版 社,2013.

[10] 袁安府. 我国企业家成长与激励研究[D]. 杭州：浙江大学博士学位论文,2000.

[11] 朱恒源,余佳. 创业八讲[M]. 北京：机械工业出版社,2017.

[12] 何建湘. 创业者实战手册[M]. 北京：中国人民大学出版社,2017.

[13] 徐俊祥. 大学生创业基础知能训练教程[M]. 北京：现代教育出版社,2014.

[14] 布鲁斯 R. 巴林杰,R. 杜安·爱尔兰. 创业管理(成功创建新企业)[M]. 薛红志,张帆,译. 5 版. 北京：机械工业出版社,2017.

[15] 安徽省人力资源和社会保障厅,安徽省就业促进会. 创业实训[M]. 北京：中国劳动社会保障 出版社,2017.

[16] 梅强. 创业基础[M]. 2 版. 北京：清华大学出版社,2016.

[17] 万炜,朱国玮. 创业案例集锦[M]. 北京：中国人民大学出版社,2017.

[18] 田增瑞. 创业基础——创业素质与资源整合[M]. 北京：北京大学出版社,2017.

[19] 迈克·伯恩,皮帕·伯恩. 激励员工[M]. 杨东涛,钱峰,译. 北京：世界图书出版公司,2011.

[20] 卢福财. 创业通论[M]. 北京：高等教育出版社,2012.

[21] 李时椿,常建坤. 创新与创业管理：理论·实战·技能[M]. 南京：南京大学出版社,2017.

[22] 黄华. 如何赢得创新创业大赛[M]. 北京：化学工业出版社,2019.

[23] 肖森舟. 企业的 108 个方法[M]. 北京：中国纺织出版社,2017.